STUDIA
TURCOLOGICA
CRACOVIENSIA

3

T0118247

JAGIELLONIAN UNIVERSITY
INSTITUTE OF ORIENTAL PHILOLOGY

STUDIA TURCOLOGICA CRACOVIENSIA

3

Edited by
Stanisław Stachowski

KRAKÓW 1997

INTRODUCTION

The word formation of Ottoman-Turkish is an area of linguistics which has not been thoroughly researched and documented to date. There are, however, some grammar books written by: Deny[1], Kononov[2], Swift[3], Gencan[4], Lewis[5] with quite comprehensive chapters concerning this subject, but the amount of exemplary material included in these works is rather inconspicuous and furthermore it is based only on the modern literary language. Inconsiderable is also the amount of monographs concerning word formation. To works of a comprehensive nature, written on this subject, belong those by Hatiboğlu[6], or Çotuksöken[7]. The greater part constitute inconsiderable minor papers concerning the specific formative problems or other related subjects. One can mention works by the following authors: Atalay[8-10], Caferoğlu[11], Korkmaz[12-13], or Sokolov[14]. All the above mentioned works have one feature in common. They concern descriptive word formation and they are based only on the vocabulary of the modern literary language. There are only a few works concerning historical word formation or the word formation of Turkish dialects. One of them is our paper dealing with the suffix -lık in XVIIth century Ottoman-Turkish[15]. The others are Master's theses written in the Jagiellonian Uni-

---

[1] J. Deny, *Grammaire de la langue turque (dialecte osmanli)*, Paris 1921.

[2] A. N. Kononov, *Grammatika sovremennogo tureckogo literaturnogo jazyka*, Moskva-Leningrad 1956.

[3] L. B. Swift, *A Reference Grammar of Modern Turkish*, Bloomington 1963.

[4] T. N. Gencan, *Dilbilgisi*, Istanbul 1971.

[5] G. L. Lewis, *Turkish Grammar*, Oxford 1975.

[6] V. Hatiboğlu, *Türkçenin Ekleri*, Ankara 1974.

[7] Y. Çotuksöken, *Türkçe'de ekler-kökler-gövdeler*, Istanbul 1980

[8] B. Atalay, *Türkçemizde men-man*, Istanbul 1940.

[9] B. Atalay, *Türk dilinde ekler ve kökler üzerine bir deneme*, Istanbul 1942.

[10] B. Atalay, *Türçede kelime yapma yolları*, Istanbul 1946.

[11] A. Caferoğlu, *Türkçede „daş" lâhikası. Türk Halk Bilgisine ait tetkikler*, I, Istanbul 1929.

[12] Z. Korkmaz, *Türk dilinde +ca eki ve bu ile yapılan isim teşkilleri üzerine bir deneme*, Ankara Üniversitesi Dil ve Tarih-Coğrafya Fakültesi dergisi, cilt XVII, sayı 3-4, Eylül-Aralık, 1960.

[13] Z. Korkmaz, *Türkçede eklerin kullanılış şekilleri ve ek kalıplaşması olayları*, Ankara 1962.

[14] S. A. Sokolov, *O niekotorych otglagolnych imenach v tureckom jazyke (otglagolnyje imena na -dık, -acak, -mak, -maklık, -ma i ış)*, Moskva 1952.

[15] E. Siemieniec-Gołaś, *The Nouns with the Suffix -lık in XVIIth Century Ottoman Turkish*, *Folia Orientalia*, vol. XXIII 1985-1986, pp.143-160.

versity's Institute of Oriental Philology. However, they have not been published yet[16]. Similar, or even better is the situation concerning the formative investigations on other Turkic languages. Worthy of note are the following works: the one published by Zajączkowski treating word formation in the West Karaim language[17], another by Sevortjan concerning nominative suffixes in the Azerbaijan language [18]. Finally one should mention another of Sevortjan's works concerning the formation of verbs in Azerbaijan[19]. The subject of word formation in the Turkic languages is also discussed by Frankle[20]. The monographs mentioned above provide one with a huge comparative material and they are virtually the only works dealing with comparative word formation in the Turkic languages. Apart from these works there are some others worth mentioning.

There is the work by Saadet Schakir (Ishaki) concerning the formation of verbs[21]; there is the monograph by Levitskaja concerning the historical morphology of the Chuvash language, where a chapter concerning word formation is also included[22]; there is Melijev's work concerning the names of action in the modern Uigur language[23]. One should mention here Garipov's work concerning word formation in the Bashkir language[24]; there are Ganijev's works on phonetic word formation in Tatar languages[25-27]. There are also the works by Bozijev[28] and Chabičev[29-30] concerning the word formation in Karachai-Balkar languages. In discussing this subject one cannot omit two grammars concerning the Old Turkic

[16] Unpublished Master theses concerning the word formation conducted by prof. dr hab. S. Stachowski in the Department of Turkology in Institute of Oriental Philology, Jagiellonian University:

– A. Gładys, *Rzeczowniki z sufiksem -lık w dialektach tureckich (analiza semantyczna)*, Kraków 1979.

– A. Grabska, *Rzeczowniki z sufiksem -lık w języku tureckim (XIII-XIX w.)*, Kraków 1981.

– I. Parketny, *Rzeczowniki odczasownikowe we współczesnym języku tureckim*, Kraków 1978.

– U. Sitarska, *Rzeczowniki z sufiksem -lık w języku tureckim I połowy XX wieku, (cz.I - opis językoznawczy; cz.II: słownik)*, Kraków 1976.

[17] A. Zajączkowski, *Sufiksy imienne i czasownikowe w języku zachodniokaraimskim*, Kraków 1932.

[18] E. V. Sevortjan, *Affiksy imennogo slovoobrazovanija v azerbajdzanskom jazyke*, Moskva 1966.

[19] E. V. Sevortjan, *Affiksy glagoloobrazovanija v azerbajdzanskom jazyke*, Moskva 1962.

[20] E. Frankle, *Word Formation in the Turkic Languages*, Printed by Columbia University Press, 1948.

[21] Saadet Schakir (Ishaki), *Denominale Verbbildung in den Türksprachen*, Roma 1933.

[22] L. S. Levitskaja, *Istoričeskaja morfologija čuvašskogo jazyka*, Moskva 1976, (pp.126-190: Slovoobrazovanije).

[23] K. Melijev, *Imena dejstvija v sovremennom ujgurskom jazyke*, Moskva 1964.

[24] T. M. Garipov, *Baškirskoje imennoje slovoobrazovanije*, Ufa 1959.

[25] F. A. Ganijev, *Fonetičeskoje slovoobrazovanije v tatarskom jazyke*, Kazan' 1973.

[26] F. A. Ganijev, *Suffiksalnoje obrazovanije glagolov v sovremennom tatarskom literaturnom jazyke*, Kazan' 1976.

[27] F. A. Ganijev, *Obrazovanije složnych slov v tatarskom jazyke*, Moskva 1982.

[28] A. J. Bozijev, *Slovoobrazovanije imen suščestvitel'nych, prilagatel'nych i narečij v karačajevo-balkarskom jazyke*, Nal'čik 1965.

[29] M. A. Chabičev, *Karačajevo-balkarskoje imennoje slovoobrazovanije*, Čerkessk 1971.

[30] M. A. Chabičev, *Imennoje slovoobrazovanije i formoobrazovanije v kumanskich jazykach*, Moskva 1989.

language, where chapters dealing with word formation are included. These are the grammars by von Gabain[31] and Tekin[32].

The subject of word formation in Old Turkic is also discussed by Jesengulov[33] and Erdal[34]. The situation presented above concerning the question of word formation shows that this field is poorly documented. The works published so far deal mostly with descriptive word formation and they concern the modern languages. The question of historical word formation is discussed extremely rarely. The work by Guliamov presents this very subject, but with reference to Uzbek[35].

The present work deals with the formative structure of substantives in XVIIth century Ottoman-Turkish. Its aim is to present the whole collection of substantival derivatives and describe the basic function of suffixes forming these derivatives. There are the following functions of the word formation formatives[36]:

a) grammatical - presenting the possibility of forming a new grammatical category by means of a formative suffix in the process of derivation.

b) semantic - based on forming in the process of derivation new derivatives semantically different from the formative basis. The discussed here function can be split into two: the function of quality, where the formative suffix only modifies the meaning of the basis and objective function where in the process of derivation a new derivative is formed with its meaning different from the meaning of the formative basis[37]. In the analysed material one can notice another function, not mentioned before, pertaining to the word formation formative. The role of this function is only to show the attachment of a certain word to the certain category. Thus, such a formative neither forms a new grammatical category nor brings the new meaning. One can notice such a function in a derivative with an abstract meaning, where its formative basis before the process of derivation already had this abstract meaning. This phenomenon can be met in a group of derivatives with the suffix -lık. Cf.: *hereketlik* [≤* *hareketlik*] 'movement' = *hareket* 'id.'; *ısılık* 'warmth' = *ısı* 'id.'.

The defining of the formative functions determines the basis of the division into semantic categories. The establishing of the register of categories is not easy

---

[31] A. von Gabain, *Alttürkische Grammatik*, Leipzig 1950, (pp.43-167: Wortbildungslehre).

[32] T. Tekin, *A Grammar of Orkhon Turkic, Indiana University Publications*, Bloomington 1968, (pp. 103-115: Word-formation. 1. Suffixation).

[33] A. Jesengulov, *Slovoobrazovatel'nyje affiksy v jazyke drevnetiurskoj pis'miennosti*, Avtoref. kand. dis., Alma-Ata 1969.

[34] M. Erdal, *Old Turkic Word Formation*, Wiesbaden 1991.

[35] A. G. Guliamov, *Problemy istoričeskogo slovoobrazovanija uzbeckogo jazyka. I. Affiksacija. č.I. Slovoobrazujuščije affiksy imen.* Aftoref. dokt. dis., Taškent 1955.

[36] The functions of word formation formative are presented as in R. Laskowski's work: *Derywacja rzeczowników w dialektach laskich, Cz. I Abstracta, Collectiva, Deminutiva*, Augmentativa, Wrocław - Warszawa - Kraków 1966, pp. 27-34.

[37] R. Laskowski, op. cit., p. 28-29, distinguishes only two functions of formative: grammatical and semantical. R. Grzegorczykowa in her work: *Zarys słowotwórstwa polskiego. Słowotwórstwo opisowe*, Warszawa 1984, p. 29, presents three kinds of functions. Semantic objective function and semantic function of quality are considered to be two different functions.

and therefore it has to take into consideration the more detailed meaning of formatives and the sorts of semantic relations between the formative and the basis[38]. This very subject is discussed thoroughly in the II chapter of the work, where the list of all semantic categories created by the formative suffixes is given.

The subject of the present work has been chosen purposely since among turkological works it has not been dealt with so far.

Two methods of analysis have been used in this work. The first one is formative analysis, which consists of separating the formative from the analysed word. As a result two elements appear: the formative basis and the formative. The aim of this analysis is to show the relation between the derivative and the formative basis thanks to the functions of the formative. However, there are some words whose semantic relation with the basis is vague. Cf.: *örümcek* 'spider' ≤ *ör-* 'to braid'.

Vague is the form **örüm*, since it was not registered in the XVIIth century. There are also some derivatives whose relation with the formative basis is not seen, though their structure is very perspicuous. Cf.: *buruncık* 'plug' ≤ *burun* 'nose'; *gelincik* 'rash' ≤ *gelin* 'bride'; *horozcık* 'mint' ≤ *horoz* 'cock'.

The second analysis is historical analysis. It consists of establishing the records for each analysed derivative. It goes in two directions. One of them consists of establishing the earliest records before the XVIIth century. Investigations in the second direction are to answer the question whether the derivative still exists in the contemporary Turkish language.

---

[38] R. Grzegorczykowa, op.cit., p. 29.

SOURCES AND THEIR CHARACTERIZATION

The present work is based on material taken from several XVIIth century transcriptional sources. The choice of the period of time when the mentioned sources were written is not accidental for in the XVIIth century Europe took an interest in the Orient and especially in Ottoman Turkey. This was a period of very active contacts between Turkey and European countries including also Poland. The nature of these contacts was various: diplomatic, commercial, also military. In such circumstances in Europe the necessity of learning Turkish was born. In the XVth and XVIth centuries even, some texts and minor dictionaries including Turkish words had appeared, but only the XVIIth century saw the appearance of several comprehensive grammars and dictionaries of that language.

XVIIth century Ottoman-Turkish is very valuable for studies, since it has features typical for the transitional stage between the Old-Ottoman and New-Ottoman language. This manifests itself mostly in phonetics, where one can notice parallel forms (cf. forms of formatives), indicating the transformation of the language. Also lexical content provides very interesting material for study. The analysis of XVIIth century vocabulary indicates that only the XVIIth century saw the origin of many words. The sources used in the present work are differentiated in terms of content and quality. There are both voluminous dictionaries comprising several thousand pages (cf. Meninski's *Thesaurus*) and short texts. As was mentioned before, the present sources are transcriptional texts, written in Latin. Only in one source (Meninski's *Thesaurus*) each entry is written both in original script i.e. Arabic and in Latin. The authors of the present works were Europeans of different nationalities, whose native spelling had a visible influence on the transcription of Turkish texts. Thus, noticeable are features of German, Italian, Hungarian or French spelling.

Here is the chronological register of the sources together with their short characterization:

1. H. Megiser, *Thesaurus polyglottus vel Dictionarium multilingue ... ab. H. Megisero*, Francofurti ad Moenum 1603 (= Meg.).- This is a two-volume, comprehensive dictionary (I vol. - 832 pp., II vol. - 751 pp.) written by the German translator and philosopher Hieronim Megiser. The author entitled his dictionary

„polyglottus, as together with the Latin entry there is its meaning translated into scores of languages[39]; there is also translation into Turkish.

2. A. Bombaci, *Padre Pietro Ferraguto e la sua Grammatica turca (1611)*, Annali, N.S.,I (1940), pp. 205-236 (= FrG). - Pietro Ferraguto, Italian monk - Jesuit, was taken prisoner by Turks, where he spent six years in Tunis. His grammar of the Turkish language was the result of his stay among Turks.

3. T. Majda, *Rozwój języka tureckiego w XVII wieku (rękopis z 1611 r., ze zbiorów Biblioteki Uniwersyteckiej we Wrocławiu, sygn. M.1529)*, Warszawa 1985 (= MN). - A manuscript from 1611, called by T. Majda: Notes. This is a manual of the Turkish language divided into several parts: a dictionary, dialogues and a grammar. The author of this work is anonymous. Ascertaining his nationality is not easy since in his work he used four languages: German, Italian, French and Spanish.

4. T. Majda, *17th Century Turkish Folk Verse in Latin Characters*, Studia Turcologica Memoriae Alexii Bombaci dedicata, Napoli 1982, p. 335-338 (= TFV).

5. M. Paszkowski, *Dzieje Tvreckie, y vtarczki Kozackie z Tatary, tudzież o narodzie, obrzędziech, nabożenstwie, gospodarstwie y rycerstwie tych pogan; przydany jest do niego Dikcjonarz języka tureckiego i Disputacia o wierze Chrześcianskiey y zabobonach Bisurmanskich*, Kraków 1615. (= PDT). - Together with a short dictionary of Turkish words there are Christian prayers (Pater noster and Credo) translated into Turkish. Marcin Paszkowski prepared this work on the basis of information he got from a soldier, who was taken prisoner by Turks and spent there 9 years.

6. Franciscus Blanchus (Frangu i Bardhë), *Dictionarium latino-epiroticum*, Romae 1635. - Cf.: S. Stachowski, *Der türkische Dialekt des XVII. Jh. in Albanien*, Folia Orientalia, VIII, 1967, s.177-195 (= FB).

7. G. Molino, *Dittionario della lingua italiana-turchesca*, Roma 1641 (= Mol.). - This is an Italian-Turkish dictionary including also an index of Turkish vocabulary and a short outline of Turkish grammar. The author of this work was the Venezian courtier and translator - Giovanni Molino.

8. J. Križanić, *Allocutio Turcica*, Romae 1652.- Cf.: M. Heaney, 'Križanić and the Turkish Language', Wiener Slavistisches Jahrbuch (1974), p. 53-72 (= KAT).

9. Fr. Petis de la Croix, *Relation d'vn voyage fait av Levant ... par Monsieur Thevenot*, Paris 1663. - Cf.: G. Hazai, Un texte osmanli-turc en transcription latine du XVII' siècle, Asian and African Studies, I, Bratislava 1965 (= PCr.).

10. *Illésházy Nicolai Dictionarium Turcico-Latinum*, Viennae 1668. - Cf.: J. Németh, *Die türkische Sprache in Ungarn im siebzehnten Jahrhundert*, Budapest 1970 (= Ill.). - This is a record consisting of several parts. It includes, first of all,

---

[39] According to Megiser's own words included in the subtitle of his work, each Latin entry is allegedly translated into about four hundred languages. In fact, each Latin entry is translated into no more than 20 - 40 languages.

a Turkish-Latin dictionary together with dialogues and a part dealing with grammar. The work was written by the Hungarian Count - Nicolaus Illésházy.

11. *Eremya Chelebi Kömürjian's Armeno-Turkish Poem ,, The Jewish Bride"*, edited by Avedis K. Sanjian and Andreas Tietze, Budapest 1981 (= K). - In the academic description of this work there is a dictionary of Turkish words (pp.:159-194).

12. F. M. Maggio, *Syntagmation linguarum orientalium ... Liber secundus ... Turcicae Linguae Institutiones*, Romae 1670 (= Mg.). - This is the second edition of the two-volume dictionary written by the Italian monk Francesco-Maria Maggio. He travelled for more than twenty years, visiting many countries and becoming aqcuainted with their languages. The fruit of his long journey is a three-volume dictionary concerning Oriental languages and the grammar of these languages. The second volume concerns the Turkish language (pp. 1-76: dictionary; pp. 77-96: texts). The third volume devoted entirely to the Turkish language unfortunately has not been published.

13. J. Nagy de Harsány, *Colloquia familiaria turcico-latina*, Coloniae Brandenburgicae 1672. - Por.: G. Hazai, *Das Osmanisch - Türkische im XVII Jahrhudert, Untersuchungen an den Transkriptionstexten von Jakab Nagy de Harsány*, Budapest 1973 (= NdH.). - The Hungarian nobleman Jakab Nagy de Harsány spent several years in Turkey as a diplomat and trade representative of his country. Knowing Turkish culture and language very well he published in 1672 *Colloquia familiaria turcico-latina*. The work comprises not only Turkish-Latin dialogues but also includes a lot of valuable information concerning Turkish customs, lifestyle and law.

14. A. Mascis, *Vocabulario toscano e turchesco*, Firenze 1677 (= Mas.). - This is an Italian (Tuscan)- Turkish dictionary including also a grammatical section. The author of the work was the Naples translator Antonio Mascis.

15. F. Meninski à Mesgnien, *Thesaurus linguarum Orientalium, Turcicae, Arabicae*, vol. I-III, Viennae 1680 (= Men.). - This three-volume dictionary, being the biggest of the sources presented here comprises Turkish, Persian and Arabic vocabulary. It is made up of 6080 columns, that gives 3040 pages. Entries or phrases are translated into the following languages (in order of appearence): Latin, German, Italian, French, Polish. The author of this work was a translator and diplomat of French descent, Franciscus à Mesgnien Meninski. For many years he held the office of royal translator for the Polish king and therefore in appreciation of his merits he was conferred the title of Polish nobleman and the surname Meninski.

16. G. Miselli, *Il Buratino veridico overo. Istruzione generale per chi vaggia*, Bolonia 1688.- Cf.: S. Stachowski, *Ein Türkisches Wörterverzeichnis aus dem J. 1688*, Folia Orientalia, XI (1970), pp. 259-264 (= Mis.).

ABBREVIATIONS

1. The XVIIth century sources and their abbreviations.

FB   – Franciscus Blanchus (Frangu i Bardhë), *Dictionarium latino-epiroticum*, Romae 1635. - Cf.: S.Stachowski, *Der türkische Dialekt des XVII. Jh. in Albanien,* Folia Orientalia, VIII (1967), pp. 177-195.

FrG   – A.Bombaci, *Padre Pietro Ferraguto e la sua Grammatica turca (1611)*, Annali, N.S., I (1940), pp. 205-236.

Ill.   – Illésházy, *Nicolai Dictionarium Turcico - Latinum*, Viennae 1668. Cf.: J.Németh, *Die türkische Sprache in Ungarn im siebzehnten Jahrhundert*, Budapest 1970.

K   – *Eremya Chelebi Kömürjian's Armeno-Turkish Poem „The Jewish Bride"*, edited by Avedis K Sanjian and Andreas Tietze, Budapest 11981.

KAT   – J.Križanić, *Allocutio Turcica*, Romae 1652. - Cf.: M.Heaney, '*Križanić and the Turkish Language*', "Wiener Slavistisches Jahrbuch" 1974, pp. 53-72.

Mas.   – *Vocabulario toscano e turchesco*, Firenze 1677.

Meg.   – H.Megiser, *Thesaurus polyglottus vel Dictionarium multilingue ... ab. H.Megisero*, Francofurti ad Moenum 1603.

Men.   – F.Meninski à Mesgnien, *Thesaurus linguarum Orientalium, Turcicae, Arabicae, Persicae*, vol. I-III, Viennae 1680.

Mg.   – F.M.Maggio, *Syntagmation linguarum orientalium ... Liber secundus ... Turcicae Linguae Institutiones*, Romae 1670.

Mis.   – G.Miselli, *Il Buratino veridico overo Istruzzione generale per chi vaggia*, Bolonia 1688. - Cf.: S.Stachowski, *Ein türkisches Wörterverzeichnis aus dem J. 1688*, Folia Orientalia, XI (1970), pp. 259-264.

MN   – T.Majda, *Rozwój języka tureckiego w XVII wieku [The Development of the Turkish Language in the XVII Century]*, Warszawa 1985.

Mol.   – G.Molino, *Dittionario della lingua italiana - turchesca*, Roma 1641.

NdH.   – J.Nagy de Harsány, *Colloqia familiaria turcico-latina*, Coloniae Brandenburgicae 1672. - Cf.: G.Hazai, *Das Osmanisch-Türkische im XVII Jahrhundert, Untersuchungen an den Transkriptionstexten von Jakab Nagy de Harsány*, Budapest 1973.

PCr.   – Fr.Petis de la Croix, *Relation d'vn voyage fait av Levant ... par Monsieur Thevenot*, Paris 1663. - Cf.: G.Hazai, *Un texte osmanli-turc en transcription latine du XVII' siècle*, Asian and African Studies, vol.I, Bratislava 1965.

PDT   – M.Paszkowski, *Dzieie Tvreckie, y vtarczki Kozackie z Tatary, tudzież o narodzie, obrzędziech, nabożenstwie, gospodarstwie y rycerstwie tych pogan; przydany jest do tego Dikcjonarz języka tureckiego i Disputacia o wierze Chrześcijanskiey y zabobonach Bisurmanskich*, Kraków 1615.

TFV   – T.Majda, *17th Century Turkish Folk Verse in Latin Characters*, Studia Turcologica Memoriae Alexii Bombaci dedicata, Napoli 1982, pp. 335-338.

16

2. Other sources and their abbreviations.

Arg.   – A.Bombaci, „ *La Regola del parlare turcho" di Filippo Argenti, Materiale per la conoscenza del turco parlato nella prima metà del XVI secolo*, Napoli 1938.

Bal.   – J.Németh, *Die türkischen Texte des Valentin Balassa*, Acta Orientalia Academiae Scientiarum Hungaricae, II (1953), pp. 23-61.

BEp.   – *Augerii Gislenii Busbeqvii D.Legationis Turcicae Epistolae quatuor*, Francofvrti MDXCV (= 1595).

        Dedicatio (1581), pp. 3-4.

        Epistola I (1554), pp. 5-93.

        Epistola II (1555), pp. 93-109.

        Epistola III (1560), pp. 109-223.

        Epistola IV (1562), pp. 223-314.

        Consilium (1595), pp. 315-360).

DKK   – Muharrem Ergin, *Dede Korkut Kitabı, Metin-Sözlük*, Ankara 1964.

DM   – Mecdut Mansuroğlu, *Anadolu Türkçesi (XIII Asır). Dehhani ve Manzumeleri*, Istanbul 1947.

DS   – *Türkiye'de halk ağzından derleme sözlüğü*, I, A, Ankara 1963.

DTb.   – *Hans Dernschwam's Tagebuch einer Reise nach Konstantinopel und Kleinasien (1553-1555)*, ed. F.Babinger, München und Leipzig 1923. - Cf.: Z.Kakuk, *Türkisches aus Hans Dernschwams Tagebuch*, I, Acta Orientalia Academiae Scientiarum Hungaricae, XXXII (1978), pp. 127-173.

Er.   – Ovannes Erznkaci edited two poems - Cf.: E.V.Sevortjan, *Tiurkizmy u rannich armianskich pisatelej, Struktura i istorija tiurkskich jazykov*, Moskva 1971, pp. 261-275.

Gen.   – T.Halasi-Kun, *Gennadios török hitvallàsa*, Körösi Csoma Archivum, I (1936), pp. 139-247.

Georg.   – W.Heffening, *Die türkischen Transkriptionstexte des Bartholomaeus Georgievits aus den Jahren 1544-1548. Ein Beitrag zur historischen Grammatik des Osmanisch- Türkischen*, Leipzig 1942.

Jus.   – Bernt Brendemoen, *Labiyal ünlü uyumunun gelişmesi üzerine bâzı notları, Türkiyat Mecmuası*, Istanbul 1980, pp. 223-240. The author elaborated two Turkish letters written in Greek script by Jusuf and Jakub in 1485.

KnS   – A.S.Tveritinova, *Kniga zakonov Sultana Selima I (Sultan I Selim'in Kanun-namesi). Publikacija teksta, perevod, terminologičeskij kommentarij i predislovije*, Moskva 1969.

LCT   – *Libri tre delle cose de Turchi*, Vinegia MDXIV (=1545).

Ln.   – J.Leunclavius, *Historiae Musulmanae Turcorum de monumentis ipsorum exscriptae, libri XVIII*, Francofurti MDXCI (= 1591). - Cf.: S.Stachowski, *Das Osmanisch Türkische Wortgut bei J.Leunclavius (1591)*, Zeszyty Naukowe Uniwersytetu Jagiellońskiego, Prace Językoznawcze, z.87, 1988, pp. 127-150.

Lub.   – M.Adamović, *Das Osmanisch-Türkische Sprachgut bei R. Lubenau, Beiträge zur Kenntnis Südosteuropas und des Nahen Orients*, XXV, München 1977, pp. 1-65.

Mh   – T.Majda, *A Letter by Sultan Mehmet III to King Sigismund III in Polish Transcription*, Rocznik Orientalistyczny, XXXVIII (1976), pp. 199-215.

MU   – Bergama'lı Kadri, *Müyessiret-ül-Ulum (Muyassiratu-'l- 'ulum)* - elaborated by Besim Atalay, Istanbul 1946.

Mur.   – F.Babinger, *Der Pfortendolmetsch Murad und seine Schriften, Literaturdenkmäler aus Ungarns Türkenzeit*, Berlin und Leipzig 1927).

OT   – *Opera a chi se delettasse desaper domandar ciascheduna cosa in turchesco. Con la geonologia di villani cosa nona.*- Por.: M.Adamović, *Ein Italienisch-Türkisches Sprachbuch aus den Jahren 1525-30*, WZKM, 67, Wien 1975.

PIn.   – Guillaume Postel, *Instruction des mots de la langue turquesque les plus communs, Des Histoires orientales*, Paris 1575. Cf.: V.Drimba, *Elementele de gramatica Turca ale lui Guillaume Postel (1575)*, Studii si Cercetarii Lingvistice, anul XVIII, 3, Editura Academiei

Republicii Socialiste Romania, 1967.

SchPN   – W.Helmholdt, *Das türkische Vaterunser in Hans Schiltbergers Reisebuch*, Folia Orientalia, VI (1965), pp. 247-249.

SOt.   – Lazari Soranzii Patrit. Veneti, *Ottomanvs sive De Imperio Turcico nunc primum ex Italico idiomate in Latinum conuersa a Jacobo Gendero ab Heroltzberga*, Francofurti MDCI (=1601). Italian edition: L'Ottomano, Ferrara, 1598.

Sul.   – A.Zajączkowski, *List turecki Sulejmana I do Zygmunta Augusta z r. 1551 [A Letter by Sultan Suleyman I to Sigismund Augustus from 1551]*, Rocznik Orientalistyczny, XII, Kraków 1936, pp. 91-118.

TAO   – Ugo Marazzi, *Tevarıh-i Al-i Osman. Cronaca Anonima Ottomana in Transcrizione Ebraica*, Instituto Universitario Orientale, Series Minor XII, Napoli 1980.

TS   – *Türkçe Sözlük*, 6. baskısı. Ankara.

TTS   – *XIII Yüzyıldan beri Türkiye türkçesiyle yazılmış kitaplardan toplanan tanıklariyle Tarama Sözlüğü*, I, A-B, Ankara, 1963.

VN   – M. Adamović, *Vocabulario nuovo mit seinen türkischen Teil*, Rocznik Orientalistyczny, XXXVIII, pp. 43-69.

YM   – Reşit Rahmati Arat, *Un yarlık de Mehmed II, le Conquérant*, Roma 1940.

YRh   – *Redhouse Yeni Türkçe-İngilizce Sözlük*, Istanbul 1981.

I. FORMATIVE ANALYSIS

The first chapter of the present work deals with the formative analysis of the derivatives. The main task of the analysis is to indicate the relation between the analysed derivative and the word being the semantic and formal basis for this derivative. The formative analysis of the derivative consists of the division into formative basis and formative. It also designates the means and processes which took part in creating the form of the analysed word[1]. The derivatives, collected in this chapter, were formed by many formatives. They are presented below in alphabetical order together with the characterization and entire lexical material illustrating each formative. Here there are 26 formatives collected from the analysed material. These are: *-ak, -an, -cak, -cı, -cık, -cıl, -ç, -daş, -dı, -ga, -gan, -gı, -gıç, -gın, -ı, -ıcı, -(ı)k, -ım, -(ı)ndı, -ış, -lık, -ma, -maç, -mak, -mış, -sak.*

Suffix -ak

Lit.: Çotuksöken TEKG 22, Deny GLT 558-559, von Gabain AG 62, Hatiboğlu TE 78-80, Kononov GTJ 120, Sevortjan AIS 200-217, Tekin GOT 104, Zajączkowski SZK 17, 61.

Suffix *-ak* ‖ *-ek* forms mostly the names of places, tools and objects of daily use. Sometimes, however, rarely, it forms derivatives denoting nomina agentis and nomina attributiva. One can also find substantives derived from nominal bases which probably had a diminutive meaning in the past. Then, during semantic transformations they obtained the new sense denoting an anatomical name. The original diminutive meaning was typical for denominal substantives with the suffix *-ak* in old Turkic languages[2]. Neither in dialects nor in the literary Turkish language is this suffix productive. In other Turkic languages, apart from West Karaim it shows considerable productivity. Some grammarians[3] consider this suffix as a variant of the suffix *-k*.

---

[1]. The task of formative analysis is presented here according to M. Dokulil's opinion stated in: *Teoria derywacji*, Wrocław - Warszawa - Kraków - Gdańsk 1979, pp. 176-177.

[2] A. von Gabain, *Alttürkische Grammatik*, Leipzig 1950, p.62; cf. also A. Zajączkowski, *Sufiksy imienne i czasownikowe w języku zachodniokaraimskim*, Kraków 1932, p.17.

[3] E.V. Sevortjan, *Affiksy imennogo slovoobrazovanija w azerbajdžanskom jazyke*, Moskva 1966, p. 200.

The excerpted material (13 words) is shown here in the following semantic categories:

1. Names of places:

durak - 1670: *duraġ* (duragh) 'a place to stay' (K 167); 1680: *durak* 'locus consistentiae, domicilium' (Men. II 3141) ≤ *dur-* 'stand'. - The earliest recording of this entry is in the XIIIth c.: *turak* (trāq; XIII c.), *durak* (drq; XIV c.), *durak* (drāq; XV c.), *turak* (twrq, trāq; XV c.), *durak* (dwrāq; XVI c.), *turak* (twrāq, trāq; XVI c.) 'Yurt, eyleşilen mahal, makar' (TTS). Cf. also: 1580: *durak* (durak) 'Wohnstatte' (Mur. 534).

konak - 1641: *konak* (konak) 'albergo, allogiamento' (Mol. 29); 1670: *konak* (conac) 'hospitium, diuersorium' (Mg.72); 1670: *konak* (konak) 'mansion' (K 178); 1672: *konak* (konag) 'Wohnhaus, Unterkunft' (NdH 242); 1677: *konak* (conach) 'allogiamento' (Masc. 11a), *konak* (conach) 'ricetto' (ibid. 154b), *kunak* (cunach) 'albergo' (ibid. 10a), *konak yeri* (conach ieri) 'ridotto, albergo' (ibid. 155b); 1680: *konak* (konak) 'hospitium, locus ubi quis divertit aut subsistit, mansio, domus locus ubi petitur aqua' (Men. III 4955), *konakler* (konakler) 'loca descensus, hospitia, mansiones' (ibid. III 4921) ≤ *kon-* 'settle, stay'. - Its earliest recording is in the XIVth c.: *konak* (qnāq, qwnāq; XIV c.), *konak* (qwnāq; XV c.), *konak* (qwnq; XV/XVI c.), *konak* (qwnq, qwnāq; XVI c.) '1. Konuk olunan yer, menzil, müsafirhane. 2. Misafir. 3. Bir konaklık yer' (TTS). Cf. also 1533: *konak* (conach) 'allogiamento' (Arg. 21).

yatak - 1670: *yatak*, *yataġ-* (yatak, yatagh-) 'bed' (K 193); 1672: *yatak* (iatak, jatak) 'Bett, Schlafstelle' (NdH 230,236); 1680: *yatak* (jatak) 'cubile' (Men. III 5533), *yatak* (jatak) 'Cubile, lustrum ferae, seu locus ubi cubat, jacet, se recipit, aut delitescit homo vel fera' (Men. III 5533, 5560) ≤ *yat-* 'lie, stay in bed'. - The earliest record dates back to the XIVth c.: *yatak* (ytāq; XIV c.). *yatak* (ytāq; XV c.), *yatak* (ytāq, ytg; XVI c.) 'Barınak, in' (TTS).

2. Diminutives

This semantic subgroup is called diminutives, however the derivatives collected here (two examples) have no diminutive meaning. Also in the XVIIth century these two words did not already show such a denotation. They denote anatomical names. According to Zajączkowski, previously they might have been diminutives and therefore they are presented in this very category. Cf.:

kulak - 1603: *kolak*, *kolaġ* (kolak, kolagh) 'auris' (Meg. 155); 1611: *kulak* (culak) 'oreja' (MN 208); 1677: *kulak* (culach) 'orecchia' (Masc. 113b, 281a); 1680: *kulak* (kulak) 'auris' (Men. I 120) ≤ *kul* 'servant'. - The earliest reference to this word is in the XIIIth c.: *kulak* (DM 32); *kulah* (qlāh; XV c.), *kulah* (qwlh; XVI c.) 'Kulak' (TTS). Cf.: also XVI c.: *kulak* (qwl'q) 'orecchio' (TAO 106); 1525/30:

kulak (chulach) 'lorechia' (OT 243); 1551: *kulak* (Sul.29,44); 1564: *kulak* (qwlaq) 'yxo' (KnS 153); 1587/88: *kulak* (kulak) 'Ohr' (Lub.54).

yanak - 1603: *ganak* (ganak) 'gena' (Meg. 593); 1641: *yanak* (ianak) 'guancia' (Mol. 172); 1680: *yañak* (jaŋ-ak) 'gena' (Men. III 5594) ≤ *yan* 'side'. - The earliest records of this word date back to the XIIIth c.: *yanak* (yanaq) (DM 42); also cf.: 1533: *yañak* (janghnach) 'gota' (Arg. 53) and 1587/88: *yanak* 'Wangen' (Lub.62).

3. Names of tools and objects of daily use:

bıçak - 1603: *bıçak* (bitschak) 'culter' (Meg. I 376); 1611: *buçak* (butschac, butschak) 'cuchillo' (MN 179); 1668: *bıçak* (bicsak) 'culter' (Ill. 156); 1680: *bıçak* (bićiak) 'culter' (Men. I 711); 1688: *bıçak* (biciach) 'cultello' (Mis. 233) ≤ *biç-* 'cut'. - The earliest confirmation of this word was in the XVIth c.: *bıçah* (bčh) 'biçak' (TTS); 1525/30: *bıçak* (biciach) 'cortello' (OT 237); *bıçak* (MU 120); 1574: *bıcak* (bizach) 'cortello' (VN 62); 1587/88: *bıçak* (bitschack, bitschak, biscak) 'Messer' (Lub.37).

ölçek - 1680: *ölçek* (ölćekⁱ) 'mensura' (Men. I 541) ≤ *ölç-* 'mesure'.

yarak - 1611: *yarak* (jarac) 'spada' (FrG 112); 1611: *yarak* (iarak, iarak, iaraklar) 'armas' (MN 234); 1670: *bin yıl yarak bir gün gerek* (bin iyl iàrac bir ghiun ghierek) 'mille annorum armatura, uno die opus est' (Mg.78); 1672: *yarak* (jarak) 'Gerat; † Waffe' (NdH 235); 1677: *yarak* (iarach) 'taglio dell'arme' (Masc. 240a); 1680: *yarak* (jarak) 'arma, armatura, telum, apparatus' (Men. III 5570) ≤ *yar-* 'split, cut'. - The earliest reference to this word is in the XIVth c.: *yarak* (yrg, yrāq, yārāq; XIV c.), *yarak*, *yaraġ* (yrq, yrāq, yārq, yrāġ; XV c.), *yarak* (yrāq, yārāq, XVI c.) '1. Hazırlık, levazım, techizat. 2. Silâh' (TTS). Cf.: in Argenti's Grammar (1533): *yarak* (jarach) 'armatura' (Arg.75).

4. Names of people and things with characteristic features (Nomina attributiva):

kolak - 1680: *kolak* (kolak) 'mancus, branchio manu ve mutilus' (Men. II 3802) ≤ *kol-* 'arm'. - The earliest confirmation of this word is in the XVIth c.: *kolak* (qwlāq, qwlq) 'Çolak' (TTS).

korkak - 1641: *korkak* (korkak) 'codardo' (Mol. 93); 1680: *korkak* (korkak) 'timidus, meticulosus, pusillanimus, ignavus' (Men. II 3789) ≤ *kork-* 'scare'. - The earliest confirmation of this word in the form of *korḥak* was in the XVth c.: *korḥak* (qwrḥq) 'Korkak' (TTS).

solak - 1677: *solak* (solach) 'mancino' (Masc. 88a, 283b) ≤ *sol* 'left'. - The earliest records date back to the XVIth c., however with another meaning. Cf.: *solak* (swlāq) 'Eski Osmanlı devrinde padişahın özlük muhafızı olan yeniçeri' (TTS).

5. Names of the subject of the action (Nomina agentis):

kaçak - 1680: *kaçak* (kaćiak) 'fuga' (Men. II 3632) ≤ *kaç*- 'escape'.

oturak - 1672: *oturak* (oturak) 'Landwehr' (NdH 275); 1680: *oturak* (oturak) 'statiuus miles, seu rude donatus, exemptus & liber a bellica expeditione, emeritus' (Men. I 484) ≤ *otur*- 'sit down, settle'. - The earliest testimony to this formation was in the XVth c.: *oturaġ* ('wtrġ; XV c.), *oturak* ('wtwrāq; XVI c.) '1. Sabit, sakin, mukim. 2. Oturacak yer. 3. Mütekait, emekli' (TTS).

Suffix -an

Lit.: Çotuksöken TEKG 24, Deny GLT 573, von Gabain AG 61, Hatiboğlu TE 28-30, Sevortjan AIS 322-324, Tekin GOT 104, Zajączkowski SZK 19, 76-77.

This is a rare suffix forming substantives from verbal bases. The derivatives with this suffix denote the names of tools and also the names of results and the objects of the action. In old Turkic languages this suffix formed denominal formations with diminutive meaning[4]. Though, there are only two derivatives with this suffix, nevertheless they represent two different semantic categories.

1. Names of results and objects of the action:

ayran - 1677: *ayran* (airan) 'latte agro adacquato' (Masc. 79a); 1680: *ayran* (airan) 'oxygala, lac serorum, serum lactis' (Men. I 590) ≤ *ayır*- 'separate'. - The derivative has been confirmed since 1533: *ayran* (airan) 'il lactagro' (Arg.29).

2. Names of tools and objects of daily use:

kapan - 1680: *kapan* (kapan) 'statera major, trutina' (Men. II 3611); *demir kapan* (demyr kapan) 'magnes' (ibid. III 4850) ≤ *kap*- 'catch'. - This word has been confirmed since the XVth c.: *kapan* (qpān) 'Büyük terazi' (TTS); 1587/88: *kapan* (capan) 'Wage' (Lub. 52).

Suffix -cak

Lit.: Çotuksöken TEKG 26, Deny GLT 320-322, von Gabain AG 60, Hatiboğlu TE 35-37, Sevortjan AIS 110-112, Zajączkowski SZK 24, 90.

Suffix *-cak* || *-cek* forms substantives both from nominal and verbal bases. Formerly, derivatives with this suffix had diminutive meaning. At present, this feature is rather rare. The formations with suffix *-cak* denote mostly names of tools, names of subjects and objects of the action. Though this suffix is unproductive it is nevertheless known both in old and in contemporary Turkic languages. In

---

[4] A. von Gabain, op. cit., p.61; Cf. also: A.Zajączkowski, op. cit., pp.19, 76-77.

the XVIIth century sources there were found only 10 derivatives with the suffix -*cak*. However, they represent various semantic categories.

1. Names of tools and objects of daily use:

çubucak - 1680: *çubucak* (ćiubugiak) 'virgula, bacillus' (Men. I. 1579) ≤ *çubuk* 'bar'.

dayanacak - 1677: *dayanacak* (daianagiach) 'sostegno' (Masc. 215a) ≤ *dayan-* 'lean'.

kolçak - 1611: *kolçak* (coltschak) 'an die armen' (MN 207), *kolaçık* (colatschik) 'pendenti de orechi' (ibid. 207); 1680: *kolçak* (kolćiak) 'armilla, brachiale, manica contra frigus' (Men. II 3804) ≤ *kol* 'arm'. - This word has been confirmed since the XVth c.: *kolçak* (qwlčāq; XV c.), *kolçak* (qwlčq; XVI c.) 'Kola geçirilen kilif' (TTS).

salıncak - 1680: *salıncak* (salingiak) 'Ad librationem trabs suspensa, oscillum, oscilla, orum' (Men. II 2923), *salıncak* (salyngiak) 'oscillum' (ibid. II 4046) ≤ *salın-* 'swing'.

yastanacak - 1680: *yastanacak* (jastanagiak) 'Idem, pulvinus' (Men. III 5579) ≤ *yastan-* 'support'. - The earliest recording of this word was in the XVth c.: *yastanacak* (ystnğq) 'Dayanacak yer' (TTS).

2. Abstract nouns:

ısıcak - 1677: *ısıcak* (isigiach) 'ardore' (Masc. 16a); 1680: *ısıcak* (issigiak) 'subcalidus, calidor, sed pro positivo usitatissimum calidus, calor' (Men. I 227) ≤ *ısı* 'warmth'. - The historical dictionary shows this formation with several meanings. The earliest records date back to the XIVth c. Cf.: *ısıcak* ('sğāq, 'sğq; XIV c.), *ısıcak* ('sğq; XIV/XV c.); *ısıcak* ('syğq, 'sğq, 'syğāq; XV c.); *ısıcak* ('syğq, 'syğāq; XVI c.) '1.Sıcak. 2. Sıcaklık, haraket. 3. Hamam' (TTS). Cf. also: 1533: *ısıcak* (jssiggiách) 'chaldo' (Arg. 27).

3. Names of the subject of the action (Nomina agentis):

örümcek - 1603: *urumcek* (vrumgek) 'araneus' (Meg. I 112); 1680: *örümcek* (örümgek[i]) 'araneus' (Men. I 150, 503) ≤ * *örüm* ≤ *ör-* 'braid'. - This formation was confirmed in the XIVth c.: *örimcek evi* ('rmğk 'w, 'wrmğk 'w), *örümcek evi* ('wrwmğk 'wy; XIV/XV c.), *örümcek evi*, *örimcek evi* ('wrwmğk 'w, 'wrmğk 'w; XV c.), *örümcek evi*, *örimcek evi* ('wrwmğk 'wy, 'wrmğk 'wy; XVI c.), 'Orümcek ağı' (TTS).

4. Names of places:

oturacak - 1677: *oturacak yeri* (oturagiach ieri) 'residenza' (Masc. 153a) ≤

otur- 'sit'. - The earliest records date back to the XIVth c.: *oturacak* ('wtrğq) 'Oturmağa mahsus yer' (TTS).

5. Names of results and objects of the action:

asılacak - 1680: *asılacak* (asylagiak) 'suspendendus, furcifer' (Men. I 30), *asılacak* (asylagiak) 'Suspendendus, furcifer, nequam, petulans' (Men. I 258) ≤ *asıl-* pass. from *as-* 'hang'. - This derivative was confirmed in the XVIth c.: *asılacak* (āslğq) 'Asılmağa lâyık' (TTS).

yeyecek - 1677: *yeyecek* (ieiegiech) 'esca, cioè cibo' (Masc. 45b), *yeyecek* (ieiegiech) 'mangiaria' (ibid. 88b), *yeyecek* (ieiegiech) 'pasto, cibo' (ibid. 119b) ≤ *ye-* 'eat'.

Suffix -cı

Lit.: Çotuksöken TEKG 27, Deny GLT 343-347, von Gabain AG 60, Hatiboğlu TE 53-55, Kononov GTJ 102-103, Sevortjan AIS 83- 92, Tekin GOT 104, Zajączkowski SZK 28-29.

This is the one of the most productive suffixes in Turkish. Its presence is also confirmed in other Turkic languages, both old and contemporary ones. The suffix is added to nouns and occasionally to adjectives forming substantives denoting nomina agentis i.e. names of people who are professionally or habitually concerned with or devoted to different objects[5]. Suffix *-cı* also forms derivatives denoting people with characteristic features (Nomina attributiva). This suffix appears in the following phonetic variants: *-cı* || *-çı, -ci* || *-çi, -cu* || *-çu, -cü* || *-çü*. The material excerpted from the XVIIth century sources is confirmed by 326 examples, which according to their differentiation can be classified in two semantic groups:

1. Names of the subject of the action (Nomina agentis):

ahırcı - 1641: *ahorcı* (achorgi) 'stalliero' (Mol. 429); 1677: *ahırcı* (achirgi) 'stalliero, o stallaio' (Masc. 228b) ≤ *ahır* 'stable'.

akıncı - 1680: *akıncı* (akynği) 'excursor aut excursores, velones' (Men. I 343) *akıncı* (akynği) 'Excursor, praedator, populator' (Men. I 1583) ≤ *akın* 'invasion'. - The earliest testimony to this word was in 1473 : *akınçı* (akinçi) 'Soldat d'incursion' (YM 61), also in 1598/1601: *akıncı* (SOt).

aletçi - 1677: *aletçi* (aletgi) 'machinatore, cioè, ingannatore' (Masc. 86a) ≤ *âlet* 'tool'.

---

[5] Cf. suffix *-ici* which forms Nomina agentis denoting people professionally or habitually concerned with or devoted to the action.

anakdarcı - 1641: *anakdarcı* (anakdargi) 'chiauaro, che sa le chiaue' (Mol. 88) ≤ anakdar 'key'.

arabacı - 1603: *arabacı* (arabbagi) 'auriga, cisiarius' (Meg. I 154); 1615: *arbacı* (arbadzi) 'charretier' (PDT 139); 1641: *arabacı* (arabagi) 'carettiere' (Mol. 81); 1668: *arabacı* (arabagÿ) 'auriga' (Ill. 152); 1680: *arebeci*, *arabacı* (aerebeği, arabaği) 'auriga, carpentarius, plaustrarius' (Men. II 3241) ≤ *araba* 'carriage, coach'. - The earliest noting of this word was in 1545: *arabacı* (LCT 126 b).

arpacı - 1680: *arpacıler* (arpağiler) 'aruspices' (Men. I 130) ≤ *arpa* 'barley'. - The earliest confirmation of this word was in the XVth c.: *arpacı* (arpğ) 'falcı' (TTS).

aşçı - 1603: *ahçı* (achtgi) 'cocus' (Meg. I 280). 1611: *aşçe* (astche) 'cuoco' (MN 170); 1641: *aşçı* (asci) 'coco' (Mol. 111); 1672: *aşçı* (ascsi) 'Koch' (NdH 204); 1680: *aşçı* (aśći) 'coquus' (Men. I 235); *aşçı* (aśći) 'coquus, praegustator, instructor mensae' (ibid. I 1961) ≤ *aş* 'food' - The earliest records date back to 1587/88 in form: *ahçi* (achschi) 'Koch' (Lub 32).

avcı - 1668: *avcı* (augÿ) 'venator' (Ill. 153); 1680: *avcı* (awği) 'venator' (Men. I 492, II 2837) ≤ *av* 'hunting'.

badanacı - 1680: *badanacı* (badanaği) 'albarius' (Men. I 640) ≤ *badana* 'plaster'

bağçı - 1603: *bahçı* (bachtgi) 'hortus' (Meg. 646); 1680: *bağçı* (baghći) 'vinitor, custos vinearum, hortulanus' (Men. I 671) ≤ *bağ* 'vineyard'.

baharcı - 1641: *baharcı* (bahargi) 'speciale, che fa la speciaria' (Mol. 418) ≤ *bahar* 'spices'.

balçıkçı - 1680: *balçıkçı* (bālćikći) 'lutarius, qui lutum praeparat caementandum, caemetarius, qui muros ex luto extruit ' (Men. II 2254) ≤ *balçık* 'mud'.

balıkçı -1603: *balukçı* (balukgi) 'piscator' (Meg. II 271); 1641: *balukçı* (balukgi) 'pescatore' (Mol. 302); 1668: *balugcı* (balugci) 'il pescatore' (Ill. 154); 1680: *balıkçı* (balykći) 'piscator, piscarius' (Men. I 687), *balıkçı* (balykći) 'piscator' (ibid. II 3016) ≤ *balık* 'fish'. - The earliest records date back to 1525/30: *balukçı* (baluchci) 'pescator' (OT 236) also to 1574: *baluçı* (baluchi) 'pescatore' (VN 62).

baltacı - 1672: *baltacı* (baltagsi) 'Beilhandler; Knecht im Palast' (NdH 205); 1680: *baltacı* (baltaği) 'securifer' (Men. I 683, 1056) ≤ *balta* 'axe'.

bardakçı - 1603: *bardakçı* (bardacgi) 'figulus' (Meg. 543); 1641: *bardakçı* (bardakgi) 'vasaro' (Mol. 473) ≤ *bardak* 'glass'.

basmacı - 1641: *basmacı* (basmagi) 'stampatore' (Mol. 429); 1668: *basmacı* (basmagÿ) 'il stampatore' (Ill. 154); 1677: *basmacı* (basmagi) 'stampatore' (Masc. 228b); 1680: *basmacı* (basmaği) 'impressor, typographus' (Men. I 837) ≤ *basma* 'printing, press'.

başçı - 1680: *başçı* (baśći) 'qui capita animalium praeparat, coquit & vendit'

(Men. II 2737) ≤ *baş* 'head'. - The earliest records date back to the XVIth c.: *başcı* (bšğy) 'Baş yönetici, âmir' (TTS).

başmakçı - 1680: *başmakçı* (baśmakći) 'sutor, calceolarius, qui calceamenta conficit' (Men. I 625), *başmakçı* (baśmakći) calceorum opifex, seu sutor, calceolarius, qui sandalia parat' (ibid. II 3983) ≤ *başmak* 'shoe'. - The earliest records date back to the XIVth c.: *başmakcı* (bšmqğy; XIV c.), *paşmakcı* (pšmqğy; XV c.), *paşmakcı* (pšmāqğy; XVI c.), *başmakcı* (bāšmqğy, bšmqğy; XVI c.) 'Ayakkabıcı' (TTS).

bazarcı - 1603: *bazarcı* (basargi) 'mercator' (Meg. II 53); 1680: *bazarcı* (bazarği) 'tabernarius, propola, aut venditor fructuum, leguminum, &c.' (Men. I 651), *bit bazarcı* (bit bāzārgi) 'scrutarius' (ibid. I 651) ≤ *bazar* 'market'. - The earliest records date back to 1575 : *bazarcı* (bassargi) 'marchant, mercator' (PIn 34).

bedduacı - 1677: *bedduacı* (bettuuagi) 'malidicitore, cioè quello che maldice' (Masc. 87a) ≤ *beddua* 'curse'.

bekçi - 1641: *bekçi* (bekgi) 'custode, guardiano' (Mol. 112, 172); 1672: *bekçi* (bekcsi) 'Wachter' (NdH 206); 1680: *bekçi* (bek'ći) 'custos, vigil' (Men. I 792), *bekçi* (bek'ći) 'custos, vigil, vigiles'(ibid. I 861), *köpek bekçisi* (k'öpek' bek'ćisi) 'canum custos & ductor, miles ex Cohorte Janissariorum primariis proxima, item ex Satellitio Principum' (ibid. II 2639) ≤ *bek* 'watching'.

bezci - 1615: *bezcilari* (bezcyłary) 'tisserands'(PDT 138); 1668: *beyzci* (beischi) 'textor'(Ill. 156) ≤ *bez* 'linen'.

bezirci - 1680: *bezirci* (bezirği) 'olearius, olei expressor vel venditor' (Men. III 5942) ≤ *bezir* 'flax-seed oil'.

bıçakçı - 1641: *buçakcı* (buciakgi) 'coltellaro' (Mol. 97); 1680: *bıçakçı* (bićiakći) 'cultrarius' (Men. I 711) ≤ *bıçak* 'knife'.

bıçkıcı - 1603: *bıçkıcı* (bitschkigi) 'aratrum' (Meg. I 112); 1641: *bıçkıcı* (b=cźkigi) 'seccatore' (Mol. 391); 1680: *bıçkıcı* (bićkyği) 'serrarius, sector' (Men. I 713) ≤ *bıçkı* 'saw'.

biberci - 1680: *biberci* (biberği) 'venditor piperis, aromatarius' (Men. I 704) ≤ *biber* 'pepper'.

bokçı - 1680: *bokçı* (bokći) 'foricarius' (Men. I 933) ≤ *bok* 'dung'.- The earliest records date back to the date of 1598/1601: *bokçı* (SOt 56).

borucı - 1677: *borucı* (borugi) 'trombettiero di tromba' (Masc. 256b) ≤ *boru* 'trumpet'.

bostancı - 1603: *bostancı* (bostangi) 'olitor' (Meg. II 163); 1670: *bosdancı* (bosdanji) 'palace guard' (K 162); *bosdancı başı* (bosdanji bashi) 'head of the palace guard' (ibid. 162); 1670: *bustancı* (bustangi) 'hortulanus' (Mg. 57); 1672: *bostancı* (bostangsi) 'Gemusegärtner; Soldat der Hofgarde' (NdH 209); 1680:

bostancı (bostanği) 'jardinier, hortulanus' (Men. I 671), *bostancı* (bostanği) 'hortulanus' (ibid. I 923) ≤ *bostan* 'vegetable garden'. - The earliest records date back to 1545: *bostancı* (bostangi) 'giardinieri' (LCT 122a); also to 1587/88 in: *bostancı başa* (bostangi bassa) 'oder Obriste über die Gertner und Gartten' (Lub. 38). Cf. also 1591: *bostancı başı* (bostanzi bassi) (Ln. 876).

boyacı - 1641: *boyacı* (boiagi) 'tentore di panni' (Mol. 453, 456); 1668: *boyacı* (boiagÿ) 'tinctor' (Ill. 157); 1680: *boyacı* (bojaği) 'tinctor' (Men. I 948, II 2368, 2929) ≤ *boya* 'dye'.

bozmacı - 1680: *bozmacı* (bozmaği) 'interpolator, sublator macularum vestium' (Men. I 920) ≤ *bozma* 'annulment'.

bögici, bögüci, buġucı - 1680: *bögüci, bögici, buġucı* (bög^{i}ügi, bög^{i}igi, bughugi) 'fascinator, magus, maleficus' (Men. I 937) ≤ *bögü* 'spell'.

börekçi - 1641: *börekçi* (borekgi) 'pasticiero' (Mol. 294); 1680: *börekçi* (börek^{i}ći) 'artoptes, pistor dulciarius, crustularius' (Men. I 915) ≤ *börek* 'pastry'.

buhurcı - 1680: *buhurcı* (buchurği) 'aromatiarus, unguentarius' (Men. I 723) ≤ *buhur* 'incense'.

buyurukçı - 1680: *buyurukçı* (bujurukći) ' mandator, imperator, qui imperat, aut jus habet imperandi, dominator, in genere, Princeps' (Men. I 1015) ≤ *buyuruk* 'order'.

camcı - 1668: *camcı* (gyamgÿ) 'vitrarius' (Ill. 158) ≤ *cam* 'glass'.

camedancı - 1677: *camedancı* (giamedangi) 'ualigiero' (Masc. 261a) ≤ *camedan* 'chest of drawers'.

cebeci - 1680: *cebeci* (gebeği) 'faber & politor loricarum, loricatus miles, aut rei tormentariae serviens.' (Men. I 1580) ≤ *cebe* 'cuirass'. - Historical sources register this word at the earliest in the XVIth c.: *cebeci* (ğbhğy) 'Cephaneci er'(TTS).

cendereci - 1680: *cendereci* (ğendereği) 'compactor librorum, etc.' (Men. I 1636), *cendereci* (ğendereği) 'torcularius' (ibid. I 1662) ≤ *cendere* 'press'.

cenkçi - 1641: *cenkçi* (genkgi) 'combattimento' (Mol. 97), *cenkçi* (gienkgi) 'guerriero' (Mol. 173); 1680: *cenkçi* (ğenk^{i}ći) 'miles' (Men. I 1664), *cenkçi* (ğenk^{i}ći) 'militans, miles, pugnator' (ibid. II 3000) ≤ *cenk* 'battle'.

cevahirci - 1677: *cevahirci* (geuahirgi) 'gioielliere' (Masc. 56b); 1680: *cevahirci* (ğewahirği) 'gemmarius' (Men. I 1671) ≤ *cevahir* 'jewellery'.

cigerci - 1670: *cigerci* (jigerji) 'seller of liver' (K 176) ≤ *ciger* 'liver'.

cildçi - 1680: *cildçi* (ğildći) 'bibliopegus' (Men. I 1640) ≤ *cild* 'volume'.

ciridçi - 1680: *ciridçi* (ğiridći) 'missilia jaculandi peritus' (Men. I 1606) ≤ *cirid* 'spear'.

çadırcı - 1680: *çadırcı* (ćiadyrgi) 'tentoriorum erector, seu praefectus' (Men. I 1992) ≤ *çadır* 'tent'.

çamaşırcı - 1668: *çamarşırcı yanunda* (chamarsirgyi ianunda) 'apud lotricem' (Ill. 163); 1677: *çamaşırcı* (ciamascirgi) 'lauandaro, o vero lauandaia' (Masc. 79a); 1680: *çamaşırcı* (ćiamaśirǧi) 'lotor, lotrix' (Men. I 1561) ≤ *çamaşır* 'washing'.

çanakçı - 1677: *çanakçı* (cianachgi) 'scudellaio' (Masc. 193b); 1680: *çanakçı* (ćianakći) 'fideliator, qui conficit catinos, ruptosque reparat, partes jungit' (Men. II 3846) ≤ *çanak* 'utensil'.

çekmececi - 1680: *çekmececi* (ćekⁱmeǧeǧi) 'arcularius, capsarius' (Men. I 1631) ≤ *çekmece* 'drawer, casket'.

çeteci - 1670: *çeteci* (cheteji) 'bandit' (K 163); 1680: *çeteci* (ćeteǧi) 'excursor, praedator, populator' (Men. I 1583) ≤ *çete* 'rebel'.

çıkrıkçı - 1641: *çıgrıkçı* (cigrikgi) 'tornidore' (Mol. 460); 1680: *çıkrıkçı* (ćikrykći) 'tornator, torentes' (Men. I 1627) ≤ *çıkrık* 'spinning wheel'.

çiftçi - 1603: *çifci*, *çifçi* (tschiffgi, tsiftsi) 'agricola' (Meg. I 61); *çifçi* (tschiffgi) 'arator' (ibid. I 112); 1611: *çiftçi* (tschiftschi) 'arador' (MN 182); 1641: *çiftçi* (ciftgi) 'agricoltore lauorator de campi'(Mol. 27); *çiftçi* (ciftgi) 'aratore, bifolco' (ibid. 57); 1680: *çiftçi* (ćiftći) 'agricola, arator, villanus, rusticus' (Men. I 1625) ≤ *çift* 'pair, pair of oxes'. - At the earliest this word was registered by Georgievits in 1544/48: *çifçi* (tsiftsi) 'agricola' (Georg.21/103).

çizmeci - 1668: *çizmeci* (csizmegÿ) 'sutor' (Ill. 165) ≤ *çizme* 'slipper'.

çohacı, çokacı - 1680: *çohacı*, *çokacı* (ćiohaǧi, ćiokaǧi) 'pannifex, panni venditor, aut mercator' (Men. I 1681) ≤ *çoha*, *çoka* 'woollen cloth.

çorapçı - 1677: *çorapçı* (ciorap-gi) 'calzetaio' (Masc. 24a) ≤ *çorap* 'stocking'.

çorbacı - 1680: *çorbacı* (ćiorbaǧi) 'praefectus cohortis Janissariorum' (Men. I 1675). This derivative is derived from the substantive *çorba* 'soup'. However, the semantic relation between these two words is vague.

çölmekçi, çömlekçi -1641: *çölmekçi* (ciolmekgi) 'pignattaro' (Mol. 306); 1668: *çumlekçi* (csumlekcsi) 'figulus' (Ill. 166); 1680: *çömlekçi* (ćiömlekⁱći) 'figulus' (Men. I 1684); *çölmekçi* (ćiölmekⁱći) 'fornax, calcaria, furnus figuli' (ibid. II 2004) ≤ *çömlek* 'earthenware pot'.

davacı - 1641: *davacı* (dauagi) 'litigante' (Mol. 235); 1677: *davacı* (davagi) 'litigante' (Masc. 83a); 1680: *davacı* (dae°waǧi) 'litigans, actor' (Men. II 2091), *davacı* (dae°wāǧi) 'praetensor, praetendens, aspirans' (ibid. III 6064) ≤ *dava* 'claim'.

davulcı - 1680: *davulcı* (dawulǧi) 'tympanista' (Men. II 3079, 3083, 3152) ≤ *davul* 'drum'.

degirmenci - 1603: *degermenci* (degermengi) 'molitor' (Meg. II 77); 1611: *degermenşi* (degermenschi) 'molitor'(MN 183); 1641: *degirmenci* (deghirmengi) 'molinaro' (Mol. 260); 1668: *degermenci* (degermengÿ) 'molitor' (Ill. 167); 1677: *degirimici* (deghirimigi) 'ritonditore cioè quello che ritonda' (Masc. 165a) ≤ *degirmen* 'mill'. - The earliest confirmation of this word was in 1564: *degirmenci* (dkrmnğy) 'мельник' (KnS 147).

demirci - 1603: *demirci* (demirgi) 'ferrarius' (Meg. I 534); 1641: *demirci* (demirgi) 'fabro' (Mol. 139), *demirci* (demirgi) 'ferraio' (ibid. 144); 1668: *demerci* (demergÿ) 'faber ferarius' (Ill. 167); 1680: *demirci* (demyrği) 'faber ferrarius' (Men. I 1732); *demirci* (demyrği) 'faber ferrarius, ferri venditor, soleator' (ibid. II 2138) ≤ *demir* 'iron'.

derbendçi - 1680: *derbendçi* (derbendći) 'custos angustiarum montis' (Men. II 2048) ≤ *derbend* 'passage in the mountains'.

desdereci - 1641: *desdereci* (desderegi) 'segatore' (Mol. 392) ≤* *desdere* ≤ *testere* 'little saw'.

deveci - 1680: *deveci* (deweği) 'camelarius' (Men. II 2196), *deveci* (deweği) 'ductor camelorum'(ibid. II 2512), *deveci* (deweği) 'camelorum pastor, ductor, rector & pastor camelarius' (ibid. II 2779) ≤ *deve* 'camel'. - The earliest confirmation of this derivative was in 1545: *deveci* (deuegi) 'che attendano a cameli' (LCT 126a).

doğancı - 1668: *dogancı* (dogangÿ) 'accipitarius' (Ill. 169); 1680: *doğancı* (doghanği) 'falconarius' (Men. I 652); *doğancı* (doghanği) 'falconarius, mansuetarius auceps' (ibid. II 3146) ≤ *doğan* 'falcon'.

doğramacı - 1680: *doğramacı* (doghramaği) 'scriniarius, faber lignarius' (Men. II 2177) ≤ *doğrama* 'carpenter's craft'.

domuzcı - 1677: *domuzcı* (domusgi) 'porcare, o porcaio' (Masc. 132b) ≤ *domuz* 'pig'.

duacı - 1680: *duacı* (du-aği) 'orator, bonorum apprecator, benevolus, addictus, ut nos loquimur, servus' (Men. II 2004); *duacı* (du-aği) 'orator, precator, bonorum apprecator, benevolus, servus' (ibid. II 2088) ≤ *dua* 'prayer'.

duvarcı, dıvarcı - 1603: *duvarcı* (duvargi) 'caementarius' (Meg. 195); 1680: *dıvarcı* (diwarği) 'murarius' (Men. II 2219) ≤ *duvar, dıvar* 'wall'.

düdükçi-1680: *düdükçi* (düdükⁱći) 'fistulator, tibicen' (Men. II 2040) ≤ *düdük* 'whistle'. - The earliest registration of this derivative was in the XVIth century: *düdükci* (dwdkğy), also in *düdük çalıcı* (dwdwk čālğy; XVI c.) 'Neyzen' (TTS).

düğünci - 1680: *düğünci* (dügⁱünği) 'conviva nuptiarum' (Men. II 2183) ≤ *düğün* 'wedding'.

dükâncı - 1611: *dükanşi* (dukansche) 'boticario' (MN 185); 1680: *dükâncı* (dükⁱānği) 'tabernarius, &c' (Men. II 2105) ≤ *dükân* 'shop'.

dümenci - 1680: *dümenci* (dumengi) 'ad clavum sedens, clavi gubernator, nauclerus' (Men. II 2191) ≤ *dümen* 'helm'.

düzgünci - 1670: *düzgünci* (duzgunji) 'make-up lady' (K 167); 1680: *düzgünci hatun* (düzgʲüngi chatun) 'comptrix, fucatrix, ornatrix, *pec.* sponsarum' (Men. II 2167); *düzgünci kadün* (düzgʲüngi kadün) 'ornatrix, comptrix, *pec.* sponsarum' (ibid. III 4668) ≤ *düzgün* 'makeup'.

ekinci - 1603: *sembil ekinci* (sembil ekingi) 'semen' (Meg. II 495); 1611: *ekinşi* (echinschi) (MN 199); 1641: *ekinci* (ekingi) 'seminatore' (Mol. 395); 1680: *ekinci* (ekʲingi) 'sator, agricola' (Men. I 362, 769); *ekinci* (ekʲingi) 'agricola, colonus, paganus' (ibid. II 3542); *ekinci* (ekʲingi) 'seminator, agricola' (ibid. II 3963); *ekinci* (ekingi) 'seminator, agricola, arator' (ibid. III 5358) ≤ *ekin* 'grain, corn'. - The earliest records date back to the XVth c.: *ekinci* ('knğy; XV c.); *ekinci* ('knğy; XVI c.); 'Çiftçi' (TTS).

ekmekçi, etmekçi -1603: *ekmekçi* (ekmekgi) 'pistor' (Meg. II 272); 1641: *ekmekci* (ekmekgi) 'panettiere' (Mol. 290); 1668: *etmekçi başa* (etme[k]csi bassa) 'annonarius' (Ill. 172); 1670: *ekmekci* (ekmekji) 'seller of bread' (K 167); 1677: *ekmekci* (echmechgi) 'panattiere fornaio' (Masc. 117b); 1680: *etmekçi* (etmekʲci) 'pistor & venditor panis' (Men. I 50), *ekmekçi* (ekʲmekʲci) 'pistor' (ibid. I 360), *etmekçi* (etmekçi) 'pistor' (ibid. I 1853) ≤ *ekmek* 'bread'. - The earliest records date back to 1564: *etmekci* ('tmkğy) 'пекарь' (KnS 139). Cf. also: *etmekci* ('tmkğy; XVI c.) 'id.' (TTS).

elçi - 1603: *elçi* (elgi) 'legatum' (Meg. I 788); 1641: *elçi* (elci) 'ambasciatore' (Mol. 40); 1670: *elçi* (elci) 'legatus' (Mg. 56); 1672: *elçi* (elcsi) 'Gesandter, Botschafter' (NdH 218); 1680: *elçi* (elći) 'legatus, ablegatus, nuntius' (Men. I 384), *elçi, ilçi* (elći, ilći) 'legatus, ablegatus, nuntius' (ibid. I 605) ≤ *el* 'people, state'. - The earliest records date back to the XVth c.: *elçi* ('lčy) 'Peygamber' (TTS). Cf. also other sources: 1533: *elçilere* (elcilera) 'ambasciatori' (Arg 28); 1575: *elçi* || *ilçi* (elchi ou iligi) 'l'agent', *elçi* (elchi) 'l'ambasciadeur agaent de son prince ou de qui l'emoye comme son facteur' (PIn 30); XVI c.: *elçi* ('lčy, 'ylčy, 'ilčy, 'elčy) 'ambasciatore' (TAO 75).

eskici - 1641: *esgici* (esghigi) 'ripezzatore di scarpe' (Mol. 353), *eskici* (eskigi) 'stracciaruolo' (ibid. 434); 1677: *eskici* (eschigi) 'ciabattino' (Masc. 28b); *eskici* (eschigi) 'ripezzatore di scarpe' (ibid. 159b), *eskici* (eschigi) 'stracciaiolo ripezzatore' (ibid. 232a); 1680: *eskici* (eskʲiği) 'veteramentarius, scrutarius' (Men. I 218), *eskici* (eskʲiği) 'sarcinator, veteramentarius' (ibid. I 1013) ≤ *eski* 'old'. - The earliest records date back to 1564: *eskici* ('skyğy) 'старивщик' (KnS 139).

eşekçi - 1641: *eşekçi* (esc=ekgi) 'asinaio' (Mol. 62); 1668: *eşekçi* (essekcsi) 'asinarius' (Ill. 172); 1677: *yeşekçi* (iescechgi) 'asinaio' (Masc. 17b); 1680: *eşekçi* (eśekʲći) 'agaso, asinarius' (Men. I 243); *eşekçi* (eśekʲći) 'agaso asinorum' (Men. I 1875) ≤ *eşek* 'donkey'.

eyerci - 1641: *eyerci* (eiergi) 'sellaro' (Mol. 394); 1677: *egerci* (eghiergi) 'sellaio, maestro di selle' (Masc. 197b); 1680: *eyerci* (ejergi) 'qui parat ephippia' (Men. II 2502) ≤ *eyer* 'saddle'.

falcı - 1677: *falcı* (falgi) 'indonino' (Masc. 67b); 1680: *falcı* (falgi) 'mantes, sortilegus, augur' (Men. II 3457) ≤ *fal* 'fate, fortune-telling'.

fenerci - 1641: *fenerci* (fenergi) 'lanterniere' (Mol. 227); 1680: *fenerci* (fenergi) 'laternarius' (Men. II 3551) ≤ *fener* 'lantern'.

feryadçı - 1680: *feryadçı* (ferjadći) 'lamentator, delator' (Men. II 2839); *feryadçı* (ferjādći) ' lamentator publicus, qui justitiam petit' (ibid. II 3515) ≤*feryad* 'lament'.

fıstıkçı - 1677: *fıstıkçı* (fistichgi) 'pistacchiero, cioè quello che vende li pistacchi' (Masc. 129a) ≤ *fıstık* 'pistachio nuts'.

fuçıcı - 1677: *fuçıcı* (fugigi) 'accontia botte' (Masc. 5b); 1680: *fuçıcı* (fućigi) 'doliarius, vietor' (Men. II 3555) ≤ *fuçı* 'barrel'.

furuncı - 1680: *furuncı* (furungi) 'furnarius, pistor' (Men. II 3513) ≤ *furun* 'furnace'.

geçidçi - 1680: *geçidçi* (gⁱećidći) 'portitor' (Men. II 3880) ≤ *geçit* 'passage'.

gemici - 1603: *gemici* (gemigi) 'nauta' (Meg. II 110); 1670: *gemici* (ghiemigi) 'nauta' (Mg. 57); 1680: *gemici* (gⁱemigi) 'nauclerus' (Men. II 3965), *gemici* (gⁱemigi) 'nauclerus, nauta' (Men. II 4024), *gemici* (gⁱemigi) 'nauta' (ibid. III 4873) ≤ *gemi* 'ship'. - The earliest records date back to 1473: *kemeçi* (kemeçi) 'marin' (YM 64). Cf. also 1574: *gemici* (gemizi) 'marinaro' (VN 63).

gövercinci - 1677: *gövercinci* (ghiouergingi) 'palombiere' (Masc. 117b) ≤ *gövercin* ≤ *güvercin* 'pigeon'.

gözçi - 1680: *gözçi* (gⁱozći) 'custos, vigil, vigiles' (Men. I 861), *gözçi* (gⁱözći) 'socius, comes, amicus, familiaris, herus, dominus, possessor, praefectus' (ibid. II 2909), *gözçi* (gⁱözći) 'custos, vigil, explorator' (ibid. II 4072) ≤ *göz* 'eye'. - The earliest records date back to the XIVth c.: *gözci* (kzǧy, kzǧ; XIV c.); *gözci* (kwzǧy; XV c.); *gözci* (kwzǧy; XVI c.) 'gözeten, gözetleyici, nigehban, casus' (TTS).

gümişçi - 1641: *gümişçi* (ghiumisc-gi) 'argetario' (Mol. 59) ≤ *gümiş* 'silver'.

gümrikçi, gümrükçi - 1641: *gümrikçi* (ghiumrikgi) 'datiere' (Mol. 113), *gümrükçi* (ghiumrukgi) 'doganiero' (ibid. 127); 1680: *gümrükçi başi* (gⁱümrükⁱći baśi) 'praefectus vectigalium telonarius' (Mcn. II 4018, 4019) ≤ *gümrük* 'customs'.

güreşçi - 1680: *güreşçi* (gⁱüreśći) 'luctator, athleta' (Men. II 3965), *güreşçi* (gⁱüreśći) 'luctator' (ibid. II 4062) ≤ *güreş* 'wrestling'.

haberci - 1680: *haberci* (chaebergi) 'praenuntius, nuntius, annuntiator, *pec.*

adventus, seu, reditus peregrinorum Meccanorum' (Men. I 1856) ≤ *haber* 'information'.

halıcı - 1668: *halıcı* (haligÿ) 'tapetarius' (Ill. 174) ≤ *halı* 'carpet'.

halvacı - 1672: *halvacı* (halvagsi) 'Helvaverkäufer' (NdH. 226); 1680: *halvacı* (haelwaği) 'dulciarius pistor, aut massarum dulcium venditor' (Men. I 1800) ≤ *halva* 'sweets'. - The earliest confirmation of this word was in 1564: *helvacı* (hlwāǧy) 'продавец халвы' (KnS 146).

hamamcı - 1641: *hamamcı* (hamamgi) 'stufarnolo' (Mol. 438); 1668: *hamamcı* (hamamgÿ) 'balneator' (Ill. 174); 1680: *hamamcı* (haemamği) 'balneator, Dominus aut Curator balnei' (Men. I 1804) ≤ *hamam* 'baths'. - The earliest registration of this word was in 1587/88: *hemamşi* (hemamschi) 'Bader' (Lub.44).

hancı - 1677: *hancı* (hangi) 'albergatore' (Masc. 10a); *hancı* (hangi) 'ricettatore' (ibid. 154b); 1688: *hancı* (changi) 'oste' (Mis. 229) ≤ *han* 'inn'.

haraççı - 1680: *haraççı* (chaerāği) 'exactor aut collector tributi' (Men. I 1872) ≤ *haraç* 'tax'.

harbacı - 1641: *harbacı* (charbagi) 'alabardiere' (Mol. 28) ≤ *harba* ≤ *harbe* 'bayonet'.

hardalcı - 1680: *hardalcı* (chardalği) 'conditor & venditor sinapi' (Men. I 1879) ≤ *hardal* 'charlock'.

harmancı, hırmenci - 1641: *harmancı* (charmangi) 'chi batte il grano all'aia' (Mol 28); 1677: *harmancı* (harmangi) 'chi batte il grano all'aia' (Masc. 10b); 1680: *harmancı* (harmangi) 'messor' (Men. I 714), *hırmenci* (chyrmengi) 'triturator' (ibid. I 1886) ≤ *harman* 'threshing'.

hekâyatçı - 1641: *hekeyatçı* (hekeiatgi) 'narratore' (Mol. 267); *hekâyatçı* (hekiaiatgi) 'nouellista' (ibid. 273); 1677: *ekâyetçi* (achiaietgi) 'nouellista' (Masc. 107a) ≤ *hekâyat* 'story'.

hekmetçi - 1677: *hekmetçi* (hechmetgi) 'filosofo' (Masc. 50a) ≤ *hekmet* 'wisdom'.

ibadetçi - 1641: *ibadetçi* (ibadetgi) 'oratore' (Mol. 283) ≤ *ibadet* 'worship'.

ibrişimci - 1680: *ibrişimci* (ibriśimği) 'sericarius' (Men. I 25) ≤ *ibrişim* 'silk thread'.

içkici - 1680: *içkici* (ićkyği) 'vini potor, potator, ebriosus' (Men. I 62), *içkici* (ićkygi) 'potator, helluo, vino deditus' (ibid. I 585) ≤ *içki* 'drink'.- Historical sources confirm this word at the earliest in the XIVth c.: *içkici* ('yčkǧy), *içküci* ('ǧkwǧy; XV c.), *içkici* ('yčkyǧy; XVI c.), *içküci* ('yčkwǧy; XVI c.) 'Sarhoş, ayyaş' (TTS).

igçi - 1680: *igçi* (igići) 'qui edolat fusos muliebres' (Men. III 4795) ≤ *ig* 'spindle'.

igneci - 1680: *igneci* (igᵢneği) 'qui acus parat' (Men. II 2710) ≤ *igne* 'needle'.

incilci - 1680: *incilci* (inğilği) 'Evangelista, Evangelicus' (Men. I 448) ≤ *incil* 'gospel'.

ipekçi - 1677: *ipekçi* (ippech-gi) 'setaiolo, mercante di seta' (Masc. 202a) ≤ *ipek* 'silk'.

işaretçi - 1677: *işaretçi* (isciaretgi) 'mottegiatore' (Masc. 101a) ≤ *işaret* 'sign'.

işçi - 1641: *işçi* (isc=ci) 'lauoratore' (Mol. 229); 1680: *işçi* (iśći) 'operarius, qui operi aut lucro faciendo laborem impendit, *pec*. mercator, labore ac industria panem lucrans' (Men. II 2365), *işçi* (iśći) 'operans, operator' (Men. II 3842) ≤ *iş* 'work'.

kâǵıdcı - 1641: *kâǵıdcı* (kiaghidgi) 'cartaro' (Mol. 82) ≤ *kaǵıt* 'paper'.

kalaycı - 1680: *kalaycı* (kałajgi) 'stannarius, fusor stanni, qui stanno obtegit vasa' (Men. II 3740) ≤ *kalay* 'tin'. - The earliest confirmation of this word was in 1564: *kalaycı* (qlāyǵy) 'лудильщик' (KnS 153).

kalburcı - 1680: *kalburcı* (kalburǵi) 'gribrorum confector' (Men. II 3388) ≤ *kalbur* 'sieve'.

kalcı - 1680: *kalcı* (kalği) 'depurator' (Men. II 3592) ≤ *kal* 'cleaning'.

kaldırımcı - 1677: *kaldırımcı* (caldirimgi) 'lastricatore, cioè, quello che lastrica' (Masc. 78b) ≤ *kaldırım* 'pavement'.

kalkancı - 1677: *kalkancı* (calcangi) 'scudiero, che fa scudi, o brocchiero' (Masc. 194a); 1680: *kalkancı* (kalkanği) 'scuto armatus, qui scuta conficit aut vendit' (Men. I 1136); *kalkancı* (kalkanği) 'qui scuta clypeosque conficit, geritve' (ibid. II 3750) ≤ *kalkan* 'shield'.

kalpakçı - 1668: *kalpakçı* (kalpakcsi) 'pileo' (Ill. 180) ≤ *kalpak* 'calpack'.

kanoncı - 1641: *kanoncı* (kanongi) 'regolatore' (Mol. 341) ≤ *kanon* ≤ *kanun* 'law'.

kapıcı, kapucı - 1603: *kapıcı* (capigi) 'accensus' (Meg. I 21), *kapıcı* (capigi) 'ianitor' (ibid. I 656); 1635: *kapeci* (capegi) 'ianitor' (FB.33), *kapıcıbaşa* (capigibassa) 'ianitorum praefectus' (ibid. 33); 1641: *kapucı* (kapugi) 'portella' (Mol. 312); 1668: *kapıcı* (kapigÿ) 'ianitor' (Ill. 180); 1670: *kapucı* (capugi) 'ianitor' (Mg 57); 1672: *kapucı* (kapugsi) 'Pförtner, Torhüter' (NdH, 238); 1680: *kapıcı* (kapyǵi) 'veli praefectus, qui praeest obducendo & abducendo velo, sipario, vel cortina, janitor intimus' (Men. I 767), *kapucı* (kapuǵi) 'janitor' (Men. I 908), *kapucı, kapıcı* (kapuǵi, kapyǵi) 'Janitor, ostiarius, satelles' (ibid. II 3621) ≤ *kapı* 'door'. - This word is registered by different historical sources. Cf.:1485: *kapucı* (χαπουτζι-) (Jus.18); 1545: *kapıcı* (capigi) (LCT 122b, 127a); 1553: *kapucı* (capugtsibegler) 'cubicularii' (Georg.115).

kaşıkçı - 1680: *kaşıkçı* (kaśikći) 'cochlearium artifex aut venditor' (Men. II 3584) ≤ *kaşık* 'spoon'.

katırcı - 1641: *katırcı* (katırği) 'mulattiere' (Mol. 265); 1680: *katırcı* (katyrği) 'mulio' (Men. I 186, II 3573, 3627), *katırcı* (kaetyrği) 'mulio' (ibid. I 1876) ≤ *katır* 'mule'. - The earliest registration of this word was in 1553/55: *katirci* (DTb 199).

kayıkçı - 1641: *kayıkçı* (kaikgi) 'barcarolo' (Mol. 68); 1668: *kayıkçı* (kaikcsi) 'naute' (Ill. 180); 1670: *kayıkcı* (kayikji) 'boatman' (K 177); 1680: *kayıkçı* (kajykći) 'nauta, nauticus' (Men. II 3605) ≤ *kayık* 'boat'.

kazancı - 1641: *kazancı* (kasangi) 'calderato' (Mol. 76), *kazancı* (kasangi) 'pignattaro' (ibid. 306); 1677: *kazancı* (caszangi) 'calderaio' (Masc. 23b), *kazancı* (casanci) 'guadagno'(ibid. 60a), *kazancı* (casangi) 'pignattaio, o pentolaio' (ibid. 128b); 1680: *kazancı* (kazanği) 'faber ahenarius, fusor aeramentarius, qui candelabra ex orichalco parat' (Men. II 2391), *kazancı* (kazanği) 'aerarius, faber caldarius' (ibid. II 3688) ≤ *kazan* 'kettle'. - The earliest records date back to 1564: *kazancı* (qzānğy) 'котельщик' (KnS 152).

kazıcı - 1603: *kazıcı* (casgigi) 'fossor' (Meg. I 562); 1641: *kazıcı* (kasigi) 'canatore' (Mol. 84), *kazıcı* (kasigi) 'scultore' (ibid. 385); 1677: *kazıcı* (casigi) 'canatore'(Masc. 25b), *kazıcı* (casigi) 'scaltore, o vero scultore' (ibid. 182b), *kazıcı* (casigi) 'scultore' (ibid. 189b) ≤ *kazı* 'excavations'.

kebabçı - 1677: *kebabçı* (chiebab-gi) 'rostitore, cioè quello che arrostisce' (Masc. 170a) ≤ *kebap* 'roasted meat'.

kebeci - 1641: *kebeci* (kiebegi) 'quel che vende schiauine' (Mol. 382) ≤ *kebe* 'cloak'.

kefinci - 1641: *kefinci* (kiefingi) 'beccamorto' (Mol. 69) ≤ *kefin* ≤ *kefen* 'shroud'.

kemhacı - 1680: *kemhacı* (kʲemchaği, kʲemhaği) 'ejusmodi telae pannive sericei textor' (Men. II 4016) ≤ *kemha* 'brocade, damask'.

kenifçi - 1680: *kenifçi* (kʲenifći) 'foricarius' (Men. II 4045) ≤ *kenif* ≤ *kenef* 'latrine'.

kerasteci - 1680: *kerasteci* (kʲerasteği) 'materiarius, apud quem venduntur & secantur asseres aliaque ligna ad fabricam necessaria' (Men. II 3900) ≤ *kereste* 'timber'.

keremitçi - 1680: *keremitçi* (kʲeremitći) 'laterarius' (Men. II 3926) ≤ *keremit* 'roofing-tile'.

kerpüççi - 1680: *kerpüççi* (kʲerpüćći) 'laterarius' (Men. II 3905, 3926) ≤ *kerpüç* 'bricks'.

ketenci - 1680: *ketenci, ketancı* (kʲetengi, kʲetānği) 'linarius, qui curat vel vendit linum' (Men. II 3869) ≤ *keten* 'linen'.

kılıççı - 1677: *kılıççı* (chilicci) 'spadaio, che fa le spade' (Masc. 217b); 1680: *kılıççı* (kylygći) 'Machaeropoeus, gladiarius, gladiorum framearumve artifex' (Men. II 3745) ≤ *kılıç* 'sword'.

kıraetçi - 1680: *kıraetçi* (kyrā-etći) 'lector Corani, aliusve sacri libri' (Men. II 3652) ≤ *kıraet* 'Quran reading'.

kırbacı - 1680: *kırbacı* (kyrbaği) 'utrarius, qui utre majorii circumfert aquam' (Men. II 3663) ≤ *kırba* 'water-skin'.

kibritçi - 1641: *kibritçi* (kibritgi) 'zolforiere' (Mol. 494); 1680: *kibritçi* (kʲibritći) 'sulfurarius' (Men. II 3864) ≤ *kibrit* 'matches'.

kilerci - 1641: *kilerci* (kilergi) 'siniscalco' (Mol. 405); 1680: *kilerci, kilarcı* (kʲilerği, kʲilarği) 'penuarius, cellarius, promus condus' (Men. II 3990) ≤ *kiler* 'cupboard'.

kilitçl - 1680: *kilitçi* (kʲilitći) 'serarius, claustrarius artifex' (Men. II 4007) ≤ *kilit* 'lock'.

kimiyacı - 1641: *kimiyacı* (kimijagi) 'alchimista' (Mol. 31); 1680: *kimiyacı* (kʲimijāği) 'chimicus, alchimista' (Men. II 4122) ≤ *kimiya* 'chemistry'.

kiracı - 1680: *kiracı* (kʲiraği) 'conductor, locator, *ex Cast.* mercenarius, mercede conductus, manceps' (Men. II 3899), *kiracı* (kʲirāği) 'Mercede conductus, mercenarius, operarius' (Men. III 4597), *kiracı* (kʲiraği) 'mercede conducens, uti domum, vel mercenarium capiens' (Men. III 4614); 1688: *kiracı* (chiragi) 'postiglione, ovetturino' (Mis.227) ≤ *kira* 'lease'.

kireççi - 1677: *kireççi* (chirecgi) 'calcinaro' (Masc. 26a) ≤ *kireç* 'lime'.

kitabetçi - 1677: *kitabetçi* (chitabetgi) 'rettorico' (Masc. 153a) ≤ *kitabet* 'writing'.

kitabçı - 1680: *kitabçı* (kʲitābći) 'librarius' (Men. II 3868) ≤ *kitap* 'book'.

koçıcı, koçucı - 1680: *koçcı* (koćği) 'auriga' (Men. II 3783), *koçıcı, koçucı* (koćiği, koćiuği) 'carpentarius, plaustrarius' (ibid. II 3784) ≤ *koçı, koçu* 'carriage'.

konakçı - 1641: *konakçı* (konakgi) 'ricettatore' (Mol. 345); 1680: *konakçı* (konakći) 'hospitiorum designator, metator' (Men. II 3809); 1688: *konakçı* (conacgi) 'oste' (Mis.229) ≤ *konak* 'shelter, a place to spend a night'. - The earliest records date back to the XVth century: *konakcı* (qwnāqğy) 'Konak hazırlamak için önce giden kimse' (TTS).

konukçı - 1672: *konukçı* (konukcsi) 'Gastwirt' (NdH. 242) ≤ *konuk* 'guest'.- The earliest records date back to the XVth c.: *konukcı* (qwnwqğy); *konukcı* (qwnqğy, qwnwqğy; XVI c.); 'Misafir sahibi' (TTS).

korıcı, korucı - 1641: *korucı* (korugi) 'riparatore' (Mol. 352); 1680: *korıcı* (koryği) 'praesidiarius' (Men. II 3788), *korıcı, korucı* (koryği, koruği) 'praesidiarius, defensor, emeritus miles in praesidio metropolis cum suo stipendio relictus & immunis ab omni alia expeditione bellica' (Men. II 3792) ≤ *korı, koru* 'coppice'. - The earliest records date back to the XVth c.: *korucı* (qwrwǧy) 'Muhafız' (TTS).

kovancı - 1680: *kovancı* (kowanǧi) 'apiarius, alvearium custos' (Men. II 3776) ≤ *kovan* 'beehive'.

koyıncı - 1641: *koyıncı* (koingi) 'pecoraio' (Mol. 296); 1677: *koyıncı* (coingi) 'pecoraio' (Masc. 121a) ≤ *koyın* 'sheep'.

kömürci - 1668: *çumurcı* (csumurgÿ) 'carbonarius' (Ill. 166); 1677: *kömürci* (chiomurgi) 'carbonaio' (Masc. 26b); 1680: *kümürci* (kⁱümürǧi) 'carbonarius' (Men. II 4018) ≤ *kömür* 'coal'.

köpekçi - 1680: *köpekçi* (kⁱöpekći) 'canum curator' (Men. II 4051) ≤ *köpek* 'dog'.

körükçi - 1680: *körükçi* (kⁱörükⁱći) 'faber follium' (Men. II 4064) ≤ *körük* 'bellows'.

kuklacı - 1680: *kuklacı* (kuklaǧi) 'lusor, ludius, ludio, jocator, histrio' (Men. II 4178) ≤ *kukla* 'doll, puppet'.

kullukçı - 1641: *kullukçı* (kullukgi) 'garzone' (Mol. 159), *kullukçı* (kullukgi) 'guattaro di cucina' (Mol. 173); 1680: *kara kullukçı* (kara kullukći) 'mediastinus' (Men. II 3682), *kullukçı* (kullukći) 'servitor, servus, minister' (ibid. II 3805) ≤ *kulluk* 'slavery'. - The earliest confirmation of this derivative was in the XIVth c.: *kullıkcı* (qwllqǧy, qwllqǧ, qlqǧy, qllqč, qllqǧy); *kullıkcı* (qwllqǧy; XV c.); *kullıkçı* (qwllqčy, qwllwqčy; XV c.); *kulıkcı* (qlqǧy; XV c.); *kullıkcı* (qwllqǧy; XVI c.); *kullıkçı* (qwllqčy; XVI c.); *kullukçı* (qwllwqčy; XVI c.) '1. Maiyet memuru, hizmetkâr, cariye. 2. Bekçi, nöbetçi' (TTS).

kumbaracı - 1680: *kumbaracı* (kumbaraǧi) 'ignitorum globorum jaculator, aut artifex' (Men. II 3806) ≤ *kumbara* 'cartridge-case'.

kurşıncı, kurşuncı - 1641: *kurşıncı* (kursingi) 'piombiere' (Mol. 307); 1680: *kurşuncı* (kurśunǧi) 'faber plumbarius' (Men. II 3788) ≤ *kurşun* 'lead'.

kuşakçı - 1641: *kuşakçı* (kusc=akgi) 'cinturaro' (Mol. 92); 1680: *kuşakçı* (kuśakći) 'zonarius' (Men. II 3795), *kuşakçı* (kuśakći) 'qui zonas parat' (ibid. II 4018) ≤ *kuşak* 'girdle'.

kuşçı - 1641: *kuşçı* (kusc=gi) 'vccelliere, chi ha cura di vccelli' (Mol. 474) ≤ *kuş* 'bird'.

kuyumcı - 1641: *kuyumcı* (kuiumgi) 'orefice' (Mol. 284), *kuyumcı* (kuiumgi) 'argentario' (ibid. 59); 1668: *kuyuncı* (kuiungÿ) 'aurifaber' (Ill. 184); 1680: *koyumcı, kuyumcı* (kojumǧi, kujumǧi) 'Aurifex, aurifaber' (Men. II 3811) ≤ *kuyum* 'jewellery'. - This word has been confirmed since 1564: *kuyumcı* (qywmǧy) 'ювелир' (KnS 153).

kükürtçi - 1641: *kükürtçi* (kiukiurtgi) 'solferiero' (Mol. 410) ≤ *kükürt* 'sulphur'.

külâhçı - 1680: *külâhçı* (kʲülāhći) 'piles' (Men. II 3993) ≤ *külah* 'cap'.

kürekçi - 1641: *kürekçi* (chiurekgi) 'galcotto' (Mol. 159); *kürekçi* (kiurekgi) 'vuogatore' (ibid. 490); 1670: *kürekçi, küregci* (kürekji, küregji) 'rower, oarsman' (K.179); 1680: *kürekçi* (kʲürekʲći) 'remex' (Men. II 4064) ≤ *kürek* 'oar'.

kürkçi - 1603: *kürçi* (kiurtschi) 'pellio' (Meg. II 230); 1641: *kürkçi* (kiurkgi) 'pellicciaro' (Mol. 297); 1680: *kürkçi* (kʲürkʲći) 'pellio' (Men. II 4064, III 5328) ≤ *kürk* 'fur'.

lafçı - 1680: *lafçı* (lafći) 'assula, jactator, mimus, iners, stolidus' (Men. III 5901) ≤ *lâf* 'word'.

lağımcı, lağumcı - 1641: *lağımcı* (laghimgi) 'canatore' (Mol. 84); 1680: *lağumcı* (laghumği) 'cuniculorum fossor, cunicularius' (Men. II 4183) ≤ *lağım, lağum* 'underground passage'. - The earliest records date back to the XVIth c.: *lagumcı* (l'gwmğy) 'geniere' (TAO 107).

lavtacı - 1677: *lavtacı* (lautagi) 'liutaio maestro di liuto' (Masc. 83a) ≤ *lavta* 'a sort of musical instrument'.

macuncı - 1641: *macuncı* (magiungi) 'speziale' (Mol. 420); 1668: *macuncı* (magzungzi) 'pharmacopola' (Ill. 185); 1680: *macuncı* (maeˠgiunği) 'pharmacopola' (Men. III 4762) ≤ *macun* 'paste'.

matrakçı - 1641: *matrakçı* (matrakgi) 'schermitore' (Mol. 381); *matrakçı* (matrakgi) 'scrimiatore' (ibid. 389); 1680: *matrakçı* (matrakći) 'gladiator, rudiarius palaestrita' (Men. III 4729) ≤ *matrak* 'stick'.

maymuncı - 1680: *maymuncı* (majmunği) 'Simiarum rector' (Men. III 5079) ≤ *maymun* 'monkey'.

mehlemci - 1641: *mehlemci* (mehlemgi) 'vnguentaro' (Mol. 485); 1677: *melemci* (melemgi) 'unguentaro, che fa vnguenti' (Masc. 273b) ≤ *mehlem* ≤ *melhem* 'ointment'.

mektubcı - 1641: *metupçı* (mettupgi) 'posta, corriero' (Mol. 312); 1677: *mektubcı* (mechtubgi) 'posta, corriero, che corre la posta' (Masc. 133a) ≤ *mektup* 'letter'.

menzilci - 1680: *menzilci* (menzilği) 'veredariorum praefectus, seu qui veredarios equos alit & petentibus porrigit' (Men. III 4956) ≤ *menzil* 'halt'.

merametçi - 1641: *merametçi* (merametgi) 'ripezzatore di panni' (Mol. 353), *merametçi* (merametgi) 'racconciatore' (ibid. 335) ≤ *meramet* 'repair'.

meşveretçi - 1680: *meşveretçi* (meśweretći) 'consiliarius' (Men. III 4687) ≤ *meşveret* 'advise, consulting'.

meyhaneci - 1641: *meyhaneci* (meichanegi) 'hoste' (Mol. 177), *meyhaneci* (meichanegi) 'tauerniero' (Mol. 446); 1680: *meyhaneci* (mejchānĕği) 'fundator aut senior Monachorum' (Men. I 981), *meyhaneci* (mejchānĕği) 'caupo vinarius' (ibid. III 5068) ≤ *meyhane* 'inn'. - The earliest records date back to 1574: *mehanci* (mechangi) 'hoste', *mehanacı* (mehanazi) 'messer hoste' (VN 65).

meyveci - 1677: *meyveci* (meiuegi) 'fruttaruolo' (Masc. 53b) ≤ *meyva, meyve* 'fruit'.

mezarcı - 1680: *mezarcı* (mezārği) 'vespillo' (Men. III 4593) ≤ *mezar* 'grave'.

mirasçı - 1677: *mirasçı* (mirasgi) 'successore, erede' (Masc. 236a) ≤ *miras* 'heritage'.

mızrakçı - 1677: *mızrakçı* (misrachgi) 'lanciaio, lanciaro, cioè quello, che fa le lancie' (Masc. 78a) ≤ *mızrak* 'lance'.

miskçı, müskçi - 1641: *miskçi* (miskgi) 'muschiaro' (Mol. 265); 1680: *miskçi, müskçi* (miskⁱći, müśkⁱći) 'qui moschum parat venditque' (Men. III 4683) ≤ *misk* 'musk'.

miyancı - 1680: *miyancı* (mijanği) 'pacificator, proxeneta' (Men. II 2981), *miyancı* (mijānği) 'Mediator, proxeneta, pronubus' (Men. III 5064) ≤ *miyan* 'middle'.

mizancı - 1677: *mizancı* (misangi) 'pesatore" (Masc. 125a) ≤ *mizan* 'weigh'.

muameleci - 1680: *muameleci* (mu-amelĕği) 'fenerator' (Men. III 4750) ≤ *muamele* 'transaction'.

muhasebeci - 1680: *muhasebeci* (muhasebĕği) 'exactor rationum, rationum magister, *pec.* qui exigit ab executoribus tributorum rationes eorum' (Men. III 4419) ≤ *muhasebe* 'book-keeping'.

mukabeleci - 1680: *mukabeleci* (mukabelĕği) 'contrascriba, *pec.* peditatus stipendiorum album computumve dirigens' (Men. III 4817) ≤ *mukabele* 'answer'.

mumcı - 1680: *mumcı* (mumği) 'cerearius, cerae liquator, candelarius, candelarum factor' (Men. II 2856), *mumcı* (mumği) 'candelarius, qui fundit, facit & vendit candelas' (ibid. III 5038) ≤ *mum* 'wax'. - The earliest confirmation of this derivative was in 1564: *mumcı* (mwmğy) 'свечник' (KnS 156).

mutbakçı - 1641: *mutbakçı* (mutbakgi) ' dispensiere' (Mol. 124) ≤ *mutbak* ≤ *mutfak* 'kitchen'.

mücadeleci - 1677: *mücadeleci* (mugiadelegi) 'litigoso' (Masc. 83a) ≤ *mücadele* 'fighting'.

müştüci - 1677: *muşdeci* (musc-degi) 'nunzio' (Mas.108a); 1680: *müştüci* (müśtüği) 'lator vel annunciator boni novi, evangelizator' (Men. I 835), *müştüci* (müśtüği) 'lator boni novi, &c.' (ibid. III 4673) ≤ *muştu* 'good news'. - The earliest records date back to the XIIIth c.: *muştucı* (mštğy; XIII c.); *muştucı* (mštwğy;

XIII/XIV c.); *muştucı* (mwštǧy, mwštwǧy, mštǧy; XIV c.); *muştucı* (mštǧy; XIV/ XV c.); *muştucı* (mwštwǧy, mštǧy; XV c.) *muşducı* (mšdǧ; XV c.) *muştucı* (mwštwǧ, mštǧ; XVI c.); 'Müjdeci' (TTS). Also cf. another source in the XIVth c.: *muştucı* 'müjdeci' (DKK 197).

The variant of the above-presented derivative is: *müjdeci* - 1680: *müjdeci* (müjdeği) 'boni ac optabilis lator nuntii (Men. III 4279), *müjdeci* (müjdeği) 'Nuntius laetae rei & optatae' (ibid. III 4598), *müjdeci* (müjdeği) 'lator vel annunciator boni novi' (ibid. I 835) ≤ *müjde* 'good news'.

nakaşcı, nakışçı - 1603: *nakasçı* (nakasgi) 'pictor' (Meg. II 263); 1611: *nakışçı* (nakistschi) 'broslador, brodeur' (MN 213); 1641: *nakışçı* (nachisc=gi) 'intagliatore' (Mol. 217); 1677: *nakaşçı* (nacasci) 'dipintore' (Masc. 39a), *nakışçı* (nachisc-gi) 'intagliatore' (ibid. 73a), *nakışçı* (nachisc-gi) 'ricamatore' (ibid. 155b) ≤ *nakış* 'painting'.

nalıncı - 1641: *nalıncı* (nalingi) 'pianellaro' (Mol. 304) ≤ *nalın* 'clogs'.

nişancı - 1668: *nişancı başa* (nisangÿ bassa) 'cancellar[i]us' (Ill. 188); 1672: *nişancı* (nisangsi) 'Schütze' (NdH 249); 1680: *nişancı* (niśānǧi) 'unus ex Vesiriis seu Consiliariis intimis qui diplomatibus Regis adscribit Signum Regium' (Men. III 5181) ≤ *nişan* 'sign'.

nöbetçi, nevbetçi - 1680: *nöbetçi, nevbetçi* (nöbetći, newbetći) ' Excubitor, vigil nocturnus, speculator' (Men. III 5271), *nevbetçiler* (newbetćiler) 'excubiae' (ibid. III 5265) ≤ *nöbet* 'guard'.

oduncı - 1677: *oduncı* (odungi) 'legnaiolo' (Masc. 80a), *oduncı* (odungi) 'prestanza, imprestito' (ibid. 136b); 1680: *oduncı* (odunǧi) 'lignator' (Men. I 494) ≤ *odun* 'timber'.

okçı - 1668: *okçı başı* (okcsibassi) 'sagittar[i]us' (Ill. 189); 1680; *okçı* (okći) 'sagittarius, jaculator' (Men. I 1499) ≤ *ok* 'arrow'. - The earliest confirmation of the derivative was in the XVIth century: *okçı* ('gčy) 'Nişancı' (TTS).

orakçı - 1603: *orakçı* (oracgi) 'messor' (Meg. II 60); 1680: *orakçı* (orakći) 'messor' (Men. I 496) ≤ *orak* 'sickle, harvest'.

orospıcı - 1668: *orospıcı* (oroszpigÿ) 'adulter' (Ill. 190) ≤ *orospı* 'prostitute'.

oruççı - 1677: *oruççı* (vrucci) 'digiuno' (Masc. 38b) ≤ *oruç* 'abstinence'.

oymacı - 1680: *oymacı* (oimaǧi) 'sculptor, statuarius' (Men. I 558) ≤ *oyma* 'sculpturing'.

oyuncı - 1680: *oyuncı* (ojunǧi) 'lusor' (Mcn. I 560), *oyuncı* (ojunǧi) 'saltator, tripudiator, lusor' (ibid. I 679) ≤ *oyun* 'play'. - The earliest records date back to the XVIth c.: *oyuncı* ('wywnǧy) 'Rakkas, köçek' (TTS).

pabuççı - 1603: *papuçcı* (paputschgi) 'sutor' (Meg. II 597); 1611: *babuçı* (babutschi) 'çapatero' (MN 172); 1677: *babuççı* (babuc-gi) 'scarpaio, cioè calzolaio'

(Masc. 184b); 1680: *papuççı* (papućći) 'sutor, calceolarius, qui calceamenta conficit' (Men. I 625), *pabuççı* (pabućći) 'sutor' (ibid. II 4049) ≤ *pabuç* 'shoe, slipper'. - The earliest registration of this word was in 1525/30 : *babutçı* (babutgi) 'calzolaro' (OT 236). Cf. also 1574 : *babucı* (babuzi, babvzi) 'calzolaro' (VN 62).

paçacı - 1680: *paçacı* (paćiaği) 'qui capita, omasa & pedes animalium coquit & cocta vendit' (Men. II 4006) ≤ *paça* 'a sort of meal'.

palacı - 1677: *palacı* (palagi) 'squarciatore, cioè quello, che fa le squarcine' (Masc. 227b) ≤ *pala* 'cutlass'.

pedavracı - 1680: *pedavracı* (pedawraği) 'scandularius' (Men. I 725) ≤ *pedavra* ≤ *padavra* 'shingle'.

permacı, peremeci - 1603: *permacı* (permagi) 'nauta' (Meg. II 110); 1680: *peremeci* (peremeği) 'portitor, qui naviculam illam ducit' (Men. III 5938) ≤ *pereme* 'boat'.

rakamcı - 1641: *rakamcı* (rakamgi) 'abachiere, abachista, cioè Computista' (Mol. 2); 1680: *rakamcı* (raekaemği) 'arithmeticus' (Men. II 2350) ≤ *rakam* 'arithmetic'.

ruznameci - 1680: *ruznameci* (rūznāmeği) 'diariorum scriptor, chronographus, rationum aut rationalium Magister' (Men. II 2382) ≤ *ruzname* 'calendar'.

saatçı - 1641: *sahatçı* (sahatgi) 'horlogiero' (Mol. 176); 1680: *saatçı* (sā-aetći) 'horologiarius, automatarius' (Men. II 2517) ≤ *saat* 'hour, watch'.

sabuncı - 1680: *sabuncı* (sabunği) 'saponarius, saponopoeus' (Men. II 2906) ≤ *sabun* 'soap'. - The earliest records date back to 1564 : *sabuncı* (sabwnğy) 'мыловар' (KnS 149).

sahtiyancı - 1680: *sahtiyancı* (saechtijānği) 'alutarius, corii caprini parator, aut venditor' (Men. II 2566) ≤ *sahtiyan* 'morocco leather'.

sandukçı - 1641: *sandukçı* (sandukgi) 'cassiere' (Mol. 82) ≤ *sanduk* 'box, chest'.

sapancı - 1641: *sapancı* (sapangi) 'fionditore' (Mol. 149) ≤ *sapan* 'catapult'.

satranccı - 1641: *satranccı* (satrangźgi) 'giucatore di scacchi' (Mol. 376) ≤ *satranç* 'chess'.

savaşçı - 1680: *savaşçı* (sawaśći) 'militans, miles, pugnator' (Men. II 300) ≤ *savaş* 'war, battle'. - The earliest recording of this word was in the XIVth c.: *savaşcı* (swāšğ), *savaşcı* (swāšğy; XVI c); *savaşcı* (sāwāšğy; XVI c.) 'Muharip' (TTS).

saykalcı - 1680: *saykalcı* (saejkaelği) 'politor, polio, qui poliendo in nitorem redigit arma' (Men. II 3021) ≤ *saykal* 'polish'.

seferci - 1677: *sefterci* (seftergi) 'uiaggiante' (Masc. 269a); 1680: *seferci* (seferḡi) 'viator' (Men. II 2627) ≤ *sefer* 'journey'.

semerci - 1680: *semerci* (semerḡi) 'clitellarius' (Men. I 682); *semerci* (semerḡi) 'clitellarum confector' (ibid. II 2671) ≤ *semer* 'saddle'.

seyirci - 1680: *seyirci* (sejirḡi) 'spectator, deambulator' (Men. II 2731) ≤ *seyir* 'show'.

sıġırcı - 1668: *siderci* (szidergÿ) 'bubulcus' (Ill. 195); 1680: *sıġırcı* (syghyrḡi) 'pastor boum, armentarius' (Men. II 2959) ≤ *sıġır* 'ox'.

sırçacı, sirçeci - 1677: *sırçacı* (sirciagi) 'uetraio, quello che il vetro vende' (Masc. 268a); 1680: *sirçeci* (sırćeḡi) 'vitriarius' (Men. II 2586) ≤ *sırça, sirçe* 'glass'.

sırıkçı - 1677: *sırıkçı* (sirichgi) 'lanciaio, lanciaro, cioè quello che fa le lancie' (Masc. 78a) ≤ *sırık* 'stick'.

sıvacı - 1680: *sıvacı* (sywāḡi) 'tector, crustarius, albarius' (Men. II 2998) ≤ *sıva* 'plaster'.

sikenci - 1677: *sikenci* (sichiengi) 'coniatore' (Masc. 32b) ≤ *siken* ≤ *sikke* 'coin'.

silahçı - 1677: *silahçı* (silahgi) 'spadaio, che fa le spade' (Masc. 217b) ≤ *silâh* 'weapon'.

siridçi - 1680: *siridçi* (siridći) 'limborarius textor, taeniarum textor' (Men. II 2809) ≤ *sirid* 'band'.

sucukçı - 1677: *sucukçı* (sugiuch-gi) 'salcicciero' (Masc. 175a) ≤ *sucuk* 'sausage'.

suluhçı - 1680: *suluhçı* (suluhći) 'pacificator, reconciliator, proxeneta' (Men. II 2981) ≤ *suluh* ≤ *sulh* 'peace'.

suretçi - 1668: *suretçi* (szuretschi) 'sculptor' (Ill. 197); 1680: *suretçi* (suretći) 'peintre' (Men. II 3005) ≤ *suret* 'copy, figure'.

suvalcı - 1641: *suvalcı* (suualgi) 'disputatore' (Mol. 124) ≤ *sual* 'question'.

südçi - 1680: *südçi* (südći) 'lactaria, lactis venditrix mulier' (Men. II 2572) ≤ *süt* 'milk'.

şairci - 1677: *şairci* (sciairgi) 'poeta' (Masc. 130b) ≤ *şair* 'poet'.

şamatacı - 1641: *şamatacı* (sc=amatagi) 'quel che schiamazza' (Mol. 381), *şamatacı* (sc=amatagi) 'strepitoso (ibid. 436) ≤ *şamata* 'noise'.

şapkacı - 1680: *şapkacı* (śapkaḡi) 'pileorum artifex ac venditor' (Men. II 2771) ≤ *şapka* 'cap'.

şekerci - 1680: *şekerci* (śek^ierḡi) 'labiis sachareis praeditus' (Men. II 2840);

şekerci (śek'erḡi) 'sacchararius plastes conditor, venditor sacchari' (ibid. II 2842) ≤ *şeker* 'sugar'.

şerbetçi - 1680: *şerbetçi* (śerbetći) 'Conditor aut venditor potionis illius, pharmacopola' (Men. II 2795) ≤ *şerbet* 'sort of fruit beverage'. - The earliest confirmation of this derivative was by Lubenau in 1587/88 : *şerbetçi* (Scherbetschi) 'Trenkleinmacher' (Lub. 58).

şikârcı - 1641: *şikârcı* (sc-ikiargi) 'scroccone' (Mol. 389); 1680: *şikârcı* (śik'ārḡi) 'venator' (Men. II 2837) ≤ *şikâr* 'prey'.

şişeci - 1680: *şişeci* (śiśeḡi) 'lagenarius, vitrarius' (Men. II 2900) ≤ *şişe* 'bottle'.

şorbacı, çorbacı - 1680: şorbacı, çorbacı (śorbaḡi vel ćiorbaḡi) 'Praefectus cohortis Janissariorum, seu militum Praetorianum' (Men. II 2875), şurbacı, çorbacı (śurbaeḡi seu ćiorbaḡi) 'capitaneus ac Praefectus ejusdem cohortis extra sit, seorsiuum suum habeat habitaculum, aut tabernaculum' (ibid. I 495) ≤ *çorba* 'soup'.

taderikçi - 1641: *taderikçi* (taderikgi) 'apparecchiatore' (Mol. 54), *taderikçi* (taderikgi) 'proueditore' (ibid. 324) ≤ *taderik* ≤ *tedarik* 'preparation'.

tahrirci - 1641: *tahrirci* (tahrirgi) 'quel che piglia in nota i paesi' (Mol. 306) ≤ *tahrir* 'land registers in Ottoman Turkey'.

taklitçi - 1641: *taklitçi* (taklitgi) 'scenico' (Mol. 380); 1680: *taklidçi* (taklydći) 'imitator, comoedus, facetus, mimus' (Men. I 1322) ≤ *taklit* 'imitation'.

tamburcı - 1680: *tamburcı* (tamburḡi) 'citharista, pulsator citharae' (Men. II 3129) ≤ *tambur* 'an ancient form of lute'.

tarakçı - 1680: *tarakçı* (tarakći) 'pectinum artifex' (Men. II 2757) ≤ *tarak* 'comb'. - The earliest registration of this word was in the XVIth century: *tarakcı* (trqğy) 'Tarayıcı'(TTS).

tasvirci - 1680: tasvirci (taeswirḡi) 'peintre' (Men. II 3005) ≤ *tasvir* 'picture, design'.

taşçı - 1603: *taşçı* (tasgi) 'lapicida' (Meg. I 776); 1641: *taşçı* (tasc=gi) 'cana pietre' (Mol. 84), *taşçı* (tasc=gi) 'taglia pietre' (ibid. 444); 1668: *taşı* (taschi) 'gemmarius' (Ill. 199); 1680: *taşçı* (taśći) 'lapidarius, latonius, lapidicida' (Men. II 3068) ≤ *taş* 'stone'.

tavarikçi - 1641: *tavarikçi* (tauarikgi) 'historico' (Mol. 175) ≤ *tavarik* ≤ *tevarik* 'books of annals'.

tavlacı - 1668: *tavlacı* (taulagÿ) 'stabularius' (Ill. 199) ≤ *tavla* 'stable'.

tavukçı - 1641: *tavukçı* (taukgi) 'pollardo' (Mol. 309); 1680: *tavukçı* (taukći) 'gallinarius, pullarius, gallinarius propola' (Men. II 3079) ≤ *tavuk* 'hen'.

tefsirci - 1680: *tefsirci* (tefsirği) 'commentator, paraphrastes' (Men. I 1290) ≤ *tefsir* 'interpretation, commentary on the Koran'.

teftişçi - 1641: *teftişçi* (teftisc=gi) 'censore' (Mol. 86), *teftişçi* (teutisc=gi) 'inquisitore' (Mol. 216); 1670: *teftişci* (teftishji) 'investigator' (K 190); 1680: *teftişçi* (teftiśći) 'inquisitor, commisarius supremus super Bassas, &c.' (Men. I 1280), *teftişçi* (teftiśći) 'inquisitor, indagator, commissarius, quaestor, visitator, syndicus, censor, examinator' (ibid. III 4806) ≤ *teftiş* 'investigation, examination'.

telhisçi - 1672: *telhisçi* (telhiscsi) 'Berichterstatter (höf. Titel) (NdH.277); 1680: *telhisçi* (tekchyśći) 'referendarius' (Men. I 1366) ≤ *telhis* 'abstract, summary'.

tencereci - 1677: *tencereci* (tengeregi) 'calderaio' (Masc. 23b) ≤ *tencere* 'saucepan'.

tespihci - 1677: *tespihci* (tespih-gi) 'coronaio, che fa corone' (Masc. 34a) ≤ *tespih* 'prayer beads'.

tezkereci - 1672: *tezkereci* (teszkeregsi) 'Reservist; Sekretär (höfischer Titel)' (NdH.277) ≤ *tezkere* 'short note or letter'.

tımarhaneci - 1641: *tımarhaneci* (timarchanegi) 'spedialiero' (Mol. 419) ≤ *tımarhane* 'lunatic asylum'.

tırpancı - 1680: *tırpancı* (tyrpangi) 'falcarius, foeniseca, falcum, faber' (Men. II 2046), *tırpancı* (tyrpanği) „Feniseca, fenifex'(ibid. II 3095) ≤ *tırpan* 'scythe'.

topçı - 1641: *topçı* (topgi) 'bombardiere' (Mol. 73); 1668: *tobçı paşa* (tobcsi passa) 'palaestrarius' (Ill. 200); 1680: *topçı* (topći) 'balistarius, tormentarius, aenorum tormentorum librator' (Men. II 3135) ≤ *top* 'ball, gun". - The earliest registration of this word was in 1533 : *topçı* (topći) 'bombardiere' (Arg.51). Cf. also: 1545 : *topçı* (topci) 'Uno Topcibassi, capo de bombardieri, et sotto a lui doi mille Topci' (LCT 126b).

turnacı - 1672: *turnacı* (turnagsi) 'Haupt der Kranichwärter (höfischer Titel)' (NdH.262) ≤ *turna* 'crane'.

tuzcı - 1641: *tuzcı* (tusgi) 'venditore di sale' (Mol. 369); 1680: *tuzçı* (tuzći) 'salivendulus, institor, salarius opifex aut institor' (Men. II 3144) ≤ *tuz* 'salt'.

tüfekçi - 1641: *tifengci* (tifenghgi) 'archibusciere' (Mol. 57); 1668: *tüfekçi başa* (tufekcsi bassa) 'magister armorum' (Ill. 201); 1677: *tüfekçi* (tuffechgi) 'archibusiero' (Masc. 17a), *tüfekçi* (tufech-gi) 'schioppctticro, maestro che fe l'archibusi' (ibid. 187b); 1680: *tüfenkçi* (tüfenkʲći) 'sclopetarius, qui perite utitur sclopetis, qui ea conficit' (Men. I 1298) ≤ *tüfek* 'riffle'.

tülbentçi - 1677: *tülbentçi* (tulbent-gi) 'uelettaio' (Masc. 264b) ≤ *tülbent* 'muslin'.

tütünci - 1680: *tütünci* (tütünḡi) 'tabacarius, venditor, sumptor tabaci' (Men. II 2156) ≤ *tütün* 'tobacco'.

ulufeci - 1680: *ulufeci* (ulūfeḡi) 'stipendarius, stipendia merens' (Men. II 3319) ≤ *ulufe* 'provender'. - The earliest recording of this word was in the XIVth c.: *ulufeçi* ('ulufeçi) 'Süvari ocağı, süvari ocaklısı, süvari' (DKK 211). Cf. also other sources: 1554, 1560: *ulufacı* (vlufagi) (BEp. 76, 194).

urġancı - 1641: *urġancı* (urghangi) 'funaro' (Mol. 157) ≤ *urġan* 'rope'.

uykucı - 1641: *uykucı* (v-ikugi) 'sonacchioso' (Mol. 411); 1677: *uyukçı* (viuchgi) 'dormiglioso o dormiglione' (Masc. 42b), *uyukçı* (viuch-gi) 'sonnacchioso' (ibid. 213a); 1680: *uyukucı* (ujukuḡi) 'somnolentus, somniculosus' (Men. I 557) ≤ *uyku* 'dream'.

vezneci - 1680: *vezneci* (wezneḡi) 'libripendis' (Men. III 5368) ≤ *vezne* 'cashier's office, balance'.

yaġcı - 1677: *yaġcı* (iagh-gi) 'oliarolo, o oliandolo, cioè chi vende l'olio' (Masc. 111b); 1680: *yaġcı* (jaghḡi) 'butyrarius, qui facit venditve butyrum oleumve' (Men. II 2386), *yaġcı* (jaghḡi) 'olearius' (ibid. III 5545) ≤ *yaġ* 'oil'.

yaġmacı - 1677: *yaġmacı* (iagmagi) 'saccheggiatore, che saccheggia' (Masc. 173a); 1680: *yaġmacı* (jaghmaḡi) 'direptor, praedator, cui per vim eruptum ' (Men. III 5582) ≤ *yaġma* 'loot'.

yalduzcı - 1641: *yalduzcı* (ialdusgi) 'indoratore' (Mol. 206) ≤ *yalduz* 'gilding'.

yamacı - 1641: *yamacı* (iamagi) 'rippezzatore di panni (Mol. 353); 1680: *yamacı* (jamaḡi) 'interpolator' (Men. III 5610) ≤ *yama* 'patch'. - The earliest registration of this derivative was in the XVIth century: *yamacı* (ymāḡy) 'Ayakkabı yamayan'(TTS).

yapakçı - 1641: *yapagıcı* (iapaghigi) 'lamaio' (Mol. 227); 1680: *yapakçı* (japakći) 'lanae venditor' (Men. II 3000), *yapakçı* (japakći) 'lanifex, lanarius' (Men. III 5558) ≤ *yapak* 'wool'.

yapıcı - 1611: *yapeşi* (iapeschi) 'albanir, mason' (MN 234); 1641: *yapıcı* (iapigi) 'edificatore' (Mol. 131); 1677: *yapçı* (iapgi) 'edificatore' (Masc. 43b), *yapçı* (iapgi) 'lastricatore, cioè quello, che lastrica' (ibid. 78b); *dıvar yapçısı* (diuar iapgissi) 'muratore' (ibid. 102a); 1680: *yapıcı* (iapiḡi) 'aedificator, structor, architectus' (Men. I 891), *yapıcı* (iapiḡi) 'aedificans, aedificator, fabricator, faber' (ibid. I 692), *yapıcı, yapucı* (japyḡi, japuḡi) 'aedificator, structor, factor' (ibid. III 5532) ≤ *yapı* 'building, structure'. - The earliest records of this word date back to the XIV th c.: *yapıcı* (yapyḡy, ypḡ; XIV c.); *yapucı* (ypwḡy; XV c.); *yapucı* (yāpwḡy; XVI c.); 'İnşaat ustası, dıvarcı' (TTS).

yardımcı, yardumcı - 1603: *yardumcı* (jardumgi) 'adjutor' (Meg. I 37); 1641:

yardumcı (jardumgi) 'aiutatore' (Mol. 28), *yardımcı* (iardimgi) 'difensore' (ibid. 118); 1680: *yardumcı* (iardümḡi) 'militia, exercitus, legio, milites, socij defensores, auxiliarij' (Men. I 1661), *yardumcı* (iardümḡi) 'coopitulator, auxiliator, coadiutor' (ibid. II 2082), *yardumcı* (jardümḡi) 'adjutor, auxiliator, opitulator' (ibid. III 5537) ≤ *yardım* 'help'. - The earliest records date back to 1598: *yardımcı* (jardymdzi) (Mh I 38).

yasakçı - 1680: *yasakçı* (jasakći, jassakći) 'satelles, custos' (Men. III 5578) ≤ *yasak* 'prohibition'. - This word has been registered since the XVth century: *yasakçı* (ysqčy; XV c.); *yasakcı* (ysāqǧy; XVI c.) 'Muhafız, bekçi, zabıta memuru' (TTS).

yazıcı - 1603: *yazıcı* (jasigi) 'scriba' (Meg. II 483); 1641: *yazıcı* (iasigi) 'che vol dire scrinano' (Mol. 2); 1668: *yazıcı* (iasigÿ) 'secretar[i]us' (Ill. 206); 1670: *yazıcı* (yaziji) 'scribe' (K 193); 1680: *yazıcı* (jazīḡi) 'scriba, notarius, a literis' (Men. II 3834), *yazıcı* (jaziḡi) 'scribens, scriptor, inscriptor' (Men. III 5281), *yazıcı* (jazıḡi) 'scriptor, scriba, a literis, a secretis' (ibid. III 5543) ≤ *yazı* 'letter'. - This word has very ample records . The earliest one appeared in the XIVth century: *yazıcı* (yāzḡy, yāzyǧy; XIV c.); *yazıcı* (yāzyǧy; XV c.); *yazıcı* (yāzyǧy, yāzǧy, yāzyǧy; XVI c.) 'Kâtip' (TTS). Cf. also other historical sources apart from TTS : 1473: *yazucı* 'secretaire' (YM 68); 1545: *yazcı* (yauzgi) 'scriuano' (LCT 125b); 1553: *yazıcı* (iazigtsibegler) 'cancellarii' (Georg.122).

yedekçi - 1680: *yedekçi* (jedekći) 'desultor, amphippus, qui desultorium equum manu ducit' (Men. III 5565) ≤ *yedek* 'halter'.

yelkenci - 1641: *elkenci* (elkengi) 'comito di Galera' (Mol. 98); 1677: *yelkenci* (ielchiengi) 'nocchiero' (Masc. 106a); 1680: *yelkenci* (jelkenḡi) 'celeustes' (Men. III 5603) ≤ *yelken* 'sail'.

yemişçi - 1677: *yemişçi* (iemisc-gi) 'fruttaruolo' (Masc. 53b); 1680: *yemişçi* (jemiśći) 'fructuum collector & venditor' (Men. III 5607) ≤ *yemiş* 'fruit'.

yılancı - 1680: *yılancı* (jylanḡi) 'qui serpentes capit eorumque incantator, ductor qui eos familiariter tractat, & assuefacit' (Men. III 4233) ≤ *yılan* 'snake'. - The earliest confirmation of this word was in the XVth c.: *yılancı* (ylānǧy; XV c.); *yılancı* (ylānǧy; XVI c.) 'Sanatı yılanla uğraşmak olan' (TTS).

yolcı - 1603: *yolcı* (yolgi) 'caupo' (Meg. I 234); 1641: *yolcı* (iolgi) 'viandante' (Mol. 479); 1680: *yolcıler* (jolḡiler) 'viatores' (Men. I 32), *yolcı* (jolgi) 'viator, latro, qui vias infestat, custos viae' (Men. II 2267), *yolcı* (jolgi) 'iens, ambulans, viam tenens, sectansve, viator' (ibid. II 2522) ≤ *yol* 'way'.

yönci, yünci - 1677: *yünci* (iungi) 'lanaiolo' (Mas. 77b); 1680: *yönci* (jon-ḡi) 'lanarius' (Men. III 5629) ≤ *yün* 'wool'.

zabtçı - 1641: *zaptçı* (saptgi) 'gouernator' (Mol. 168); 1680: *zabtçı* (zaebtći) 'firmiter continens, providus, *Gol:* Praefectus, Gubernator, Dominus, possessor, administrator' (Men. II 3023) ≤ *zabt* ≤ *zabıt* 'that holds and restrains'.

zağarcı - 1672: *zagarcı* (zagargsi) 'Rüdenhüter (mih Rang)' (NdH. 266); 1680: *zağarcı* (zaghargi) 'canum vestigatorum custos' (Men. II 2450) ≤ *zağar* 'hound'. - The earliest records date back to 1545: *zagarcıbaşı* (zagarzibassi) 'capo de i cani brachi' (LCT 124b).

zahireci - 1680: *zahireci* (zaechyreği) 'annonae praefectus' (Men. II 2231) ≤ *zahire* 'provisions'.

zarebhaneci - 1680: *zarebhaneci* (zaereb chāneği) 'Monetarius, cusor aut signator' (Men. II 3034) ≤ **zarebhane* ≤ *darphane* 'mint'.

zemberekçi - 1641: *zemberegci* (szémbereghgi) 'balestriere' (Mol. 66); 1677: *zemperekçi* (szemperechgi) 'balestrare' (Masc. 19a), *zemperekçi* (szemperech-gi) 'saggittario, saettatore, balestriere' (ibid. 174b); 1680: *zemberekçi* (zemberekʲći) 'balistarius' (Men. II 2470) ≤ *zemberek* 'spring'.

zembilci - 1680: *zembilci* (zembilği) 'corbium contextor' (Men. II 2471) ≤ *zembil* 'rush basket'.

zeytuncı - 1680: *zeytuncı* (zejtūnği) 'olearius' (Men. II 2497) ≤ *zeytun* 'olive'.

zilci - 1680: *zilci* (zilği) 'pulsator talis instrumenti musici' (Men. II 2457) ≤ *zil* 'bell'.

zindancı - 1677: *zindancı* (szindangi) 'pregioniero' (Masc. 135b); 1680: *zindancı* (zindanği) 'carcerarius, ergastularius, carceris custos vel praefectus' (Men. II 2473) ≤ *zindan* 'prison'.

ziyaretçi - 1680: *ziyaretçi* (zijāretći) 'visitator, peregrinus' (Men. II 2495) ≤ *ziyaret* 'pilgrimage'.

2. Names of people and things with characteristic features (Nomina attributiva):

aynacı - 1680: *aynacı* (ajnāği) 'circuitor, deceptor, impostor' (Men. I 617) ≤ *ayna* 'mirror'.

bühtancı - 1680: *bühtancı* (bühtanği) 'calumniator, mendax' (Men. I 957) ≤ *bühtan* 'false accusation, calumny'.

dolabçı - 1677: *dolabcı* (dolabgi) 'machinatore, cioè ingannatore' (Masc. 86a); 1680: *dolabçı* (dolabći) 'circumventor, insidiarum structor, deceptor' (Men. II 2184), *dolabçı* (dolabći) 'circumventor, deceptor' (ibid. II 3151) ≤ *dolap* 'colloq. trick, intrigue'.

feragetçi - 1677: *feragetçi* (feraghetgi) 'perseueratore' (Masc. 124b) ≤ *feraget* 'self-sacrifice'.

filci - 1670: *filci* (filji) 'person suffering from elephantiasis' (K 169) ≤ *fil* 'elephant'.

fitneci - 1677: *fitneci* (fitnegi) 'machinatore, cioè ingannatore '(Masc. 86a), *fitneci* (fitnegi) 'malizioso' (ibid. 87b); 1680: *fitneci* (fitneği) 'seditiosus, malitiosus, &c.' (Men. II 3467) ≤ *fitne* 'intrigue'.

haramcı - 1677: *haramcı* (haramgi) 'malandrino, assassino' (Masc. 87a) ≤ *haram* 'unlawful, wrong'.

hidmetçi - 1680: *hidmetçi* (chydmetći) 'officiosus, qui libenter servitia praestat' (Men. I 1868) ≤ *hidmet* ≤ *hizmet* 'service, utility'.

horatacı - 1680: *horatacı* (chorataği) 'jocosus, facetus, joculator' (Men. I 1968) ≤ *horata* 'joke'.

hoşamedçi - 1641: *hoşamedçi* (chose=amedgi) 'adulatore' (Mol. 21) ≤ *hoşamed* 'a welcoming'.

iftiracı - 1641: *iftiracı* (ıftragi) 'calumniatore' (Mol. 77); 1680: *iftiracı* (iftirāği) 'calumniator' (Men. I 314), *iftiracı* (iftiraği) 'calumniator, mendax' (ibid. I 957) ≤ *iftira* 'calumny'.

ihmalcı - 1641: *ehmalcı* (ehmalgi) 'ocio' (Mol. 278), *ehmalcı* (ehmalgi) 'negligenza' (Mol. 269), *ehmalcı* (ehmalgi) 'trascurato' (Mol. 461); 1672: *ihmalcı* (ihmalgsi) 'nachlıssig' (NdH 232); 1680: *ihmalcı* (ihmālği) 'piger, negligens, deses' (Men. I 518), *ihmalcı* (ıhmālği) 'negligeus, qui solet negligere' (ibid. I 571), *ihmalcı* (ihmālği) 'negligens, intermittens, differens, missam faciens rem' (ibid. III 5059) ≤ *ihmal* 'neglect'.

iltifatçı - 1680: *iltifatçı* (iltifatći) 'aestimator, humanus, urbanus' (Men. I 379) ≤ *iltifat* 'a treating with kindness'.

inatçı - 1641: *inatçı* (inatgi) 'ostinato' (Mol. 286), *inadçı* (inadgi) 'pertinace' (ibid. 301); 1680: *inadçı* (ynādći) 'obfirmatus, obstinatus, pertinax, pervivax' (Men. II 3335), *inadçı* (yₒnādći) 'rixosus, litigiosus, obstinatus' (ibid. II 4154); *inadçı* (ynādći) 'pertinax, repugnans, contrarius' (ibid. III 4751) ≤ *inat* 'obstinacy'.

intikamcı - 1677: *intikamcı* (inticamgi) 'uendicatore' (Masc. 265b) ≤ *intikam* 'revenge'.

işkilci - 1641: *işkilci* (isc=kilgi) 'sospettoso' (Mol. 414) ≤ *işkil* 'doubt'.

kavġacı - 1641: *kavġacı* (kaughagi) 'tumultuoso' (Mol. 469); 1672: *kavgacı* (kaugagsi) 'zänkisch, Krakeeler' (NdH 239); 1680: *ġavġacı, kavġacı* (ghaewghāği, kawghāği) 'rixosus, contentiosus, qui rixas quaerit & movet' (Men. II 3437) ≤ *kavġa* 'quarrel'.

kutlucı - 1680: *kutlucı* (kutluği) 'gratulator, gratulabundus' (Men. III 5060) ≤ *kutlu* 'happy'.

latifeci - 1641: *latifeci* (latifegi) 'faceto' (Mol. 139); 1680: *latifeci* (laetyfeği) 'semper laetus & hilaris, facetus, res jucundas & gratiosas proferens' (ibid. II 2542), *latifeci* (laetyfeği) 'facetus, qui facetiis utitur' (ibid. II 4176) ≤ *latife* 'joke'.

maskaracı - 1677: *maskaracı* (mascaragi) 'sbeffatore' (Masc. 180b), *maskaracı* (maskaragi) 'scherneuolo, beffatore' (ibid. 186a); 1680: *maskaracı* (mascharāǧi) 'facetus, ridiculus, ludio' (Men. III 4646) ≤ *maskara* 'jokes, masquerade'.

nispetçi - 1680: *nispetçi* (nispetći) 'despectum alicui facere promptus' (Men. III 5171) ≤ *nispet* 'spite'.

rahmetçi - 1680: *rahmetçi* (raehmetći) 'praeco mortuorum' (Men. II 2293) ≤ *rahmet* 'compassion'.

şekvacı - 1680: *şekvacı* (śekⁱwāǧi) 'lamentator, querulus, accusator' (Men. II 2849) ≤ *şekva* 'complaint'.

şikâyetçi - 1641: *şekiyatçı* (sc=ekijatgi) 'querelante' (Mol. 332); 1677: *şekâyetçi* (scechiahet-gi) 'querelante' (Masc. 145b); 1680: *şikâyetçi* (śikⁱājetći) 'lamentator, delator, accusator' (Men. II 2839) ≤ *şikâyet* 'complaint'.

ümidci - 1677: *ümidci* (vmidgi) 'speratore, cioè quello, che sta con la speranza' (Masc. 221b) ≤ *ümit* 'hope'.

yabancı - 1670: *yabancı* (yabanji) 'stranger' (K 193); 1680: *yebancı* (jebānǧi) 'extraneus, cui non licet accedere gynaeceum aut arcam participem fieri' (Men. III 4438), *yebancı* (jebānǧi) 'incognitus seu ignotus, & extraneus adventitius' (ibid. III 5534) ≤ *yaban* 'wild, wilderness'.

yalancı - 1603: *yalancı* (ialangi) 'mendax' (Meg. II 46); 1641: *yalancı* (ialangi) 'bugiardo' (Mol. 75); *yalancı* (ialanci) 'fallace' (ibid. 140, 141); 1668: *yalancı adam* (ialangÿ adam) 'vir mendax' (Ill. 204); 1680: *yalancı* (jalanǧi) 'mentiens, qui mentitur, mendax, falsus, non verus, non sincerus' (Men. II 3837) ≤ *yalan* 'lie'.

yañlışçı - 1677: *yañlışçı* (ianghiliscgi) 'fallace' (Masc. 47b) ≤ *yañlış* 'error, mistake'.

yanşakçı - 1677: *yanşakçı* (iansciahgi) 'cianciatore' (Masc. 29a) ≤ *yanşak* 'talkative'.

Suffix -cık

Lit.: Çotuksöken TEKG 27, Deny GLT 320-323, Hatiboğlu TE 37-41, Kononov GTJ 44, 113, 154, Sevortjan AIS 104 - 110, Zajączkowski SZK 24 - 26.

This productive suffix had in the past only two phonetic variants: -*cuk*, -*cük*[5]. In the XVII century it occured already in four forms: -*cık* ‖ -*çık*, -*cik* ‖ -*çik*, -*cuk* ‖ -*çuk*, -*cük* ‖ -*çük*. This suffix is known in other Turkic languages. It forms from

---

[5] A.Zajączkowski, *Studia nad językiem staroosmańskim, I. Wybrane ustępy z anatolijsko-tureckiego przekładu Kalili i Dimny*, Kraków 1934, pp. 154, 159.

nominal bases substantives, adjectives and adverbs. Since this work concerns only substantival formations, I have therefore omitted other categories concentrating only on substantives. The nouns with the suffix *-cık* have mostly a diminutive meaning, however there are also some nouns whose semantic relationship with the basis they are derived from is vague. Therefore the collected material is divided into the following categories:

1. Diminutives:

adamcuk, ademcik - 1641: *adamcuk* (adamgiuk) 'huomicciuolo' (Mol. 177); 1680: *ademcik* (ademḡik^i) 'homuncio, homunculus' (Men. I 116 ≤ *adam* = *adem* 'man'.

aġacık - 1680: *aġacık* (aghaḡik^i) 'Dominulus, parvus Dominus' (Men. I 296) ≤ *aġa* 'lord, master'.

aġaççık - 1680: *aġaççık* (aghaććik) 'arbusculum' (Men. I 296) ≤ *aġaç* 'tree'.

alevcük - 1677: *alevcük* (aleuigiuch) 'fiammetta, fuoco piccolo' (Masc. 49b) ≤ *alev* 'flame'.

aslancık - 1641: *aslancık* (aslangik) 'leonoino' (Mol. 231) ≤ *aslan* 'lion'.

ayıcık - 1677: *ayıcık* (aigich) 'orsetto, orso piccolo' (Masc. 114a) ≤ *ayı* 'bear'.

babuççık - 1677: *babuççık* (babucgich) 'scarpa piccola' (Masc. 184b ≤ *babuç* ≤ *pabuç* 'shoe'.

bademcik - 1641: *bademcik* (bademgik) 'mandorlino' (Mol. 243); 1677: *bademcik* (bademgich) 'mandorlino, cioè mandorla piccola' (Masc. 88a) ≤ *badem* 'almond'.

bakçacık, bakçacuk - 1641: *bakçacık, bakçacuk* (bakgiagik, bakgiagiuk) 'horticello, giardinetto' (Mol. 163, 176) ≤ *bakça* ≤ *bahçe* 'garden'.

baklacık - 1677: *baklacık* (bachlagich) 'fauetta' (Masc. 48b) ≤ *bakla* 'horse bean'.

balukçık - 1677: *balukçık* (baluchgich) 'pesciolino' (Masc. 125b) ≤ *baluk* 'fish'.

bardakçık - 1677: *bardakçık* (bardachgich) 'uasetto' (Masc. 262b) ≤ *bardak* 'glass'.

bayırcik - 1680: *bayırcik* (bajrgik^i) 'colliculus, clivus' (Men. III 5911) ≤ *bayır* 'slope'.

beytçik - 1677: *beytçik* (beitgich) 'uersetto' (Masc. 267a) ≤ *beyt* 'distich'.

Boşnakçık - 1677: *Boşnakçık* (Boscinachgich) 'schiauonetto' (Masc. 187a) ≤ *Boşnak* 'a Bosnian'.

bulutçuk - 1641: *bulutçuk* (bulutgiuk) nuuola picciola' (Mol. 274) ≤ *bulut* 'cloud'.

bülbülcik - 1677: *bülbülcik* (bulbulgich) 'rosignuolo piccolo' (Masc. 169b) ≤ *bülbül* 'nightingale'.

çanakçık - 1677: *çanakçık* (cianachgich) 'scudellina' (Masc. 194a) ≤ *çanak* 'earthenware pot'.

çatalcık - 1680: *çatalcık* (ćiatalğik) 'fuscinula' (Men. I 1582) ≤ *çatal* 'fork'.

çayırcık - 1677: *çayırcık* (ciairgich) 'pratello, praticello, prato piccolo' (Masc. 134a) ≤ *çayır* 'meadow'.

çehrecük - 1641: *çehrecük* (cehregiuk) 'visetto' (Mol. 482) ≤ *çehre* 'face'.

çeküççük - 1677: *çeküççük* (cecuc-giuch) 'martellino' (Masc. 90b) ≤ *çeküç* 'hammer'.

çeşmecik - 1677: *çeşmecik* (cescimegich) 'fontanella' (Masc. 51b) ≤ *çeşme* 'well'.

çıvalcık - 1677: *çıvalcık* (civalgich) 'sacchetto, piccolo sacco' (Masc. 173a) ≤ *çıval* 'sack'.

çiçecik[6], **çiçekçük** - 1641: *çiçekçük* (cicekgiuk) 'fiore picciolo' (Mol. 149); 1670: *çiçecik* (cicegic) 'flosculus' (Mg.57) ≤ *çiçek* 'flower'.

çölmekçik, çömlekçik - 1641: *çölmekçik* (ciolmekgik) 'pignatella' (Mol. 306); 1677: *çömlekçik* (ciomilech-gich) 'pignatella, o pentolina' (Masc. 128b) ≤ *çömlek* = *çölmek* 'earthen pot'.

çubukçık - 1677: *çıbukçık* (cibuch-gich) 'uerghetta' (Masc. 266b); 1680: *çubukçık* (ćiubukćik) 'virgula, bacillus' (Men. I 1579) ≤ *çubuk* 'rod, bar'.

çukurcık - 1680: *çukurcık* (ćiukurğik) 'scrobiculus' (Men. I 1628), *çukurcık* (ćiukurğik) 'foveola, scrobiculus' (ibid. III 4789) ≤ *çukur* 'pit, cavity'.

dağcik - 1677: *dağcik* (daghgich) 'monticello, cioè piccolo monte'(Masc. 99a) ≤ *dağ* 'mountain'.

dalgacık - 1677: *dalgacık* (dalgagich) 'onda piccola' (Masc. 112a) ≤ *dalga* 'wave'.

damlacık, damlacuk - 1641: *damlacuk* (damlagiuk) 'gocciola' (Mol. 167); 1680: *damlacık* (damlağik) 'guttula' (Men. II 2011) ≤ *damla* 'drop'.

degnekçik - 1641: *degnekçik* (deghnekgik) 'bastoncello' (Mol. 69); 1680: *degenecik* (degⁱeneğikⁱ) 'baculus parvus, bacillus' (Men. II 2113) ≤ *degnek* 'stick, bar'.

---

[6] Words ending with -g/-k attaching suffix -cık ‖ -çık lose the final consonants. Cf. E.Sevortjan, op. cit., p. 105.

delükçik - 1677: *delükçik* (delucgich) 'bucucciola' (Masc. 23a) ≤ *delük* 'pit, hole'.

demetçik - 1680: *demetçik* (demetḡik[i]) 'fasciculus' (Men. II 2137) ≤ *demet* 'bunch, bouquet'.

desticik - 1680: *desticik* (destiğik[i]) 'vasculum argillaceum' (Men. III 6063) ≤ *desti* 'earthenware jug'.

dıvarcık - 1677: *dıvarcık* (diuargich) 'muretto' (Masc. 102a) ≤ *dıvar* 'wall'.

dilcik - 1680: *dilçik*, *dilcik* (dilćik[i], dilḡik[i]) 'lingula vulvae' (Men. III 6064) ≤ *dil* 'language'. - The earliest registration of this word was in the XVIth century: *dilcik* (dlǧk) 'Bademcik' (TTS); cf. also 1587/88: *delşek* (delschek) 'Zepflein' (Lub.41).

direkçik - 1677: *direkçik* (direchgich) 'trauicello' (Masc. 254b) ≤ *direk* 'pillar'.

domuzcık - 1677: *domuzcık* (domus-gich) 'porchetto' (Masc. 132b), *yaban domuzcık* (iaban dumus-gich) 'cinghialino' (ibid. 28b) ≤ *domuz* 'pig'.

dudakçık - 1641: *dudakçık* (dudakgik) 'labretto' (Mol. 225); 1677: *dudacık* (dudagich) 'labbretto' (Masc. 77a) ≤ *dudak* 'lips'. - The earliest records date back to the XVIth c.: *dudacık* (dwdāǧq) 'Sevimli dudak, dudakçık' (TTS).

duducık - 1677: *duducık* (dudugich) 'pappagalletto piccolo' (Masc. 118a) ≤ *dudu* 'parrot'.

durbuncık - 1677: *durbuncık* (durbungich) 'occhialetto' (Masc. 109a) ≤ *durbun* 'fieldglass, telescope'.

dügümcik, dügümcük - 1641: *dügümcik*, *dügümcük* (dughiumgik, dughiumgiuk) 'cropetto, nodetto' (Mol. 171, 271) ≤ *dügüm* 'knot'.

dükâncık - 1680: *dükâncık* (dük[i]ānḡik[i]) 'taberna parva; scamnum mercatorum ante officinam exponi solita' (Men. II 2105) ≤ *dükân* 'shop'.

egecik - 1677: *egecik* (eghiegich) 'limetta' (Masc. 82b) ≤ *ege* 'file'.

enicik - 1680: *enicik* (eniḡik[i]) 'catulus' (Men. I 446) ≤ *enik* 'pup'.

eşecik, eşekçük - 1641: *eşekçük* (esc=ekgiuk) 'asinello' (Mol. 62); 1677: *yeşekçik* (iescek-gich) 'asinello' (Masc. 17b); 1680: *eşecik* (eśeğik[i]) 'asellus' (Men. I 1884) ≤ *eşek* 'donkey'. - The earliest registration of this word was in the XVIth c.: *eşecik* ('šǧk) '1. Küçük eşek. 2. Telli sazlardaki köprücük' (TTS).

evcik - 1670: *evcik* (eugic) 'domuncula' (Mg. 57) ≤ *ev* 'home'.

fakircik - 1641: *fakircik* (fakirgik) 'pouerello (Mol. 313) ≤ *fakir* 'poor'.

fıçıcık - 1677: *fıçıcık* (figigich) boticella' (Masc. 22b) ≤ *fıçı* 'barrel'.

fidancık - 1677: *fidancık* (fidangich) 'albuscello' (Masc. 10a); *fidancık* (fidangich) 'pianticella, o pianta piccola' (ibid. 127a) ≤ *fidan* 'sapling'.

gagetçük [≤ * *kagıtçık*] - 1677: *gagetçük* (ghiaghet-giuch) 'letterina, ouuero viglietto, che si manda' (Masc. 81a) ≤ *gaget* ≤ *kagıt* 'paper, letter'.

gemicik - 1677: *gemicik* (ghiemigich) 'nauetta' (Masc. 103b) ≤ *gemi* 'ship'.

gölcik - 1680: *gölcik* (gölḡikʲ) 'piscina parva aut lacuna' (Men. I 29) ≤ *göl* 'lake'.

gövercincik - 1677: *gövercincik* (ghiouergingich) 'palombetta' (Masc. 117b) ≤ *gövercin* ≤ *güvercin* 'pidgeon'.

handekçük - 1641: *handekçük* (chandekgiuk) 'fossetta' (Mol. 153) ≤ *handek* 'moat'.

harifçik - 1680: *harifçik* (haerifćik) 'homunculus' (Men. I 1752) ≤ *harif* 'fellow'.

hatuncık - 1680: *hatuncık* (chātūnḡik) 'dominula, seu nobilior Domina' (Men. I 1830) ≤ *hatun* 'lady'.

hayvancık - 1641: *hayvancık* (haiuangik) 'animaletto' (Mol. 49) ≤ *hayvan* 'animal'.

hırsızcık - 1641: *hırsızcık* (chrsisgik) 'ladroncello' (Mol. 220) ≤ *hırsız* 'thief'.

hokkacık - 1680: *hokkacık* (hokkaḡik) 'pyxis parva, alabastrum' (Men. I 1787) ≤ *hokka* 'pot'.

hoyratçuk - 1641: *hoyratçuk* (choiratgiuk) 'rustichetto' (Mol. 366) ≤ *hoyrat* 'coarse and clumsy person'.

hürmetçik - 1680: *hürmetçik* (hürmetćik) 'corollariolum' (Men. I 1751) ≤ *hürmet* '1. respect. 2. honor'.

ırmacık - 1641: *ırmacık* (irmagik) 'rusello' (Mol. 365) ≤ *ırmak* 'river'. - The earliest registration of this word was in the XVIth century: *ırmacık* ('yrmāḡq) 'Küçük ırmak' (TTS).

ignecik - 1680: *ignecik* (igʲneḡikʲ) 'acicula' (Men. I 361) ≤ *igne* 'needle'.

işaretçik - 1677: *işaretçik* (isciaretgich) 'mottetto' (Masc. 101a) ≤ *işaret* 'sign'.

kabakçık - 1677: *kabakçık* (cabach-gich) 'zucchetta piccola' (Masc. 280b) ≤ *kabak* 'pumpkin'.

kadıncık, kaduncık - 1611: *katınşık* (katinschik) 'dama' (MN 204); 1677: *kadıncık, kaduncık* (cadingich, cadungich) 'signora, Padrona, madonna' (Masc. 205b, 86a); 1680: *kadıncık* (kādynḡik) 'dominula, seu nobilior Domina' (Men. I 1830) ≤ *kadın* 'lady'. - The earliest records date back to the XVIth c.: *kadıncık* (qādnḡq) 'Hanımefendi' (TTS).

kaftancık - 1677: *kaftancık* (caftangich) 'tocchetta, vesticciuola' (Masc. 248a) ≤ *kaftan* 'outer gown or robe'.

* **kagıtçık** - cf.: *gagetçük*.

kalemcik - 1677: *kalemcik* (calemgich) 'penna piccola' (Masc. 122a) ≤ *kalem* 'pen'.

kalkancuk - 1641: *kalkancuk* (kalkangiuk) 'rodella' (Mol. 361) ≤ *kalkan* 'shield'.

kamışçık - 1680: *kamışçık* (kamyśćyk[i]) 'exigua arundo, exiguus calamus' (Men. III 5301) ≤ *kamış* 'reed'.

kaplancık - 1677: *kaplancık* (caplangich) 'leopardino, cioè leopardo piccolo' (Masc. 80b) ≤ *kaplan* 'tiger'.

kapucık - 1677: *kapucık* (cappugich) 'portella, porticella, portetta' (Masc. 133a) ≤ *kapu* 'door'.

kardaşçık - 1677: *kardaşçık* (cardasc-gich) 'fratellino' (Masc. 53a) ≤ *kardaş* 'brother'.

karıncecik - 1680: *karıncecik* (kaeriṅgeḡik[i]) 'formicula; formica' (Men. III 5019) ≤ *karınce* 'ant'.

karlankuşçık - 1677: *karlankuşçık* (carlan-cusc-gich) 'rondinello piccolo' (Masc. 169a) ≤ **karlankuş* ≤ *kırlangıç* 'swallow'.

kâsecik - 1677: *kâsecik* (chiassegich) 'tazzetta' (Masc. 242a) ≤ *kâse* 'bowl'.

kaşakçık - 1677: *kaşakçık* (casciach-gich) 'striglia piccola' (Masc. 233b) ≤ *kaşagı* 'currycomb'.

katırcık - 1677: *katırcık* (catir-gich) 'muletto' (Masc. 102a) ≤ *katır* 'mule'.

kazelcik - 1677: *kazelcik* (caselgich) 'uersetto' (Masc. 267a) ≤ **kazel* ≤ *gazel* 'lyric poem'.

keçecik - 1677: *yaban keçecik* (iaban chiegiegich) 'capriolo' (Masc. 25a) ≤ *keçi* 'goat'.

kılıççık - 1677: *kılıççık* (chilicgich) spadetta' (Masc. 217b) ≤ *kılıç* 'sword'.

kitabcık - 1677: *kitabcık* (kitabgik) 'libretto' (Masc. 234) ≤ *kitap* 'book'.

kitabanecik - 1677: *kitabanecik* (chitab anegich) 'studiolo armadio de libri' (Masc. 235a) ≤ *kitaphane* 'bookshop'.

koyıncık - 1677: *koyıncık* (coingich) 'pecoralla, pecorina' (Masc. 121a) ≤ *koyun* 'sheep'.

köpecik -. 1670: *küpecik* (chiupegic) 'catellus' (Mg. 57); 1680: *köpecik* (kiöpeḡik[i]) 'catulus' (Men. I 231) ≤ *köpek* 'dog'.

köpricik - 1641: *köpricik* (kioprigik) 'poticello' (Mol. 311) ≤ *köpri* 'bridge'.

köylücük - 1641: *köylücük* (kioilugiuk) 'vilanello' (Mol. 481) ≤ *köylü* 'villager'.

kurbacık - 1677: *kurbacık* (curbagich) 'ranina, rospo piccolo' (Masc. 149b, 170a) ≤ **kurba* ≤ *kurbağa* 'frog'.

kurtçık - 1677: *kurtçık* (curtgich) 'lupetto piccolo' (Masc. 85a) ≤ *kurt* 'wolf'.

kuyrucık 1680: *kuyrucık* (kujruğik) 'cauda parva; cauda avium' (Men. II 2137) ≤ *kuyruk* 'tail'.

küpçik - 1680: *köpçik* (kⁱöpćikⁱ) 'olla aenea minor' (Men. I 1948); *küpçik* (kⁱüpćikⁱ) 'seria parva, in qua quid reconditur' (Men. I 1942) ≤ *küp* 'large earthenware jar'. - The earliest records date back to the XIVth c.: *küpçik* (kpčk; XIV c.); *küpcük* (kwpğwk; XV c.); *küpecik* (kwphğk; XV c.); *küpçik* (kwpčk; XVI c.); *küpecik* (kwphğk) 'Kavanoz, ufak küp' (TTS).

lakırdıcık - 1677: *lakırdıcık* (lachirdigich) 'ragioncella' (Masc. 148a) ≤ *lakırdı* 'word'.

lokmacık - 1677: *lokmacık* (loch-magich) 'morsello, bocconcello' (Masc. 100a) ≤ *lokma* 'morsel'.

makascık - 1677: *makascık* (macasgich) 'forbicina' (Masc. 52ab) ≤ *makas* 'scissors'.

mankalcık - 1680: *mankalcık* (mankalğik) 'ignitabulum' (Men. III 4978) ≤ *mankal* ≤ *mangal* 'the portable inner pan of a brazier'.

marolcık - 1680: *marolcık* (marolğik) 'lactucula, cuspide tenui, & supra exigua folia fructus rubros habens: item hedera, hederaeve similis, f. helleborus albus' (Men. III 6051) ≤ **marol* 'lettuce'.

masacık - 1677: *masacık* (mascia-gich) 'moletta' (Masc. 98a) ≤ *masa* 'pincers'.

masalcık - 1677: *masalcık* (massalgich) 'nouelletta, fauoletta' (Masc. 107a) ≤ *masal* 'tale'.

maslahatçık - 1677: *maslıhatçık* (maslihat-gich) 'negozzio piccolo' (Mas. 105a); 1680: *maslahatçık* (maeslahaetćik) 'negotiolum occupatiuncula (Men. III 4705) ≤ *maslahat* 'business'.

mastıcık - 1680: *mastıcık* (mastiğikⁱ) 'catellus, &c.' (Men. III 4237) ≤ *mastı* 'turnspit (dog)'.

maymuncuk - 1641: *maymuncuk* (maimungiuk) 'scimietta' (Mol. 384) ≤ *maymun* 'monkey'.

mekâncık - 1677: *mekâncık* (mechiangich) 'luoghetto' (Masc. 84b) ≤ *mekân* 'place, site'.

mektubcık - 1677: *mektubcık* (mechtub-gich) 'letterina, ouuero viglietto, che si manda' (Masc. 81a) ≤ *mektup* 'letter'.

memecük - 1641: *memecük* (memegiuk) 'tettina' (Mol. 455) ≤ *meme* 'nipple'.

merdivencik - 1677: *merdivencik* (merdiuengich) 'scaletta piccola' (Masc. 182a) ≤ *merdiven* 'stairs'.

mikrazçık -1680: *mikrazçık* (mikrazćik) 'forficulus' (Men. III 4837) ≤ *mikraz* 'scissors'.

nalıncık - 1677: *nalıncık* (nalingich) 'pianelletta' (Masc. 126b) ≤ *nalın* 'clog'.

naycık - 1677: *naycık* (naigich) 'zufolo piccolo' (Masc. 280b) ≤ *nay* 'flute'.

odacık - 1680: *odacık* (odağik) 'camerula, domuncula' (Men. I 495) ≤ *oda* 'room'.

oğlancık - 1603: *oglanşük* (oglanschük) 'puer'(Meg. II 357); 1641: *oğlancuk* (oghlangiuk) 'fanciullino' (Mol. 141); 1670: *oğlancık* (oghlangic) 'puerulus' (Mg.57); 1680: *oğlancık* (oghlanğik) 'puerulus' (Men. I 525) ≤ *oğlan* 'boy'. - The earliest records of this word date back to the XIVth c.: oglancuk ('wglnğwq; XIV c.); oglancık ('wglānğq, 'wglnğq; XV c.); oglancuk ('wglānğwq; XV c.); oglancık ('wglānğq; XVI c.) 'Çoçuk, küçük çoçuk' (TTS). Cf. also other sources : oglancık ('wgl'nğyq; XVI c.) 'fanciullo' (TAO 115); 1564: oglancık ('wglanğq) 'мальчик, мальчонка' (KnS 141).

oğulcuk - 1677: *oğulcuk* (ogulgiuch) 'figliolino' (Masc. 50a) ≤ *oğul* 'son'.

omuzcık - 1677: *omuzcık* (umusgich) 'spalletta' (Masc. 218a) ≤ *omuz* 'shoulder'.

ormancık - 1641: *ormancık* (ormangik) 'alboretto, boscaglia'(Mol. 31) ≤ *orman* 'forest'.

oyuncık - 1680: *oyuncık* (ojunğik) 'ludus, ludulus' (Men. I 654) ≤ *oyun* 'game'.

öksürükçük - 1641: *öksürükçük* (oksurukgiuk) 'tossetta' (Mol. 461) ≤ *öksürük* 'a coughing'.

örümcekçik - 1641: *oruncacık* (oruncacik) 'ragnetto' (Mol. 336); 1677: *örümcekçik* (orumgiech-gich) 'ragno animaletto' (Masc. 148b) ≤ *örümcek* 'spider'.

paracuk - 1641: *paracuk* (paragiuk) 'pezzetto picciolo' (Mol. 303) ≤ *para* 'money'.

peksimetçik - 1677: *peksimetçik* (pech-simetgich) 'biscottello' (Masc. 22a) ≤ *peksimet* 'hard biscuit'.

peşkircik - 1677: *peşkircik* (pesc-chirgich) 'touaglietta, saluietta' (Masc. 251a) ≤ *peşkir* 'table napkin'.

pıçakçık - 1677: *pıçakçık* (piciachgich) 'coltellino' (Masc. 30b) ≤ *pıçak* ≤ *bıçak* 'knife'.

piliççik - 1641: *pilikçik* (pilikgik) 'pollastrella' (Mol. 309); 1677: *piliççik* (pilg-gich) 'pollastrella' (Masc. 131a) ≤ *piliç* 'chicken'.

pözevenkçik - 1677: *pözevenkçik* (pioseuenchigich) 'ruffianello' (Masc. 171a) ≤ *pözevenk* ≤ *pezevenk* 'procurer'.

rüzgârcık - 1680: *rüzgârcık* (rūzigʲārḡik) 'ventulus, exilis ventus, aura' (Men. II 2381) ≤ *rüzgâr* 'wind'.

sahancık - 1641: *sahancık* (sahangik) 'piatticello' (Mol. 304) ≤ *sahan* 'copper food dish'.

sakalcık - 1641: *sakalcık* (sakalgik) 'barbeta' (Mol. 178) ≤ *sakal* 'beard'.

sandukçık - 1641: *sandukçık* (sandukgik) 'cassetta' (Mol. 82) ≤ *sanduk* 'chest, coffer'.

santurcık - 1677: *santurcık* (santurgich) 'spinetta da sonare' (Masc. 223b) ≤ *santur* 'musical instrument'.

sayacık - 1677: *sayacık* (saiagich) 'saietto, panno' (Masc. 174b) ≤ *saya* 'embroidered waistcoat'.

sepedçik - 1680: *sepedçik* (sepedćikʲ) 'canistellum, cophinus, qualus' (Men. II 2537) ≤ *sepet* 'basket'.

serçecik - 1677: *serçecik* (sercegich) 'passerino piccolo' (Masc. 110a), *serçecik* (sercegich) 'scricciolo, uccelino' (ibid. 193a) ≤ *serçe* 'sparrow'.

sesçik - 1677: *sesçik* (segich) 'uocina, cioè voce piccola' (Masc. 274b) ≤ *ses* 'voice'.

sıçancık - 1677: *sıçancık* (siciangich) 'sorcetto, cioè topo piccolo, topolino, topino' (Masc. 214a, 249a) ≤ *sıçan* 'rat, mouse'.

sinekçik - 1677: *sinekçik* (sinech-gich) 'moscherino' (Masc. 100b) ≤ *sinek* 'fly'.

sofracık - 1677: *sofracık* (sofragich) 'tauola piccola' (Masc. 241b) ≤ *sofra* 'dining table'.

soğancuk - 1641: *soğancuk* (soghangiuk) 'cipoletta' (Mol. 92) ≤ *soğan* 'onion'.

sözcik - 1680: *sözcik* (sozḡikʲ) 'vocula, verbulum' (Men. II 2709) ≤ *söz* 'word'.

sucukçık - 1677: *sucukçık* (sugiuchgich) 'salciciotto' (Masc. 176a) ≤ *sucuk* 'sausage'.

şehercik - 1680: *şehercik* (śeherḡikʲ) 'oppidulum' (Men. II 2887) ≤ *şeher* ≤ *şehir* 'town'.

57

şişecik - 1677: *şişecik* (scisciegich) 'impolla' (Masc. 65a), *sepetli şişecik* (sepetli sciscegich) 'fiaschetto' (ibid. 50b) ≤ *şişe* 'bottle'.

tahtacuk - 1641: *tahtacuk* (tachtagiuk) 'tauoletta' (Mol. 447) ≤ *tahta* 'board'.

tahterevancık - 1677: *tahterevancık* (tahtereuan-gich) 'lettighetta, cioè piccola' (Masc. 81b) ≤ *tahterevan* 'litter'.

tampurcık - 1677: *tampurcık* (tampurgich) 'mandolino o chitarrino' (Masc. 88a) ≤ *tampur* ≤ *tambur* 'an ancient form of lute'.

tarlacık - 1677: *tarlacık* (tarlagich) 'poderetto, possessione piccola' (Masc. 131a) ≤ *tarla* 'field'.

tavşancık - 1641: *tavşancık* (tausc=angik) 'leprettino' (Mol. 232) ≤ *tavşan* 'hare'.

taycık - 1677: *taycık* (taigich) 'caualletto' (Masc. 25a) ≤ *tay* 'colt'.

tilkicik, tilkicük - 1641: *tilkicük* (tilkigiuk) 'volpetta' (Mol. 487); 1680: *tilkicik* (tilkⁱiğikⁱ) 'vulpecula' (Men. II 2127) ≤ *tilki* 'fox'.

tokmakçık - 1677: *tokmakçık* (toch-machgich) 'mazzetta' (Masc. 92a) ≤ *tokmak* 'mallet'.

topçık - 1677: *topçık* (topgich) 'palletta' (Masc. 116b) ≤ *top* 'ball'.

toruncık, toruncuk - 1670: *toruncık, toruncuk* (torunjig-, torunjug-) 'little grandchild' (K.190) ≤ *torun* 'grandchild'.

tüfekçik, tifenkçük - 1641: *tifenkçük* (tifenkgiuch) 'schioppo, schioppetto' (Mol. 383); 1677: *tüfekçik* (tuffech-gich) 'schioppetto piccolo, o vero archibuso piccolo' (Masc. 187b) ≤ *tüfek* 'riffle'.

ümidcik - 1677: *ümidcik* (vmidigich) 'speranzetta' (Masc. 221b) ≤ *ümit* 'hope'.

varilcik - 1680: *varilcik* (waryłğik) 'doliolum exiguum' (Men. III 5316) ≤ *varil* 'barrel'.

yapıcık, yapıcuk - 1641: *yapıcuk* (iapigiuk) 'edifitietto, fabrichetta' (Mol. 131); 1677: *yapıcık* (iappigich) 'edificietto' (Masc. 43b) ≤ *yapı* 'building'.

yapracık - 1680: *yapracık* (japrağik) 'foliolum, &c.' (Men. III 5559) ≤ *yaprak* 'leaf'. - The earliest recording of this word was in the XIV/XVth c.: *yapracık* (yprğq; XIV/XV c.); *yapracuk* (yprğwq; XV c.); *yapracık* (yprāğq; XVI c.) 'id.' (TTS).

yarıkçuk - 1641: *yarıkçuk* (iarikgiuk) 'fessuretta' (Mol. 145) ≤ *yarık* 'crack, fissure'.

yastukçık - 1677: *yastukçık* (iastuch gich) 'guancialino' (Masc. 60a) ≤ *yastuk* 'pillow'.

yavrucık - 1670: *yavrucık* (yavrujig-) 'beloved child' (K 193) ≤ *yavru* 'the young'.

yercik - 1677: *yercik* (iergich) 'luoghetto' (Masc. 84b) ≤ *yer* 'place'.

yılancık - 1677: *yılancık* (ilangich) 'serpe piccola' (Masc. 200b); 1680: *yılancık* (jiłangik) 'anguiculus, parvus serpens, seps' (Men. III 5599) ≤ *yılan* 'snake'.

yuvacık - 1641: *yuvacık* (iuuagik) 'nidetto' (Mol. 270) ≤ *yuva* 'nest'.

zağarcık - 1677: *zagarcık* (szagargich) 'cagnudo o cagnuolino' (Mas. 23b); 1680: *zağarcık* (zaghargik) 'parvus canis sagax' (Men. II 2450) ≤ *zağar* 'hound'.

zelzelecik - 1680: *zelzelecik* (zelzeleğik') '*dimin.* levis terrae motus' (Men. II 2459) ≤ *zelzele* 'earthquake'.

zembilcik - 1677: *zembilcik* (szembilgich) 'sportella, cestella' (Masc. 225b) ≤ *zembil* 'basket'.

zencircik - 1641: *zencircik* (szengirgik) 'catenella' (Mol. 84) ≤ *zencir* 'chain'.

Apart from the words presented above, which belong to the category of diminutives there are also other derivatives with the suffix -*cık*. Although their structure is very clear the meaning is far from the diminutive sense, thus their relation with the formative basis is vague. These derivatives represent other categories than diminutives:

2. There are several derivatives denoting diseases. They represent a semantic subgroup which belongs to **abstract nouns**. Here are the following derivatives:

arpacık - 1680: *arpacık* (arpağik) 'morbus Gallicus' (Men. I 31), *arpacık* (arpağik) 'crithe, hordeolum, oculi in angulo tuberculum' (ibid. I 130) ≤ *arpa* 'barley'.

gelincik - 1677: *gelincik* (ghielingich) 'petecchia' (Masc. 126a) ≤ ? *gelin* 'bride'. - The earliest records date back to the XIVth c.: *gelincük* (klnğwk; XIV c.), *gelincik* (klnğk; XVI c.) 'Gelincik, sakayık denilen çiçek'(TTS).

kabarcık' - 1680: *kabarcık* (kabarğik) 'furunculus, pustula' (Men. I 31), *kabarcık* (kabarğik) 'hydroa similesve pustulae quae ab opere in manibus nascuntur' (ibid. III 5127). This is the only derivative which is formed from a verbal stem. Its meaning is closely related to the verb it is derived from. Cf.: *kabarcık* 'small bubble' ≤ *kabar-* 'to be puffed up'.

şişçik - 1677: *şişçik* (sciscigich) 'scrofetta' (Masc. 193b) ≤ *şiş* 'a swelling'.

3. This semantic subgroup denoting names of plants belongs to the category of **nomina attributiva**:

altuncık - 1680: *altuncık* (altunğik) 'Caltha' (Men. I 382) ≤ *altun* 'gold'.

çancık - 1680: *çancık* (ćianğik) 'bistorta herba' (Men. I 1697) ≤ *çan* 'bell'.

horosçık - 1680: *horosçık* (chorosćik) 'lepidium' ≤ *?* *horoz* 'rooster'.

kızılcık - 1680: *kızılcık* (kyzylğik) 'cornus & corna' (Men. III 5790) ≤ *kızıl* 'red'. - The earliest recording of this word was in the XIV/XVth c.: *kızılcık* (qzlğq; XIV/XV c.), *kızılcuk* (qzlğwq; XIV/XV c.) 'Hafif kızamuk' (TTS).

sermaşçuk - 1677: *sermaşçuk* (sermasciuch) 'ellera' (Masc. 44b) ≤ *sermaş* 'embrace'.

The category of nomina attributiva is also represented by a single derivative denoting a species of bird:

sığırcık - 1680: *sığırcık* (syghyrğik) 'sturnus' (Men. I 215, III 5358) ≤ *sığır* 'ox'.

4. Names of tools and objects of daily use:

buruncık - 1680: *buruncık* (burunğik) 'calantica' (Men. I 787) ≤ *burun* 'nose'.

kılcık, kılçık - 1680: *kılcık* (kylğik) 'arista' (Men. II 2003), *kılçık* (kylćik) 'Spina, vel pili ut in pisce vel aristis' (Men. II 2002) ≤ *kıl* 'hair'.

yancık - 1680: *yancık* (ianğik) 'crumena seu marsupiolum coriaceum, quod a latere dependens Religiosi gestare solent' (Men. I 1886), *yancık* (janğik) 'loculus qui a latere gestatur; combustibilis, ac occulti quid' (ibid. III 5833) ≤ *yan* 'flank, side'. - The earliest recording of the formation was in the XIVth c.: *yancık* (ynğq; XIV), *yancık* (yānğq, ynğq; XV c.), *yancuk* (yānğwq; XV, XVI c.), *yancık* (yānğq; XVI c.) '1. Kese, torba, boyundan geçirilerek yana asılan çanta. 2. At zırhı, çuhal. 3. Oturak yeri, sağrı, kıç' (TTS).

Sufiks -cıl

Lit.: Çotuksöken TEKG 27, Deny GLT 348, Hatiboğlu TE 55-57, Kononov GTJ 104, Swift RGMT 71.

Suffix *-cıl* has the following variants: *-cıl* || *-çıl*, *-cil* || *-çil*, *-cul* || *-çul*, *-cül* || *-çül*. It forms nomina attributiva. As far as the productivity is concerned, this is a rare suffix, unknown in other Turkic languages. In seventeenth century sources it was documented by only two derivatives denoting species of birds representing therefore the category of **nomina attributiva**:

balıkçıl - 1680: *balıkçıl* (balykćil) 'ardea' (Men. I 687) ≤ *balık* 'fish'. - The earliest records date back to the XIVth century: *balıkçır* (bālyqčyr, bālqčr; XIV c.), *balıkçıl* (bālqčyl; XVI c.), *balıkçır* (bālqčyr; XVI c.) 'id.'(TTS).

tavşancıl - 1680: *tavşancıl* (tawśangil) 'aquila, q. quae capit lepores' (Men. II 3145) ≤ *tavşan* 'hare'.

Sufiks -ç

Lit.: Çotuksöken TEKG 27, Deny GLT 580-581, Hatiboğlu TE 130-131, Kononov GTJ 122, Sevortjan AIS 269-276, Zajączkowski SZK 87-89.

This unproductive suffix forms substantives denoting names of results of the action, objects of the action and abstract ideas. The derivatives are created from verbal bases. The formative can appear in the following forms: 1/ -ç, attached directly to the verbal stem, cf.: *tıkaç* 'stopper' ≤ *tıka-* 'to stuff up'; 2/ preceded by -a-, cf.: *kısaç* 'a pair of pincers' ≤ *kıs-* 'to squeeze"; 3/ preceded by -ı-, cf.: *çekiç* 'hammer" ≤ *çek-* 'to drag[7]. This suffix is also known in other Turkic languages, where is unproductive as well. The seventeenth century formations with the suffix -ç can be classified in the following semantic categories:

1. Abstract nouns:

kazanc - 1680: *kazanc* (kazang) 'lucrum' (Men. II 3582) ≤ *kazan-* 'to win, to gain'.

2. Names of the subject of the action (Nomina agentis):

sulanc - 1680: *sulanc* (sulang) 'potator et portator aquae, aquator' (Men. I 17) ≤ *sulan-* pass. of *sula-* 'to water'.

3. Names of tools and objects of daily use:

çekiç, çeküç - 1603: *çekiç* (tschekitsch) 'malleus' (Meg. II 15); 1677: *çeküç* (ciecuc) 'martello' (Masc. 90b) ≤ *çek-* 'to drag'. - The earliest records date back to the XIVth century: *çeküç* (čākwč; XIV c.), *çekiç* (čkč; XV c.), *çeküc* (ckwğ; XVI c.) 'id.' (TTS).

kısac - 1680: *kısac* (kisag) 'forceps, tenaculum' (Men. II 3705) ≤ *kıs-* 'to squeeze'. - The earliest recording of this formation was in the XIVth century: *kısac* (qsāğ; XIV c.), *kısac* (qsāğ, qsğ; XV c.), *kısaç* (qysāč; XV c.) 'Kışkaç, kerpeten; (TTS); 1587/88: *kosaç* (kosatsch) 'Zang' (Lub.53).

tıkac - 1680: *tıkac* (tykağ) 'obturamentum' (Men. II 3115) ≤ *tıka-* 'to stuff up'.

---

[7] The theoretical information concerning this suffix is given in reference to E.V.Sevortjan, op. cit., pp. 269-276. Other scholars have another point of view , cf.: J.Deny, *Grammaire de la langue turque (dialecte osmanli)*, Paris 1921, pp. 580-581, cf. also A.Zajączkowski, *Sufiksy imienne i czasownikowe w języku zachodniokaraimskim*, Kraków 1932, pp.87-89.

Sufiks -daş

Lit.: Çotuksöken TEKG 29, Deny GLT 347-348, Hatiboğlu TE 58-59, Kononov GTJ 104, Sevortjan AIS 164-166, Zajączkowski SZK 36-37, von Gabain AG 63.

The suffix -daş forms substantives, denoting the co-agent which is in the state or performing the action, which are semantically connected with the basic substantive from which the new derivatives are formed. Although the suffix -daş || -taş is not productive, however it is known both in the new and in the old Turkic languages. The material taken from the seventeenth century sources amounts to only eleven examples. Most of them denote **nomina agentis**. The examples being as follows:

addaş -1680: *addaş* (addaś) 'cognomen, seu ejusdem nominis' (Men. I 110) ≤ *ad* 'name'.

ayaktaş - 1680: *ayaktaş* (ajaktaś) 'socius pedum, pedissequa, socius, aut comes, sequens' (Men. I 578), *ayaktaş* (ajaktaś) 'Sequax, comes, qui sequitur' (ibid. III 5496) ≤ *ayak* 'leg'. - The earliest records date back to the XIVth c.: *ayaktaş* (āyqtāš; XIV c.), *ayakdaş* (āyākdāš; XVI c.) 'İşlerini el birliğiyle yapanlardan her biri' (TTS).

dindaş - 1680: *dindaş* (dindāś) 'ejusdem religionis' (Men. III 5496) ≤ *din* 'religion'.

hocadaş - 1680: *hocadaş, hocataş* (chogiae dāś, chogiae tāś) 'condiscipulus' (Men. II 2004) ≤ *hoca* 'teacher'.

nasıbdaş - 1680: *nasıbdaş* (naesybdāś) 'socius sortis aut fortunae, eandem consecutus sortem' (Men. III 5195) ≤ *nasıp* 'share, portion'.

odadaş - 1611: *odadaş* (odadasch) 'camarado' (MN 214); 1677: *odadaş* (odadasc) 'camerata' (Masc. 24a) ≤ *oda* 'room'.

sırdaş - 1677: *mektupleri sırdaşı* (mech-tubleri sirdascsi) 'segretario delle lettere' (Masc. 197a) ≤ *sır* 'secret'.

yaşdaş - 1680: *yaşdaş* (jaśdaś) 'coaetaneus, ejusdem aetatis' (Men. III 5544) ≤ *yaş* 'age''. - The earliest recording of this word was in the XVth century: *yaşdaş* (yšdāš; XV c.), *yaşdaş* (yāšdāš; XVI c.) 'Yaşıt, akran, emsâl' (TTS).

yoldaş - 1603: *yoldaş* (ioldas) 'comes' (Meg. I 292, II 528); 1641: *yoldaş* (ioldasc) 'compagno'(Mol. 98); 1680: *yoldaş* (ioldaś) 'socius, aut comes itineris' (Men. II 2004) ≤ *yol* 'way'. - The earliest records are from the XVth c.: *yoldaş* (ywldāš) 'yol arkadaşı' (TTS); cf. also XVI c.: *yoldaş* (ywldš, ywld'š) 'compagno amico' (TAO 142); 1574: *yoldaş* (gioldas, yholdas) 'compagno' (VN 69); 1580: *yoldas* 'Reisegenosse' (Mur. 772).

2. The following derivatives can be classified as representatives of **names of habitants:**

köydaş - 1680: *köydaş* (kⁱöjdāś) 'popularis, ejusdem pagi' (Men. II 4101), *köydaş* (kⁱöjdāś) 'villicus, ejusdem pagi' (ibid. III 5492) ≤ *köy* 'village'. - The earliest records date back to the XVIth c.: *köydaş* (kwydš) 'Hemşeri, bir köylü' (TTS).

sınordaş - 1680: *sınordaş* (sinordaś) 'collimitaneus, collimitatus, confinis, eorundem confiniorum incola, accola' (Men. II 2690) ≤ *sınor* 'border'. - The earliest records date back to the XIV/XVth c.: *sınırtaş* (snrtāš; XIV/XV), *sınurdaş* (snwrdāš; XIV/XV c.), *sınırdaş* (snrdāš; XVI c.) 'Sınır sınıra, hemhudut' (TTS).

3. This semantic group is represented by two formations denoting kinship:

kardaş, karındaş - 1603: *kardaş* (kardasch, chardas), 'frater' (Meg. 564); 1611: *kardaş* (kardaschsch, cardasch) (MN 203); 1635: *kardaş* (kardasch, cardasc) 'frater, fratello' (FB. 27, 194); 1670: *kardaş* (cardasc) 'frater' (Mg. 77); 1670: *kardaş* (kardash) 'brother' (K 176); 1677: *kardaş* (cardasc) 'fratello' (Masc. 53a); 1680: *ahiret karındaşı* (āchyret karindaśi) 'adoptivus frater' (Men. I 99) ≤ *karın* 'belly, abdomen'. - The earliest records date back to the XIVth c.: *karındaş* (qrndāš, qrndš; XIV) , *karındaş* (qrndāš; XV c.), *kartas* (qrtāš, qrtš; XV c.) 'Kardeş' (TTS); cf.: also other sources: XVI c.: *kardaş* (q'rd'š, q'rdš, q'rd'š, qrd'š) 'Fratello'(TAO 99); 1525/30: *Kardaş* (chardas) 'Fradello'(OT 242); 1574: *kardaş* (chardas) 'Fratello' (VN 66); 1587/88: *kardaş* (cardasch) 'Bruder' (Lub.53).

kızkardaş, kızkarındaş - 1635: *kızkardaş* (kiskardasch) 'soror, sorella' (FB 195); 1680: *kızkardaş, kızkarındaş* (kyzkardaś, kyz karyndāś) 'soror' (Men. I 29) ≤ *kız* 'girl' + *karın* 'abdomen''. - The earliest registration of this derivative was in 1525/30: *kızkardaş* (chischardas) 'sorella' (OT 243); 1551: *kezkardaş* (kyez kardass) (Sul. 27/8), *kezkaradaş* (kez kara(n)dass) (ibid. 35); 1574: *kuzgardaş* (cus gardas) 'sorella' (VN 66); 1575: *kızkardaş* (kizcardas) 'soeur, soror' (PIn. 34); 1587/88: *kızkarteş* (kiskartes) 'Schwester' (Lub. 53).

Suffix -dı

Lit.: Çotuksöken TEKG 46, Deny GLT 557-558, Hatiboğlu 157, Kononov GTJ 123, Sevortjan AIS 184-186.

This suffix, though rare, nevertheless widely known among all Turkic languages, forms substantives from onomatopoeic words. In Ottoman-Turkish it had two forms: *-dı‖ -di* or *-tı‖ -ti*, while in contemporary language it has the following forms: *-dı‖ -tı, -di ‖ -ti, -dü ‖ -tü, -du‖ -tu*. Derivatives with this formative denote the action or the state described by the basis they are derived from. All derivatives provided with this suffix belong to the semantic category of **nomina actionis:**

fısıldı - 1680: *fısıldı* (fysyldy) 'susurrus, obmurmuratio' (Men. II 3522) ≤ *fısıl fısıl* 'with a whisper'.

gürüldi - 1677: *gürüldi* (ghiuruldi) 'tono, tuono' (Masc. 249a) ≤ *gürül gürül* 'gurgling'.

kütürdi - 1680: *kütürdi* (k'ütürdy) 'rumor, strepitus, tumultus' (Men. II 3873), *kütürdi* (k'ütürdy) 'tumultus, rumor, &e.' (Men. II 4052) ≤ *kütür kütür* 'a crunching sound'.

mırıldı - 1680: *mırıldı* (myryldy) 'murmur, strepitus, rugitus' (Men. III 4582) ≤ *mırıl mırıl* 'muttering'.

osurdu - 1677: *osurdu* (osurdu) 'peteggiato, cioè a fatte delle coreggia' (Masc. 125b) ≤ *osur-* 'to break wind'.

patladı - 1680: *patladı* (patlady) 'strepitus, crepitus, fragor' (Men. I 708) ≤ *patla-* 'to break out '.

patürdi - 1680: *patürdi* (patürdy) ' strepitus' (Men. I 626) ≤ *patür* ≤'tapping sound'.

Suffix -ga

Lit.: Çotuksöken TEKG 30, Deny GLT 575, Hatiboğlu TE 63, Kononov GTJ 121, Sevortjan AIS 232-234, Tekin GOT 111, Zajączkowski SZK 68-70.

This is an unproductive suffix *-ga* || *-ka*, *-ge* || *-ke* forming derivatives from verbal bases. These derivatives denote names of tools, results and objects of the action. Despite the fact that the suffix was known both in old and in modern Turkic languages only one derivative with this suffix has been found in the seventeenth century sources. This derivative represents the category **names of tools and objects of daily use**:

süpürge - 1668: *süpürge, süpürgi* (supurgue, szupurgui) 'scopae' (Ill. 196); 1670: *süpürge* (süpürge) 'broom' (K 189); 1677: *süpürgi* (supurgi) 'scopatore' (Masc. 191a); 1680: *süpürge* (süpürge) 'scopae' (Men. I 1547) ≤ *süpür-* 'to sweep'. - The earliest recording of this word was in 1564: *süpürge* (sprkh) 'метла' (KnS.148); cf. also: *süpürge çalmak* (sprkh čāl-; XVI c.) 'Süpürmek, süpürge ile süpürmek' (TTS).

Suffix -gan

Lit.: Çotuksöken TEKG 31, Deny GLT 567-569, Hatiboğlu TE 64, Kononov GTJ 121, 151, Sevortjan AIS 313-319, Tekin GOT 112, Zajączkowski SZK 79-81.

An unproductive suffix *-gan* || *-kan*, *-gen* || *-ken* forms derivatives from verbal bases. In most cases these are adjectives semantically connected with the verb they are derived from. However, sometimes the suffix *-gan* forms substantives as a result of semantic substantivation. In the XVIIth century sources only one substantive with this suffix was found.

This derivative denotes the name of a plant and can be classified in the category of **names of people and things with characteristic features**:

ısırgan, osurġan - 1677: *osurġan* (osurghan) 'ortica, urtica erba' (Masc. 114a, 276a): 1680: *ısırġan* (ysyrghan) 'mordax, rapax' (Men. I 254) ≤ *ısır-* 'to bite'.

Suffix -gı

Lit.: Çotuksöken TEKG 31, Deny GLT 573-576, von Gabain AG 71-72, Hatiboğlu TE 65, Kononov GTJ 121, Sevortjan AIS 227 - 231, Zajączkowski SZK 66-68, Tekin GOT 111.

The suffix -*gı* forms derivatives representing different semantic categories. In most cases, they denote names of results and objects of the action, names of tools and objects of daily use. Sometimes they also denote abstract nouns. The suffix -*gı* forms derivatives from verbal bases. Though, the suffix is not productive it is known among other Turkic languages. Its existence was also confirmed in old Turkic languages, where it had only labial forms[11]. It appears in four phonetic forms: -*gı* || -*kı*, -*gi* || -*ki*, -*gu* || -*ku*, -*gü* || -*kü*.

The collected material (only 7 entries) represents different semantic categories:

1. Names of tools and objects of daily use:

bıçkı, bıçku - 1680: *bıçkı, bıçku* (bićky, bićku) 'serra' (Men. I 713, II 2076), *bıçkı* (bićky) 'scalprum, crepidarius cultellus' (ibid. III 5916) ≤ *biç-* 'to cut'.

silgi - 1680: *silgi* (silg'i) 'peniculum' (Men. II 2661) ≤ *sil-* 'to wipe'.

sürgi, sürgü - 1680: *sürgi, sürgü* (sürg'i, sürg'ü) 'occa' (Men. II 2704) ≤ *sür-* 'to plow'. - The earliest confirmation of this word was in the XVIth c.: *sürgü* (swrkw; XVI c.), *sürgi* (swrky; XVI c.) 1.'Tarlanın, yerin toprağını düzeltecek alet'. 2. sürgi (swrky; XVI c.) 'Mala' (TTS).

2. Names of results and objects of the action:

içki - 1680: *içki* (ićky) 'vinum' (Men. I 62) ≤ *iç-* 'to drink'. - The earliest records date back to the XVth c.: *içki eyle-* ('čky 'yl'-) 'İçki ziyafeti vermek' (TTS).

uyku - 1668: *uyku* (uiku) 'somnus' (Ill. 203) ≤ *uy-* 'to sleep'. - The historical dictionary presents this word with two meanings and confirms its existence already in the XIIIth century. Cf.: *uyhu* ('wyḫw; XIII c.), *uyhu* ('wyḫw; XIII/XIV

---

[11] A.von Gabain, op. cit., pp.71 - 72.

c.), *uyhu* ('wyẖw; XIV c.), *uyukı* ('wywq; XIV c.), *uyhu* ('wyẖw; XV c.), *uyhı* ('wyẖ; XV c.), *uyhu* ('wycw, 'yẖw; XVI c.) '1. Uyku. 2. Rüya' (TTS). Cf. also another source from the XVIth c.: *uyku* ('wyqw) 'sonno' (TAO 134).

vergi, virgü - 1677: *vergi* (verghj) 'concessione' (Masc. 31a); 1680: *virgü* (wirg¹ü) 'tributum' (Men. I 36), *virgü, virgi* (wirg¹ü, wirg¹i) 'tributum, vectical, contributio' (ibid. III 5422) ≤ *ver-* 'give'. - The earliest records date back to the XVth c.: *vergü* (wrkw) 'Atıyye, ihsan, bahşiş' (TTS).

3. Abstract nouns:

bilgü - 1680: *bilgü* (bilg¹ü) 'notitia, scientia' (Men. III 5965) ≤ *bil-* 'to know'. - The earliest confirmation of this derivative was in the XIVth c.: *bilgi* (blk) 'Bilici, kâhin' (TTS).

sevgi, sevgü - 1613: *zevgü: zeugu zefasin surdugum* (TFV I-1); 1670: *sevgi* (sevgi) 'affection'(K 187); 1677: *sevgi* (seughi) 'amore' (Masc. 13a); 1680: *sevgü* (sewg¹ü) 'amor, dilectio' (Men. II 2714) ≤ *sev-* 'to love'. - Historical sources present this word with two meanings: 1. *sevgü* (swkw; XIV c.) 'Sevgili'. 2. *sevgü* (swkw; XVI c.) 'Sevda' (TTS).

Suffix -gıç

Lit.: Çotuksöken TEKG 31, Deny GLT 579, Hatiboğlu TE 65-66, Kononov GTJ 123, Sevortjan AIS 277-278, Zajączkowski SZK 71-73.

Suffix *-gıç* forms substantives denoting names of tools, also names of the subject of the action i.e. nomina agentis. It creates new derivatives from verbal bases. Although it is unproductive it nevertheless was used and known in other Turkic languages. It appears in the following phonetic variants: *-gıç || -kıç, -giç || -kiç, -guç || -kuç, -güç || küç*. Only three derivatives were found in the XVIIth century sources. They belong to the following categories:

1. Names of the subject of the action (Nomina agentis):

dalġıc - 1670: *dalgıc* (dalgij) 'diver' (K 164); 1680: *dalġıc* (dalghyḡ) 'urinator' (Men. II 2008), *dalġıc* (dalghyḡ) 'urinator, mergus' (ibid. II 3121) ≤ *dal-* 'to dive'. - The earliest records date back to the XIVth c.: *dalgıc* (dālgǧ) 'id.' (TTS).

2. Names of tools and objects of daily use:

patlanġıc - 1680: *patlanġıc* (patlanghyḡ) 'sclopus' (Men. I 708) ≤ *patla-* 'to explode'.

pırlanġıç - 1680: *pırlanġıç* (pyrlanghyć) 'turbo, trochus' (Men. I 784) ≤ *pırlan-* 'to flutter and try to fly'. - The earliest records date back to the XVth c: *pırlangıc* (prlngǧ; XV c.), *pırlaguc* (pyrlgwǧ, prlāgwǧ; XVI c.), *parlagıc* (pārlgǧ; XVI c.), *pırlankuc* (prlnqwğ; XVI c.) '1. Ortasındaki iki deliğe bir sap iplik geçirilip uçları bağlandıktan sonra, iki taraftan çekildikçe dönen kurs şeklinde bir çoçuk oyuncağı, fırıldak, topaç. 2. Bostanlarda kuşları ürkütmek için kurulan ve rüzgârla dönerek ses çıkaran fırıldak' (TTS).

Suffix -gın

Lit.: Çotuksöken TEKG 31, Deny GLT 569-571, von Gabain AG 71, Hatiboğlu TE 66-67, Sevortjan AIS 325-332, Tekin GOT 113, Zajączkowski SZK 81.

The suffix *-gın* appears in four forms: two labial and two illabial voiced and voiceless (*-gın* || *-kın*, *-gin* || *-kin*, *-gun* || *-kun*, *-gün* || *-kün*). Originally it had only a labial form[12]. It forms from verbal bases derivatives which are mostly adjectives, however there are also substantives created by this suffix. The derivatives with the suffix *-gın* mostly denote results of action, sometimes abstract ideas and even tools and object of daily use. Despite the fact that the suffix is unproductive it was known both in old and in modern Turkic languages. The XVIIth century material notes only three examples representing different semantic categories:

1. Names of tools and object of daily use:

düzgün - 1677: *düzgün* (dusghiun) 'rossetto, che vsano le donne, sbelletto' (Masc. 170a, 180b) ≤ *düz-* 'to arrange, compose'. - The earliest records date back to the XIVth c.: *düzgün* (dwzkwn, dzkwn; XIV c.), düzgin (dzkn, dwzkn; XIV c.), düzgün (dzkwn; XV c.), düzgün (dzkwn; XVI c.), düzgin (dwzkn; XVI c.) '1. Kadınların yüzlerine sürdükleri boya. 2. Tertip, tertibat, intizamlı hal' (TTS).

2. Names of the subject of the action:

kaçġun, kaçkun - 1677: *kaçġun* (cacighun) 'fuggitiuo' (Masc. 54a); 1680: *kaçkun* (kaćkun) 'profugus, transfuga, desertor' (Men. II 3574) ≤ *kaç-* 'to escape'. - The earliest records date back to the XIV/XV c.: *kaçgun* (qčgwn; XIV/XV c.), *kaçgun* (qāčgwn, qčgwn; XV c.), *kaçgun* (qāčgwn; XVI c.) 'Kaçak, firarî' (TTS).

3. Names of results and objects of the action:

yanġın, yankun - 1677: *yankun* (iancun) 'incendio' (Masc. 66a); 1680: *yanġın*, *yanġun* (janghyn, janghun) 'incendium' (Men. III 5553) ≤ *yan-* 'to burn'. - The earliest confirmation of the word was in the XIVth c.: *yangun* (yngwn; XIV c.), *yankun* (ynqwn; XV c.) 'Yanmış, yanık'(TTS).

---

[12] T.Tekin, *A Grammar of Orkhon Turkic*, Bloomington 1968, p.113

Suffix -ı

Lit.: Çotuksöken TEKG 32, Deny GLT 576-578, Hatiboğlu TE 74, Kononov GTJ 119, Sevortjan AIS 239-263, Zajączkowski SZK 103-105.

This unproductive suffix forms from verbal bases substantives denoting names of the action, results of the action and objects of the action. Some derivatives denote abstract ideas. The suffix occurs in four phonetic variants: -ı∥-i∥ -u∥ -ü. It is known in other Turkic languages. The XVIIth century material represents the following semantic categories:

1. Abstract nouns:

koku - 1611: *kuku* (cucu) 'odore' (FrG 100); 1641: *koku* (koku) 'fetore' (Mol. 145); 1670: *koku* (koku) 'scent' (K 178) ≤ *kok-* 'to smell'. - The earliest records date back to the XVIth century: *kokı ağacı* 'Od ağacı' (TTS).

korku - 1641: *korku* (korku) 'tema' (Mol. 448); 1670: *korku* (korku) 'fear' (K 178); 1672: *korku* (korku) (NdH. 242); 1680: *korku* (korku) 'metus, terror' (Men. I 20), *korku, korhu* (korku, korchu) 'timor, metus, formido, terror, periculum' (ibid. II 3790), *korku* (korku) 'timor, metus, terror' (ibid. III 5457) ≤ *kork-* 'to fear'. - The earliest registration of this word was in the XIVth c.: *korhu* (qwıhw; XIV c.), *korhu* (qwrhw, qrhw; XV c.), *korhu* (qwrhw, qrhw; XVI c.) 'Korku' (TTS).

sevi - 1680: *sevi* (sewi) 'amor' (Men. II 2716) ≤ *sev-* 'to love'. - The earliest records date back to the XIII/XIVth c.: *sevi* (sw, swy; XIII/XIV c.), *sevi* (sw, sāw; XIV c.), *sevü* (sāww, sww; XIV c.), *sevi* (swy, sw; XV c.), *sevü* (sww; XV c.) 'Sevgi, aşk, muhabbet' (TTS).

2. Names of results and objects of the action:

tutı, tutu - 1680: *tutı, tutu* (tuty, tutu) 'pignus, obses' (Men. II 3140) ≤ *tut-* 'to catch'. - The earliest recording of the word was in the XIVth century: *tutu* (ttw, twtw; XIV c.), *tutu* (twtw, ttw, twty; XV c.), *dutu* (dtw; XV c.), *dutı* (dwty; XV/XVI c.), *tutu* (twtw; XVI c.), *dutu* (dwtw, dtw; XVI c.) 'Rehin' (TTS).

yapı, yapu - 1641: *yapı* (iapi) 'edifitio, fabrica' (Mol. 131); 1680: *yapı, yapu* (japy, japu) 'aedificium, fabrica' (Men. III 5532) ≤ *yap-* 'to make'. - The earliest records date back to the XVth c.: *yapu* (yāpw; XV c.), *yapı* (yāp; XVI c.), *yapu* (ypw, yāpw; XVI c.) '1. Bina, inşaat. 2. Kılık, kıyafet, biçim, şekil' (TTS).

yarı - 1677: *yarı* (iari) 'mesura, cioè misura' (Masc. 95a); 1680: *yarı* (jari) 'medius, medietas' (Men. III 5540) ≤ *yar-* 'to split'. - The earliest records date back to the XVth century: *yaru* (yārw; XV, XVI c.) 'Yarı, yarım' (TTS).

yazı, yazu - 1677: *yazu* (iasi) 'lettera, carattere' (Masc. 81a, 279b); 1680: *yazı, yazu* (jazi, jazu) 'scriptura, character' (Men. III 5542) ≤ *yaz-* 'to write'. - The earliest records date back to 1533 : *yazı* (jasi) 'scripture' (Arg.27).

3. Names of tools and objects of daily use:

tartu - 1680: *tartu* (tartu) 'pondus' (Men. II 3064) ≤ *tart-* 'to weigh'.

Suffix -ıcı

Lit.: Çotuksöken TEKG 32, Deny GLT 545-547, Kononov GTJ 149-150, Sevortjan AIS 92-98, Zajączkowski SZK 89-90.

This suffix appears in two illabial forms (*-ıcı*‖*-ici*), and two labial ones (*-ucu* ‖ *-ücü*). After vowel endings it is preceded by a prothetic *-y-*. In old Ottoman-Turkish it appeared in the following forms: *-ıcı*‖ *-ici*‖ *-ucı*‖ *-üci*[13]. The derivatives formed from verbal stems denote persons or things professionally or habitually concerned with, or devoted to the action indicated by the verbal stem[14]. Also names of people with characteristic features can be created by this suffix. The analysis of the XVIIth century material proved that the suffix was quite productive at that time. 164 derivatives were found which represent two semantic categories:

1. Names of the subject of the action:

açıcı - 1677: *açıcı* (accigi) 'spiegatore' (Masc. 223b); 1680: *açıcı* (aćiġi) 'aperitor, detersor, detergens, *pec.* aeruginem, dissipans' (Men. II 2435) ≤ *aç-* 'to open'.

ağardıcı - 1641: *ağardıcı* (aghardigi) 'biancatore' (Mol. 71); 1680: *ağardıcı* (aghardiġi) 'dealbator, vel dealbans' (Men. I 297) ≤ *ağart-* caus. of *ağar* 'to become whiten'.

ağlayıcı - 1680: *ağlayıcı* (aghlajiġi) 'lacrymans, fleus seu lacrymosus, plorabundus qui valde flet' (Men. II 3934) ≤ *ağla-* 'to cry'.

aktarıcı - 1680: *arslan aktarıcı* (arslan aktaryġi) 'leonis eversor, victor, strator, vir bellicosus, strenuus, athleta' (Men. II 2896); *er aktarıcı* (er aktariġi) 'viri strator, seu virum prosternere valens, athleta' (ibid. III 4566) ≤ *aktar-* 'to transfer from one place to another'.

alıcı - 1677: *alıcı* (aligi) 'creditore' (Masc. 33b), 1680: *alıcı* (ałyġi) 'lator, ablator, raptor' (Men. I 739) ≤ *al-* 'to take'. - The earliest records date back to the XVIth c. Cf.: *alıcı* (ālyğy) 'Avını kaçırmıyan, avcı' (TTS).

añlayıcı - 1641: *añlayıcı* (anghlaigi) 'intendente' (Mol. 218); 1680: *añlayıcı* (an-laiġi) 'intelligens' (Men. I 355) ≤ *anla-* 'to understand'.

arayıcı - 1641: *arayıcı*[15] (araigi) 'cercatore' (Mol. 87); 1668: *arayıcı* (araigÿ) 'quaestor' (Ill. 151); 1670: *arayıcı* (arayji) 'searcher' (K 160) ≤ *ara-* 'to search'.

---

[13] A.Zajączkowski, *Studia nad językiem staroosmańskim, I. Wybrane ustępy z anatolijsko-tureckiego przekładu Kalili i Dimmy*, Kraków 1934, pp. 173-174.

[14] E.V.Sevortjan, cf. op.cit., p.93.

[15] The seventeenth century authors inconsistently used prothetic *-y-*, which is required after

arıdıcı - 1680: *arıdıcı* (aridiği) 'purgator, mundator' (Men. I 139) ≤ *arıt-* 'to clean'.

atıcı - 1641: *atıcı* (atigi) 'lanciatore' (Mol. 227); 1677: *atçi* (atgi) 'lanciatore, cioè tiratore' (Masc. 78a); 1680: *atıcı* (atiği) 'jactor, jaculator (Men. I 51) ≤ *at-* 'to throw'.

ayıtlayıcı - 1680: *baġ ayıtlayıcı* (bag ajitlaiği) 'pampinator, putator vitis' (Men. I 670) ≤ *ayıtla-* 'to clean, pick, sort'.

baġışlayıcı - 1680: *baġışlayıcı* (baghyślajği) ' dator, donator, largitor' (Men. I 720), *baġışlayıcı* (baghyślaiği) 'donator, qui libenter donat' (ibid. I 672), *baġışlayıcı* (baghyślaiği) 'liberalis, beneficus, munificus' (ibid. I 1684), *baġışlayıcı* (baghyślaiği) 'benefaciens, donans, munus dans' (ibid. III 4309) ≤ *baġışla-* 'to give gratis, to donate'.

baġlayıcı - 1641: *baġlayıcı* (baghlaigi) 'legatore' (Mol. 230); 1680: *baġlayıcı* (baghlaiği) 'ligator, strictor, compositor seu ligans, stringens, componens' (Men. I 897), *baġlayıcı* (baghlaiği) 'ligator, ligans, alligans, stabiliens' (ibid. II 3194) ≤ *baġla-* 'to tie'.

bakıcı - 1677: *gine bakıcı* (ghine bacchigi) ' risguardatore' (Masc. 161b) ≤ *bak-* 'to watch'.

barışıcı - 1641: *barışıcı* (barsicijgi) 'pacificatore' (Mol. 288); 1677: *barışıcı* (barisc-igi) 'pacificatore' (Masc. 117a) ≤ *barış-* 'to be reconciled'.

begenici - 1680: *begenici* (beg'eniği) 'gratum habens, cui placet, gratus' (Men. I 824) ≤ *begen-* 'to like'.

bekleyici - 1677: *bekleyici* (bechileigi) 'spettatore, che sta a vedere' (Masc. 222b) ≤ *bekle-* 'to wait'.

belleyici - 1641: *belleyici* (bellejgi) 'zappatore' (Mol. 491) ≤ *belle-* 'to dig'.

beslenici - 1680: *beslenici* (besleniği) 'educatus; in quo robinditus fuit uter' (Men. III 4552) ≤ *beslen-* pass of *besle-* 'to feed'.

besleyici - 1641: *besleyici* (besleigi) 'allenatore, nutritore' (Mol. 34); 1680: *besleyici* (besleiği) 'altor, nutritor, educator' (Men. I 793) ≤ *besle-* 'to feed'.

bezeyici - 1680: *bezeyici* (bezeiği) 'ornator, ornans, exormans' (Men. I 124) ≤ *beze-* 'to embellish'.

biçici - 1641: *biçici* (bicigi) 'mietitore' (Mol. 255); 1680: *biçici* (bićiği) 'messor' (Men. I 714) ≤ *biç-* 'to cut'.

---

vowel endings. Cf.: *aldajigi* but *aldaigi* in Meninski's *Thesaurus*. Also Italian authors (Molino, Mascis) used to present derivatives with -*ıcı* without prothetic -*y*-. Cf.: *aldaigi, baglaigi*. Thus, they omitted placing together two -*i*-, from which one stands for the prothetic -*y*- and the second one is the vowel ending. In such a case I always present a full form of the suffix -*ici* preceded by -*y*-.

binici - 1680: *binici* (biniği) 'eques, equitator' (Men. I 906) ≤ *bin-* 'to mount a horse'.

bozıcı - 1680: *bozıcı* (bozyği) 'destructor, violator' (Men. I 921), *bozıcı* (bozyğy) 'destruens, irritum & frustraneum faciens, aboliens, annihilans' (ibid. III 4279) ≤ *boz-* 'to demolish, spoil'.

bölici - 1680: *bölici* (böliği) 'partitor, divisor' (Men. I 943) ≤ *böl-* 'to divide'.

brakıcı - 1641: *temel brakıcı* (temel brakigi) 'fundatore' (Mol. 151); 1677: *temel braġıcı* (temel braghigi) 'fundatore' (Masc. 51b); 1680: *brakıcı* (brakyği) 'qui abjicit, disjicit, &c' (Men. II 3541) ≤ *brak-* ≤ *bırak-* 'to leave'.

budayıcı - 1641: *budayıcı* (budaigi) 'potatore' (Mol. 30); 1680: *budayıcı* (budaiği) 'putator, pampinator, arborator' (Men. I 911) ≤ *buda-* 'to prune'.

bulıcı - 1677: *bulıcı* (buligi) 'ritrouatore, cioè quello che ritrona' (Masc. 165b); 1680: *yol bulıcı* (jol bulyği) 'viae, seu aditus inventor; seu aliquid consequendi modum inveniens, consecutor' (Men. II 2399) ≤ *bul-* 'to find'.

buyurıcı - 1680: *buyurıcı* (bujuryği) 'mandans, imperans, dignans' (Men. II 3506) ≤ *buyur-* 'to order'.

bükici - 1677: *bükici* (bucchigi) 'ritorcitore' (Masc. 165a) ≤ *bük-* 'to bend, twist'.

çalıcı - 1611: *çaleşiler* (tschalesiler) 'musicos' (MN 180); 1641: *çalıcı* (cialigi) 'sonatore' (Mol. 411); 1680: *çalıcı* (ćiałyği) 'pulsator, fidicen; percussor; fur' (Men. I 1556) ≤ *çal-* 'to strike'. - The earliest records date back to the XIVth century: *çalıcı* (čālğy; XIV c.), *çalıcı* (člyğy, čālğy, čālyğy; XV c.), *çalıcı* (čālğ, čālğy, čālyğy; XVI c.) 'Çalgıcı, saz çalan' (TTS).

çekici - 1680: *çekici* (ćekʲiği) 'trahens, attrahens, alliciens, attractivus' (Men. I 1544) ≤ *çek-* 'to pull'.

çekileyici - 1680: *çekileyici* (ćekʲileiği) 'ponderator lignorum' (Men. I 1634) ≤ *çekile-* 'to weigh'.

çevirici - 1680: *yüz çevirici* (jüz ćewiriği) 'avertens, faciem, se opponens, objiciens, accidens, praesumeus, accingens se, suscipiens' (Men. III 4332) ≤ *çevir-* 'to turn'.

çözici - 1680: *çözici* (ćiöziği) 'solutor, resolutor' (Men. I 1796) ≤ *çöz-* 'to untie'.

çürüdici - 1677: *çürüdici* (ciurudigi) 'prodigo, cioè spreggiatore' (Masc. 138a) ≤ *çürüt-* 'to spoil'.

daġıdıcı - 1680: *daġıdıcı* (daghydiği) 'dispergens, diffundens, divulgans; vivificans' (Men. III 5099) ≤ *daġıt-* 'to scatter'.

dalıcı - 1680: *suya dalıcı* (sujae dałyğı) 'urinator, mergus' (Men. II 3434) ≤ *dal-* 'to dive'.

darıldıcı - 1641: *darıldıcı* (darildigi) 'noioso' (Mol. 272) ≤ *darılt-* 'to be angry'.

degişiçi - 1677: *degişçi* (deghisc-gi) 'mutatore' (Masc. 102b); 1680: *degişici* (degʲiśiği) 'permutator' (Men. II 2108) ≤ *değiş-* 'to change'.

devşürici, divşürici - 1680: *devşürici* (dewśüriği) 'colligens, legens, carpens, &c.' (Men. I 1700), *divşürici* (diwśuriği) 'collector' (Men. II 2223) ≤ *devşir-* 'to collect'. - The earliest records date back to the XVIth c.: *divşürici* (dywšwryğy) 'Gâbi' TTS. Cf. also 1533: *devişirici* (deuisciriggi) 'riscotitore' (Arg. 45).

deyici - 1641: *deyici* (deigi) 'dicitore' (Mol. 117) ≤ *de-* 'to say'.

dikici - 1641: *dikici* (dikigi) 'piantatore' (Mol. 304); 1680: *dikici* (dikʲiği) 'plantator, consutor, &c.' (Men. II 2114), *dikici* (dikʲiği) 'sartor' (ibid. II 2344) ≤ *dik-* 'to sew, stitch'.

dileyici - 1680: *özür dileyici* (uzür dileiği) 'veniam delicti petens, deprecator' (Men. II 3236) ≤ *özür dile-* 'to ask for'.

diñleyici - 1641: *diñleyici* (dinghleigi) 'auditore' (Mol. 64) ≤ *diñle-* 'to listen'. - The earliest records date back to 1575: *diñelci* (dinghelgi) 'entendant' (PIn 30).

doġurıcı - 1680: *doġurıcı* (doghuriği) 'pariens, parturiens; foecunda' (Men. II 2421) ≤ *doġur-* 'to give birth to'.

dokuyıcı - 1641: *dokuyıcı* (dokuigi) 'tessaro' (Mol. 454); 1680: *dokuyıcı* (dokuiği) 'textor' (Men. I 1637) ≤ *doku-* 'weave'.

dolaşıcı - 1680: *dolaşıcı* (dolaśiği) 'circumiens, obiens, qui obivit, obambulavit, peragravit' (Men. III 5274) ≤ *dolaş-* 'to walk'.

dögici - 1677: *duguci* (dughugi) 'battitore' (Masc. 20b), *duguci* (dughu-gi) 'pestatore, cioè quello che fa professione di pestare' (ibid. 125b); 1680: *dögici* (dögʲiği) 'pulsans, verberans, diverberans' (Men. II 4049) ≤ *dög-* = *döv-* 'to beat'.

dögüşici - 1680: *dögüşici* (dogʲüśiği) 'pugnax, pugnans' (Men. II 2180) ≤ *döğüş-* = *dövüş-* 'to fight'.

döküci - 1680: *döküci* (dökʲüği) 'fusor, liquator metallorum' (Men. II 2183), *dökici* (dökʲiği) 'fundens, spargens' (ibid. II 2405) ≤ *dök-* 'to pour'.

döndürici - 1680: *döndürici* (döndüriği)' reductor, circumductor, restitutor' (Men. II 2193) ≤ *döndür* - caus. of *dön-* 'to go round'.

dörtici - 1680: *dörtici* (dörtiği) 'punctor, stimulator, instigator' (Men. II 2162) ≤ *dürt-* 'to stimulate'.

duruşıcı - 1680: *duruşıcı* (duruśiği) 'qui contendit, aut conatur, bellator' (Men. III 4391) ≤ *duruş-* 'to confront one another'.

düzedici - 1680: *düzedici* (düzediği) 'concinnator, reformator, reparator' (Men. II 2167) ≤ *düzet-* 'to improve'.

düzeldici - 1680: *düzeldici* (düzeldiği) 'concinnator, corrector, sarcinator' (Men. II 2167) ≤ *düzelt-* 'to improve'.

düzici - 1680: *düzici* (düziği, düzği) 'factor, faber' (Men. II 2167), *düzici* (düziği) 'ornator, consutor, acu pictor' (ibid. II 3094) ≤ *düz-* 'to arrange, to compose'.

edici - 1677: *edici* (edigi) 'creatore' (Masc. 35b) ≤ *et-* 'to do'. - Though this formation is a derivative from a very active verb *etmek* mostly appearing in a compound verb it, however, occurs very rarely in a separate form.

egirici - 1641: *egirici* (eghirigi) 'filatrice' (Mol. 147) ≤ *egir-* 'to spin'.

eglendürici - 1680: *eglendürici* (egⁱlendüriği) 'tardus, retardans' (Men. II 2063) ≤ *eglendür-* caus. of *eglen-* 'to have a good time'.

eglenici - 1680: *eglenici* (egⁱleniği) 'tardus, qui libenter moratur, aut oblectamenta quaerit' (Men. I 358) ≤ *eglen-* 'to enjoy oneself'.

ekçi - 1677: *ekçi* (ech-gi) 'seminatore' (Masc. 198a) ≤ *ek-* 'to sow'.

eleyici - 1680: *eleyici* (eleiği) 'cribrator, cribrans' (Men. I 987) ≤ *ele-* 'to sift'.

emzirici, emzürici - 1641: *emzirici* (emsirigi) 'poppante' (Mol. 311); 1677: *emzirci* (emsirgi) 'poppante' (Masc. 132b); 1680: *emzürici* (emzüriği) 'lactatrix, nutrix' (Men. I 420) ≤ *emzir-* 'to suckle'.

eridici - 1641: *eridici* (eridigi) 'gettatore' (Mol. 162); 1677: *eridacı* (eridagi) 'gettatore, o fonditore' (Masc. 56a) ≤ *erit-* caus. of *eri-* 'to melt'.

gelici - 1680: *gelici* (gⁱeliği) 'qui venit, ingressus, a, um; veniens' (Men. I 417), *gelici* (gⁱeliği) 'veniens, qui venit, viator, hospes; venturus, futurus' (ibid. I 615), *gelici* (gⁱeliği) 'veniens, accedens, qui venit' (ibid. II 4007), *gelici* (gⁱeliği) 'adveniens, perveniens' (ibid. III 5315) ≤ *gel-* 'to come'. - The earliest records date back to 1533: *geleci* (ghieleggi) 'uno motto, ragionamento' (Arg.74).

getirici, getürici - 1677: *getirici* (ghietirgi) 'recatore, cioè quello che arreca' (Masc. 151b); 1680: *haber getürici* (chaeber gⁱetüriği) 'legatus' (Men. I 968); *haber getürici* (chaeber gⁱeturiği) 'lator nuntiorum, novorum &c.' (ibid. I 1855) ≤ *getir-* 'to bring'.

geydirci - 1677: *geydirci* (gheidirgi) 'riuestitore' (Masc. 166a) ≤ *geydir* ≤ *giydir-* caus. of *giy-* 'to put on'.

gezici - 1680: *gezici* (gⁱeziği) 'ambulator, obambulator, vagabundus' (Men. II 3944) ≤ *gez-* 'to walk'.

gidici - 1677: *ileri gidici* (ileri ghidigi) 'precedente' (Masc. 134b); 1680: *gidici* (giᵢdiği) 'iens' (Men. II 2369) ≤ *git-* 'to go'.

girici - 1677: *araya girici* (araia ghirigi) 'mediatore' (Masc. 92b) ≤ *gir-* 'to enter'.

gönderici - 1677: *gönderci* (ghiondergi) 'mandatore' (Masc. 88a); 1680: *gönderici* (giᵢönderiği) 'emittens, extrahens' (Men. I 668) ≤ *gönder-* 'to send'.

görüci - 1677: *görüci* (ghiorugi) 'riueditore' (Masc. 165b); 1680: *görici* (giᵢöriği) 'bene videns, perspicax, oculatus, a' (Men. I 666), *görici* (giᵢöriği) 'videns; praestans' (ibid. I 1010) ≤ *gör-* 'to see'. - The earliest record is from 1575: *gürci* (giurği) 'voyant, videns' (PIn 30).

gösterici - 1680: *gösterici* (giᵢösteriği) 'ostendens, monstrator, index' (Men. III 5254) ≤ *göster-* 'to show'.

götürici - 1641: *götürici* (ghioturigi) 'portatore' (Mol. 312); 1680: *götürici* (giᵢötüriği) 'lator, ablator, raptor' (Men. I 739), *götürici* (giᵢötüriği) 'portans, gestans, bajulans, ferens seu lator' (ibid. I 1715) ≤ *götür-* 'to carry away'.

gözedici - 1641: *gözedici* (ghiosedigi) 'custode, guardiano' (Mol. 112); 1680: *gözedici* (giᵢözediği) 'custos, praefectus, defensor, praesidiarius' (Men. I 1705), *gözedici* (gözedigi) 'custodiens; *usit.* observans, contemplans, expectans cum aliqua aviditate, observans' (ibid. III 4323) ≤ *gözet-* 'to observe'. -The earliest records date back to the XVth century: *gözedici* (kwzhdyğ) 'Bekçi' (TTS).

gözleyici - 1680: *gözleyici* (giᵢözleiği) 'viae custos; vectigalium pro transitu exactor; observator viarum, planetarum, &c.' (Men. II 2321); *gözleyici* (giᵢözleiği) 'custodiens; *usit.* observans, contemplans, expectans cum aliqua aviditate' (ibid. III 4323) ≤ *gözle-* 'to watch'.

güdici - 1680: *güdici* (giᵢüdiği) 'actor pecorum aut pastor' (Men. II 4059) ≤ *güt-* 'to pasture'. -The earliest records date back to the XIVth c.: *güdici* (kdğ; XIV c.), *güdici* (kdğ, kwdyğy; XV c.) 'Çoban' (TTS).

gülici - 1680: *gülici* (giᵢüliği) 'risor, ridens' (Men. I 1950), *gülici* (güliği) 'adulatio, blanditio; adulator' (ibid. II 2408) ≤ *gül-* 'to laugh'.

ırlayıcı - 1641: *ırlıyıcı* (irlijgi) 'cantatore' (Mol. 79); 1668: *ırlayıcı* (irlaigÿ) 'cantor' (Ill. 178); 1670: *ırlacı* (irlagi) 'cantor' (Mg.58); 1677: *ırlayıcı* (irlaigi) 'cantatore'(Masc. 24b), *ırlayıcı* (irlaigi) 'musico' (ibid. 102b); 1680: *ırlayıcı* (irlaiği) 'cantator, cantor' (Men. I 149), *ırlayıcı* (irlaiği) 'modulans, cantans, canens, modulator' (ibid. II 2576) ≤ *ırla-* 'to sing'. - The earliest recording of this word was in the XIVth c.: *ırlayıcı* ('yrlyğy; XIV c.); *ırlayıcı* ('yrlyğy, 'rlyğy; XV c.); *ırlayıcı* ('yrlyğy, yrlāyğy; XVI c.) 'Muganni, hanende, şarkı söyleyen' (TTS).

ısırıcı - 1680: *ısırıcı* (ysyriği) 'mordens, mordax' (Men. I 254) ≤ *ısır-* 'to bite'.

74

ısıtçı - 1677: *ısıtçı* (issitgi) 'scaldatore' (Masc. 182a) ≤ *ısıt-* 'to heat'.

ıslahedici - 1641: *ıslahedici* (islahedigi) 'emendatore' (Mol. 133) ≤ *ıslah et-* 'to improve, correct'.

ıslayıcı - 1677: *ıslayıcı* (islaigi) 'sbruffatore, bagnatore' (Masc. 181a) ≤ *ısla-* 'to wet'.

içici - 1680: *içici* (ićiği) 'potor, vorator' (Men. I 229), *içici* (ićiği) 'bibens, potor' (ibid. II 2746) ≤ *iç-* 'to drink'.

iñleyici - 1680: *iñleyici* (in-leiği) 'gemebundus, afflictus' (Men. II 2416); *iñleyici* (in-leiği) 'lamentator, ingemiscens, & ingemiscendo, gemebundus, qui genuit & lamentatur' (ibid. III 5110) ≤ *iñle-* 'to moan'.

işidici - 1603: *işidci* (ischidgi) 'auditor' (Meg. I 147); 1641: *eşidici* (esc=idigi) 'auditore' (Mol. 64); 1680: *işidici* (iśidiği) 'auditor' (Men. I 597), *işidici* (iśidigi) 'audiens, auditor' (ibid. II 2525) ≤ *işit-* 'to hear'. - The earliest records date back to 1575: *işidci* (ischidgi) 'oyant, audiens, auditoruc' (PIn 30).

işleyici - 1680: *işleyici* (iśleiği) 'laborator, operator, factor, faber, & laboriosus' (Men. I 246) ≤ *işle-* 'to work'.

kaçıcı - 1641: *kaçıcı* (kacigi) 'fugace' (Mol. 156); 1680: *kaçıcı* (kaćiği) 'fugitivus' (Men. II 3935) ≤ *kaç-* 'to escape'.

kaldürici - 1680: *kaldürici* (kaldüriği) 'surgens, qui surgit; concitat, excitat' (Men. I 1987); *kaldürici* (kaldüriği) 'efferens, attolens, elevans, tollens, repellens, referens, deferens, &c, seu elator, sublator' (ibid. II 2262) ≤ *kaldür-* 'to raise'.

kalkıcı - 1680: *kalkıcı* (kalkyği) 'surgens, qui surgit; concitat, excitat' (Men. I 1987) ≤ *kalk-* 'to get up'.

kapıcı - 1680: *can kapıcı* (giān kapiği) 'raptor animae, animam rapiens, occidens' (Men. I 1567) ≤ *kap-* 'to seize'.

karışıcı - 1680: *karışıcı* (kariśiği) 'miscens, mixtor; incanescens, canus' (Men. II 2763) ≤ *karış-* 'to mix'.

karıştürici - 1641: *karıştrıcı* (karisc=trigi) 'imbroglione' (Mol. 192), *karuştrıcı* (karustrigi) 'inbroglione' (ibid. 200); 1680: *karıştürici* (karyśtüriği) 'mistus & miscens (Men. I 430), *karıştürici* (kariśtüriği) 'mixtor, perturbator' (ibid. II 3579) ≤ *karıştür-* caus. of *karış-* 'to mix, interfere'.

kesici - 1641: *kesici* (kiesigi) 'assasino' (Mol. 62), *kesici* (kiesigi) 'fuoruscito' (ibid. 157); 1670: *kesici* (kesiji) 'murderous' (K 177); 1680: *kesici* (kⁱesiği) 'sector' (Men. II 3950), *kesici* (kⁱesiği) 'qui secat, sector, scissor, truncator; latro, praedo, sicarius' (ibid. II 3957) ≤ *kes-* 'to cut'.

kırıcı - 1680: *kırıcı* (kyryği) 'frangens, qui frangit, fractor, profligator, *pec.* aquila, ossifragus' (Men. II 3845) ≤ *kır-* 'to break'.

koşıcı, koşucı - 1680: *koşıcı, koşucı* (kośiği, kośüği) 'cursor, stadiodromus' (Men. II 3797) ≤ *koş-* 'to run'.

kovcı, kovıcı - 1677: *kovcı* (cougi) 'scacciatore' (Masc. 182a); 1680: *kovıcı* (kowyği) 'accusator, delator, obtrectator, sycophanta, qui aliorum captat sermones & defert' (Men. II 3425, 3784), *kovucı, kovıcı* (kowuği, kowyği) 'expulsor' (ibid. II 3810) ≤ *kov-* 'to drive away; to denounce'.- The earliest recording of this formation was in the XIVth c.: *kovıcı* (qwğy; XIV c.), *kovıcı* (qwğy; XIV/XV c.), *kovıcı* (qwğy; XV c.), *kovıcı* (qwwğy, qwğy; XVI c.) 'Münafık, gammaz, kov getirip götüren' (TTS).

koyıcı - 1680: *koyıcı* (kojiği) 'positor, locator, &c.' (Men. II 3811); *koyıcı* (kojiği) 'ponens, positor, applicator' (ibid. III 5284) ≤ *koy-* 'to put'.

kurtarıcı - 1641: *kurtarıcı* (kurtarigi) 'recuperatore' (Mol. 340) ≤ *kurtar-* 'to rescue'.

okuyıcı - 1677: *okuyıcı* (occuigi) 'musico' (Masc. 102b); 1680: *okuyıcı* (okuigi) 'lector; invitator ad nuptias' (Men. I 528); *okuyıcı* (okuiği) 'lector, invitator, invocator' (ibid. I 1961), *okuyıcı* (okujiği) 'lector, pec. Corani' (ibid. II 3581) ≤ *oku-* 'to read'. - The earliest records date back to the XIVth c.: *okuyıcı* ('wqwyğy); *okuyıcı* ('wqyğy; XV c.); *okucı* ('wqwğy; XVI c.); *okuyıcı* ('wqwyğy; XVI c.) 'Davetçi' (TTS).

oyucı - 1677: *oyucı* (oiugi) 'intagliatore' (Masc. 73a) ≤ *oy-* 'to carve, engrave'.

ölçici - 1641: *ölçici* (olcigi) 'misuratore' (Mol. 258); 1677: *ölçici* (olcigi) 'misuratore' (Masc. 97a); 1680: *ölçici* (ölćiği) 'mensurator, ponderator' (Men. I 1005) ≤ *ölç-* 'to measure'.

öldürici - 1680: *öldürici* (öldüriği) 'occisor, homicida' (Men. I 542) ≤ *öldür-* 'to kill'.

ölici - 1641: *ölici* (oligi) 'mortale' (Mol. 263); 1680: *ölici* (öliği) 'moriens, mortalis' (Men. I 549) ≤ *öl-* 'to die'.

öpici - 1670: *üpici* (upigi) 'osculator' (Mg. 58); 1680: *öpici* (öpiği) 'osculator' (Men. I 922) ≤ *öp-* 'to kiss'.

saġaldıcı - 1680: *saġaldıcı* (saghaldiği) 'sanativus, salutaris, sanitati restituens' (Men. II 2919) ≤ *saġalt-* 'to cure'.

saklayıcı - 1641: *saklayıcı* (saklaigi) 'conseruatione, saluatore' (Mol. 104); 1680: *saklayıcı* (saklaiği) 'servator, absconditor' (Men. II 2974) ≤ *sakla-* 'to preserve, hide'.

satıcı - 1641: *satıcı* (satigi) 'venditor' (Mol. 476); 1668: *satıcı* (satigÿ) 'cupidenarius' (Ill. 193); 1680: *satıcı* (satiği) 'venditor' (Men. II 2934); *satıcı* (satyği) 'venditor' (ibid. II 2908, 3512) ≤ *sat-* 'to sell'.

savurıcı - 1680: *savurıcı* (sawuriği) 'ventilator' (Men. II 2926) ≤ *savur-* 'to blow violently'.

sayıcı - 1677: *sayıcı* (saigi) 'contatore' (Masc. 33a) ≤ *say-* 'to count'.

segirdici - 1680: *segirdici* (segⁱirdiği) 'currens, discursitans' (Men. II 2151), *segirdici* (segⁱirdiği) 'cursor' (ibid. II 2641) ≤ *segirt-* 'to hasten'.

sevici - 1670: *sevici* (seuigi) 'amator' (Mg. 58); 1677: *sevici* (seuigi) 'affetto' (Masc. 8a); 1680: *sevici* (sewiği) 'amator, amanter' (Men. II 2170), *sevici* (sewiği) 'amans' (ibid. II 2699), *sevici* (sewiği) 'amator, amans' (ibid. II 2717) ≤ *sev-* 'to love'.

sıvayıcı - 1680: *sıvayıcı* (sywaiği) 'incrustator' (Men. II 2171) ≤ *sıva-* 'to smooth, massage'.

sokıcı - 1641: *sokıcı* (sokigi) 'pungente' (Mol. 328); 1677: *sokçı* (sochgi) 'pungente' (Masc. 143a) ≤ *sok-* 'to sting'.

soyıcı - 1641: *soyıcı* (soigi) 'assasino' (Mol. 62), *soyıcı* (soigi) 'spogliatore' (ibid. 423); 1677: *soyıcı* (soigi) 'spogliatore' (Masc. 224b); 1680: *soyıcı* (sojiği) 'spoliator' (Men. II 3013) ≤ *soy-* 'to strip, undress'.

söyleyici - 1641: *söyleyici* (soileigi) 'parlante, parlatore' (Mol. 292); 1680: *söyleyici* (söjleiği) 'vaniloquium, vanidicus, garrulus, qui inania & inepta loquitur: item fabula, apologus, historia fabulosa admirabilis aut peregrina; adagium, dictum peregrinum' (Men. I 21), *söyleyici* (söjlejiği) 'locutor, loquens, loquax' (ibid. II 2719) ≤ *söyle-* 'to speak'.

suvarıcı - 1680: *su suvarıcı* (su suwariği) 'aquator, rigator, perfusor' (Men. I 34) ≤ *suvar-* 'to water'.

süpürici - 1677: *süpürci* (supurgi) 'scopatore' (Masc. 191a); 1680: *süpürici* (süpüriği) 'verrens, everrens' (Men. II 2375), *süpürici* (süpüriği) 'scoparius, versor' (ibid. II 2699) ≤ *süpür-* 'to sweep'.

sürici - 1677: *sürici* (surigi) 'cultiuatore' (Masc. 36a); 1680: *sürici* (süriği) 'trahens, ducens, pellens, impellens, &c.' (Men. II 2265), *sürici* (süriği) 'ducens, affricans' (ibid. II 2505), *sürici* (süriği) 'limans, poliens, fricans & fricatus, illitus' (ibid. II 2528), *sürici* (süriği) 'expulsor, &c.' (ibid. II 2706) ≤ *sür-* '1. to drive away. 2. to plow. 3. to smear'.

tapıcı - 1680: *tapıcı* (tapyği) 'adorator, cultor' (Men. II 3062) ≤ *tap-* 'to worship'.

tartıcı - 1680: *tartıcı* (tartiği) 'ponderator, trutinator' (Men. II 2683) ≤ *tart-* 'to weigh'.

taşlayıcı - 1641: *taşlayıcı* (tasc=laigi) 'lapidatore' (Mol. 227) ≤ *taşla-* 'to stone'.

tatıcı - 1680: *tatıcı, dadıcı* (tatyḡi, dadyḡi) 'praegustator, praelibator, dapifer, qui cibos Principi appositos praegustat' (Men. I 1551); *tatıcı* (tatyḡi) 'gustator' (ibid. I 1619) ≤ *tat-* 'to taste'.

tutıcı - 1677: *tutıcı* (tuttigi) 'ritenitore' (Masc. 163a); 1680: *tutıcı* (tutiḡi) 'tenens & dominus, socius' (Men. I 1999), *tutıcı* (tutiḡi) 'tenens, capiens, captor' (ibid. II 4112) ≤ *tut-* 'to hold'.

tükürci - 1677: *tükürci* (tuchurgi) 'sputatore' (Masc. 226b) ≤ *tükür-* 'to spit'.

uyıcı - 1680: *uyıcı* (ujiḡi) 'sequax, imitator' (Men. I 555); *uyıcı* (ujiḡi) 'sectator, dependens, subjectus' (ibid. I 1028) ≤ *uy-* 'to fit, to suit'. - The earliest records date back to the XVth c.: *uyucı* ('wywǧy; XV c.); *uyucı* ('wywǧy; XVI c.) 'Tâbi, dalkavuk, uyuntu' (TTS).

verici, virici - 1641: *verici* (verigi) 'datore' (Mol. 113); 1680: *virici* (wiriḡi) 'dator, qui dat' (Men. II 2205) ≤ *ver-* 'to give'.

yaġlayıcı - 1680: *yaġlayıcı* (jaghlaiḡi) 'unctor, qui ungis' (Men. III 5546) ≤ *yaġla-* 'to grease'.

yakıcı - 1680: *yakıcı* (iakyḡi) 'accendens, illuminans, resplendere faciens' (Men. I 317); *yakıcı* (jakyḡi) 'accendens, incendens; illuminans' (ibid. II 3512); *yakıcı* (jakyḡi) 'incensor, combustor, accensor' (ibid. III 5548), *yakıcı* (jakyḡi) 'acensor, qui accendit, &c.' (ibid. III 5586) ≤ *yak-* 'to burn, light'.

yalvarıcı - 1641: *yalvarıcı* (ialuarigi) 'pregatore' (Mol. 315); 1680: *yalvarıcı* (jalwariḡi) 'rogator, orator' (Men. III 5551) ≤ *yalvar-* 'to beg'.

yamalayıcı - 1680: *yamalayıcı* (iamalaiḡi) 'sarcinator' (Men. I 724); *yamalayıcı* (jamalaiḡi) 'resartor, interpolator' (ibid. III 5610) ≤ *yamala-* 'to patch'.

yandürici - 1680: *yandürici* (jandüriḡi) 'accendens, incendens & illuminans' (Men. II 3512) ≤ *yandür-* 'to burn'.

yaradıcı - 1611: *eratçı* (eratgi) 'creatore' (FrG 71); 1677: *yaradıcı* (iaradigi) 'creatore' (Masc. 35b), *yaradıcı* (iaradiḡi) 'regeneratore' (ibid. 152a); 1680: *yaradıcı* (iaradigi) 'creator, creans' (Men. I 318), *yaradıcı* (iaradiḡi) 'creator' (ibid. I 1844), *yaradıcı* (jaradiḡi) 'creator' (ibid. II 3456, III 5569) ≤ *yarat-* 'to create'.

yaykayıcı - 1641: *yaykayıcı* (iaikaigi) 'lauare' (Mol. 228); 1680: *yaykayıcı* (jajkaiḡi) 'lotor' (Men. III 5644) ≤ *yayka-* = *yıka-* 'to wash'.

yeyici - 1680: *yeyici* (iejiḡi) 'comedens, qui comedit' (Men. I 1875), *yeyici* (jejiḡi) 'comedens, comestor, vorator' (ibid. III 5643) ≤ *ye-* 'to eat'. - The earliest confirmation of this word was in 1533 : *yeci* (hieggi) 'mangiatore' (Arg. 64). Cf. also 1564: *yeyici* (yuǧy) 'дармоед' (KnS 158).

yıkıcı - 1677: *yıkıcı* (icchigi) 'esterminatore, distruttore' (Masc. 46b); 1680: *yıkıcı* (jykyḡi) 'dirutor, destructor' (Men. III 5586) ≤ *yık-* 'to ruin'.

yıldırayıcı - 1680: *yıldırayıcı* (jildyraiği) 'accendens, illuminans, resplendere faciens' (Men. I 317), *yıldırayıcı* (jildyraiği) 'lucidus, lucens, fulgens; illuminans' (ibid. I 1027), *yıldırayıcı* (jildyraiği) 'sublimis, fulgens stella, ardens, penetrans' (ibid. I 1514), *yıldırayıcı* (jildyraiği) 'fulgurans, coruscans, fulgidus, splendens' (ibid. II 2051), *yıldırayıcı* (jildyraiği) 'resplendens, lucidus, micans' (ibid. II 4136), *yıldırayıcı* (jildyraiği) 'splendens, rutilans, luna plena ac per similitudinem amasii aut formosi formosaeve gena' (ibid. III 5152) ≤ *yıldıra-* 'to glitter'.

yonıcı - 1641: *yonıcı* (ionigi) 'scalpellatore' (Mol. 377); 1680: *yonıcı* (jonyği) 'asciator, dolator, sculptor' (Men. III 5640), *taş yonıcı* (taś joniği) 'lapidicida' (ibid. II 3068) ≤ *yon-* 'to chip into shape'.

yutıcı - 1680: *yutıcı* (iutiği) 'vorator' (Men. I 481), *yutıcı* (jutiği) 'deglutitor, gulosus, vorax' (ibid. III 5615) ≤ *yut-* 'to swallow'.

yürüyici - 1680: *yürüyici* (jürüiği) 'iens, ambulans, viam tenens, sectansve, viator' (Men. II 2522), *yürüyici* (jürüiği, jürüği) 'ambulator, cursor, vagus' (ibid. III 5618) ≤ *yürü-* 'to walk'.

yüzici - 1641: *üzici* (usigi) 'nuotatore' (Mol. 275); 1680: *yüzici* (jüziği) 'natator' (Men. III 5524) ≤ *yüz-* 'to swim'.

2. Names of people and things with characteristic features (Nomina attributiva):

aldadıcı, aldatçı - 1677: *aldatçı* (aldatgi) 'fraudolente' (Masc. 53a); 1680: *çoban aldadıcı* (ćioban aldadiği) 'avis pastorem decipiens valde canora sibilo' (Men. II 2767) ≤ *aldat-* 'to cheat'.

aldayıcı - 1641: *aldayıcı* (aldaigi) 'fraudolente' (Mol. 155), *aldayıcı* (aldaigi) 'gabbatore' (ibid. 158), *aldayıcı* (aldaigi) 'ingannatore' (ibid. 211); 1680: *aldayıcı* (aldaiği) 'impostor, deceptor, fraudator' (Men. I 386), *aldayıcı* (ałdaiği) 'fascinator, incantator, praestigiator, magus' (ibid. II 2560), *aldayıcı* (aldaiği) 'perfidus, deceptor, proditor' (ibid. II 3382), *aldayıcı* (aldajiği) 'deceptio, fallacia, oblectamentum, quo quis tenetur & decipitur, attonitus, perturbatus, mentis inops: lignum magnum, arbor magna, negotium stupendum & periculosum; in comp. decipiens, deceptor, impostor' (ibid. II 3515) ≤ *alda-* 'to cheat'. - The earliest confirmation of this formation was in the XVth c.: *aldayıcı* (āldyğy; XV c.), *aldayıcı* (āldāyğy; XVI c.); 'Aldatıcı' (TTS).

azıcı - 1680: *azıcı* (aziği) 'devius, à via aberrans, errabundus; praevaricator' (Men. II 3024) ≤ *az-* 'to act outrageously'.

bayıcı - 1680: *bayıcı* (bajiği) 'hallucinator, praestigiator' (Men. I 698) ≤ *bay-* = *bag-* 'to charm'.

bilici - 1641: *bilici* (biligi) 'conoscitore' (Mol. 103), *bilici* (biligi) 'sagace' (ibid. 368); 1680: *bilici* (biliği) 'sciens, noscens, peritus' (Men. I 874), *bilici* (biliği) 'intelligens, sciens, noscens, agnoscens' (ibid. II 2865) ≤ *bil-* 'to know'. - The earliest confirmation of this word was in the XIVth c.: *bilici* (bylğy, blğ; XIV c.), *bilici* (blğy; XVI c.) 'Bilgin, hakim, âlim'(TTS).

çalışıcı - 1680: *çalışıcı* (ćialyśiği) 'navus, laboriosus, curator' (Men. I 1556), *çalışıcı* (ćiałyśiği) 'laborans, laboriosus, industrius, curator' (ibid. I 1557) ≤ *çalış-* 'to work'.

çekişici - 1680: *çekişici* (ćek¹iśiği) 'rixator, rixosus, litigiosus' (Men. I 1631) ≤ *çekiş-* 'to quarrel'.

dolandürici - 1680: *dolandürici* (dolandüriği) 'circum ventor, insidiarum structor, deceptor' (Men. II 2184) ≤ *dolandür-* 'to cheat'.

duyıcı - 1641: *duyıcı* (duigi) 'sensibile' (Mol. 395) ≤ *duy-* 'to feel'.

esirgeyici - 1680: *esirgeyici* (esirg¹eiği) 'misericors, compatiens, Miserator' (Men. I 227), *esirgeyici* (esirg¹eiği) 'misericors, clemens, pius, propitius, Nom. Dei' (ibid. II 2386), *esirgeyici* (esirg¹eiği) 'misericors, condolens, commiserans, benignus, officiosus' (ibid. II 2830) ≤ *esirge-* 'to spare'.

eslici - 1668: *eslici* (eszligÿ) 'obediens' (Ill. 172) ≤ *esle-* 'to obey'.

inanıcı - 1641: *inanıcı* (inaniigi) 'credulo' (Mol. 110); 1680: *inanıcı* (inanığı) 'qui credit, firmiter in animum inducit, animoque firmiter tenet, fidelis' (Men. III 4758) ≤ *inan-* 'to believe'.

inanmayıcı - 1641: *inanmayıcı* (inanmaiagi) 'incredulo' (Mol. 204) ≤ *inanma-* 'not to believe'.

istemeyici - 1641: *istemeyici* (istemeigi) 'abominatore' (Mol. 5) ≤ *isteme-* 'not to want'.

isteyici - 1677: *isteyici* (isteigi) 'uolonteroso' (Masc. 275a); 1680: *isteyici* (isteiği) 'volens, cupidus, qui vult' (Men. I 208) ≤ *iste-* 'to want'.

ögünici - 1641: *ögünici* (oghiunigi) 'vantatore' (Mol. 472); 1680: *ögünici* (ög¹üniği) 'jactator' (Men. I 533), *ögünici* (ög¹üniği) 'jactator, jactabundus' (ibid. I 1598), *ögünici* (ögüniği) 'qui supervacaneis occupatur & rebus ad se non spectantibus, ardelio, extra modum se efferens' (ibid. II 3529) ≤ *ögün-* 'to boast". - The earliest confirmation of this word was in 1533: *ugunucı* (vghunugi) 'vanaglorioso et vantatore' (Arg. 74).

sakınıcı - 1680: *sakınıcı* (sakyniği) 'abstinens ab illicito se purum servans, continens, sobrius, continentiae deditus, castus, abstrenius, pius' (Men. I 800) ≤ *sakın-* 'to take care of oneself by flinching, standing out of the way, etc.". - The earliest confirmation of the formation was in the XIVth c.: *sakınıcı* (sqnğ) 'Allah'tan korkup dinin emrini yerine getirenler' (TTS).

sanıcı - 1680: *yaramaz sanıcı* (iaramaz saniği) 'mala cognitans, malignus &

malevolus' (Men. I 725); *yavuz sanıcı* (iawuz saniği) 'malevolus, malum alicui meditans' (ibid. I 730) ≤ *san-* 'to think'.

sayıklayıcı - 1677: *sayıklayıcı* (saichlaigi) 'cianciante' (Masc. 29b); 1680: *sayıklayıcı* (sajyklajiği) 'delirus, nugator' (Men. II 2927) ≤ *sayıkla-* 'to talk non-sense'.

unudıcı, unutçı - 1677: *unutçı* (vunutgi) 'dimenticheuole dimentica' (Masc. 39a); *unutçı* (vunutgi) 'smemoraggine' (ibid. 207b); 1680: *unudıcı* (unudiği) 'obliviscens, obliviosus' (Men. I 551) ≤ *unut-* 'to forget'.

utanıcı - 1680: *utanıcı* (utaniği) 'verecundus, pudibundus' (Men. I 483) ≤ *utan-* 'to be ashamed'.

yaltaklanıcı - 1680: *yaltaklanıcı* (jaltakłaniği) 'adulator' (Men. III 5600) ≤ *yaltaklan-* 'to fawn or cringe'.

yañşayıcı - 1641: *yanşayıcı* (iansc=aigi) 'cianciatore' (Mol. 89); 1680: *yañşayıcı* (jan-śaigi) 'garrulus' (Men. III 5549) ≤ *yañşa-* 'to blab'.

Suffix -(ı)k

Lit.: Çotuksöken TEKG 33, Deny GLT 560-563, von Gabain AG 70, Hatiboğlu TE 78-80, Kononov GTJ 120, Sevortjan AIS 200-217, Tekin GOT 113, Zajączkowski SZK 63.

This unproductive suffix creates from verbal stems new derivatives denoting names of the action, results of the action and also the subjects of the action. Some of the derivatives with the suffix *-(ı)k* denote also names of tools and objects of daily use. The suffix was known both in old and modern Turkic languages. It has four phonetic forms: *-ık‖ -ik‖ -uk‖ -ük*. Attached to the stems ending in a vowel it appears in the form *-k*. The collected material (14 derivatives) represents different semantic categories:

1. Names of the subject of the action (Nomina agentis):

danık, danuk - 1663: *danuk* (danuk) (PCr.23); 1680: *danık* (danyk) 'testis' (Men. II 3078) ≤ *danı-* ≤ *tanı-* 'to know, to recognize'. - The earliest records date back to the XIIIth c.: 1. *tanık* (tānq; XIII c.), *tanık* (tnq; XIII/XIV c.), *tanık* (tānq, tnq; XIV c.) *tanuh* (tnwh; XIV c.), *tanık* (tnq, tānq; XV c.), *tanuk* (tnwq; XV c.), *danuk* (dnwq; XV c.), *tanık* (tānq, tānyq, tnq; XVI c.), *tanuk* (tānwq; XVI c.) '1. Şahit. 2. Delil, bürhan, hüccet' (TTS). Cf. also another source: 1533: *danuk* (danuch) 'testimone' (Arg. 49, 73).

2. Names of results and objects of the action:

aksırık - 1641: *aksırık* (aksirik) 'starnuto' (Mol. 430) ≤ *aksır-* 'to sneeze'.

barışık - 1603: *barışık* (barischik) 'pax' (Meg. II 222); 1680: *barışık* (bariśik) 'pax, concordia, reconciliatio' (Men. I 234) ≤ *barış-* 'to make peace'. - The earliest records date back to the XVIth c.: *barışık* (bršq) 'Barışıklık, sulh' (TTS).

buruşık - 1680: *buruşık* (buruśyk) 'rugae' (Men. I 914) ≤ *buruş-* 'to become wrinkled'.

osuruk - 1677: *osuruk* (osuruch) 'peto, cioè, coreggia' (Masc. 125b) ≤ *osur-* 'to break wind'.

öksürük - 1611: *üksürük* (vksurukh) 'tusse' (MN 231); 1677: *öksürük* (ochsuruch) 'asma' (Masc. 17b), *öksürük* (ochsuruch) 'tosse' (ibid. 250b); 1680: *öksürük* (ök'sürük') 'tussis' (Men. I 532, 1920) ≤ *öksür-* 'to cough'.

yarık, yaruk - 1677: *yarık* (iarich) 'fessura' (Masc. 49a), *yaruk* (iaruch) 'fesso' (ibid. 49a), *yarık* (iarich) 'fica' (ibid. 50a), *yarık* (iarich) 'forame' (ibid. 52a); 1680: *yarık, yaruk* (jaryk, jarük) 'fissura, rima' (Men. III 5538) ≤ *yar-* 'to split'. - The earliest recording of the formation was in the XVth c.: *yarık* (yrk) 'Zırh' (TTS).

yonuk - 1677: *yonuk* (ionuch) 'scultura' (Masc. 194a) ≤ *yon-* 'to chip into shape'.

3. Names of tools and objects of daily use:

dayak - 1680: *dayak* (dajak) 'fulcrum, fulcimentum, sustentaculum, adminiculum; sufflamen' (Men. II 3159) ≤ *daya-* 'to prop up'. - The earliest confirmation of the formation was in the XIVth c.: *tayak* (tyg, tāyāq, tyāq; XIV c.), *dayak* (dāyq, dāyāq; XIV/XV c.), *tayag-* (tāyhg-; XVIc.) 'Mesnet, dayanılacak şey' (TTS).

kapak - 1611: *kapak* (kapak) 'cobertina' (MN 203); 1677: *kapak: göz kapağı* (ghios capaghi) 'pupilla dell'occhio' (Masc. 143b) ≤ *kapa-* 'to cover'. - The earliest records date back to the XVIth c.: *kapag* (kpāg) 'Kapak' (TTS).

sarık - 1611: *sarık* (sharic) 'turban' (MN 221); 1677: *sarık kapan* (sarich cappan) 'tagliacantoni' (Mas. 239b); 1680: *sarık* (saryk) 'cidaris, tiara, fascia, lineum capitis involucrum' (Men. II 2915), *sarık* (saryk) 'cidaris,fascia, fere ex sindone; qua caput obvolvendo redimiunt teguntque gentes Orientis' (ibid. II 3326) ≤ *sar-* 'to wrap'.

tarak - 1603: *tarak* (tarak) 'pecten' (Meg. II 223); 1611: *tarak* (tarak) 'pertine' (MN 227); 1677: *tarak* (tarach) 'pettine da pettinare' (Masc. 126a); 1680: *tarak* (tarak) 'pecten' (Men. II 2756, 3100) ≤ *tara-* 'to comb'. - The earliest records date back to 1533: *darak* (darach) 'pettine' (Arg. 59); 1587/88: *darak* (darak) 'Kampfel' (Lub. 40), *tarak* (tarak) 'Kampel' (ibid. 59).

4. Names of people and things with characteristic feature (Nomina attributiva):

sarmaşık - 1680: *sarmaşık* (sarmaśik) 'hedera' (Men. I 773, 1955, II 2916, 4147) ≤ *sarmaş*- 'to embrace'. - The earliest confirmation of the formation was in the XIVth c.: *sarmaşık* (srmšq) 'Karışık, karmakarışık, perişan' (TTS).

5. Names of places:

kışlak - 1680: *kışlak* (kyślak) 'hyberna, ubi hyematur, aut locus commodus ad hyemandum' (Men. II 3701) ≤ *kışla*- 'to winter'. - The earliest records date back to the XIV/XVth c.: *kışlag*- (qšlg-; XIV/XV c.), *kışlak* (qšlq; XV c.), *kışlak* (qyšlāq, qšlāq, qšlāg; XVI c.) ' Kışın barınılan yer' (TTS).

Suffix -ım

Lit.: Çotuksöken TEKG 37, Deny GLT 550-554, von Gabain AG 72, Hatiboğlu TE 108-109, Kononov GTJ 117-118, Sevortjan AIS 294- 302, Tekin GOT 113, Zajączkowski SZK 57-58.

This unproductive suffix forms from verbal stems, derivatives denoting names of results and objects of the action, names of tools, also abstract nouns. The suffix has the following phonetic variants: *-m, -ım* || *-im, -um* || *-üm*. It was known both in old and modern Turkic languages. The collected material (13 derivatives) represents the following semantic categories:

1. Names of results and objects of the action:

adım, adum - 1603: *adum* (adum) 'passus' (Meg. II 214); 1668: *adom* (adom) 'passus' (Ill. 149); 1677: *adım adım* (adim adim) 'a passo, a passo' (Masc. 15a); *bir mil bir adum* (bir mil bir adum) 'miglio, spazio di mille passi' (ibid. 95b), *adum* (adum) 'passo di piede' (ibid. 119b); 1680: *adım, adum* (adym, adüm) 'passus' (Men. I 118) ≤ *ad*- 'to step'. - The earliest confirmation of this formation was in the XVth century: *adım* (ādm) 'id.' (TTS). Cf. also 1533: *adum* (adum) 'passo' (Arg. 49).

atım - 1641: *atım* (atim) 'tiro, lancio' (Mol. 457) ≤ *at*- 'to throw'. - The earliest records date back to the XVIth century: *atım* (ātm) 'Adım' (TTS).

doyum - 1668: *doyum* (doim) 'praeda' (Ill. 170); 1680: *doyum* (dojum) 'praeda, spolia' (Men. II 3157) ≤ *doy*- 'to become filled and satiated with'. - The earliest confirmation of the word was in the XVth century: *toyım* (twym; XV c.), *doyum* (dwywm; XV c.), *toyum* (tywm; XVI c.) 'Ganimet' (TTS). Cf. also another source: XVI c.: *doyım, doyum* (dwyim, do'ym, doyym, dwyywm) 'bottino' (TAO 72).

durum - 1677: *durum* (durum) 'tortura, piegatura' (Masc. 250b) ≤ *dur*- 'to stop'. The earliest record were found in the XVIth century in: *turım yeri* (twrm yr) 'Durak yeri, tevakkuf mahalli' (TTS).

dügüm - 1603: *tügüm* (tugum) 'nodus' (Meg. II 124); 1677: *dügüm* (dugum) 'nodo' (Masc. 106a) ≤ *düg-* 'to knot'. - The earliest records were from the XVth c.: *dügim çalmak* (dwgm) 'Düğümlemek' (TTS). Cf. also: 1533: *duġum* (dughum) 'gruppo' (Arg.55).

kaldırım, kaldurum - 1680: *kaldırım* (kałdyrym) 'pavimentum, stratum' (Men. II 3592), *kaldurum, kaldırım* (kaldürüm, kałdyrym) 'pavimentum' (ibid. II 3746) ≤ *kaldır* = *kaldur-* '1. to raise. 2. to bear, support'.

kurum - 1677: *kurum* (curum) 'caligine' (Masc. 24a); 1680: *kurum* (kurum) 'fuligo' (Men. II 3791, 4187) ≤ *kuru-* 'to dry'.

uçurum - 1677: *uçırum* (uccirum) 'sbalzo' (Masc. 179b), *uçırum yeri* (vccirum ieri) 'trabocco, precipizio' (ibid. 251b), *uçurum* (vciurum) 'pricipizio' (Masc. 134b); 1680: *uçurum* (ućiurüm) 'praecipitium, precipitosus locus' (Men. I 492) ≤ *uçur-* 'to chop off'. - The earliest confirmation of the word was in the XVIth c.: *uçırum* (wčrwm) 'id.'(TTS).

yarım, yarum - 1611: *yarım yıl* (iarim il) 'medo ano', *yarım saat* ('iarihm saath) 'media', *yarım gın* (iarhem ghın) 'medio dia', *yarım geşe* (iarhem gesche) media noche' (MN 234); 1677: *yarım gün* (iarim ghiun) 'mezzo giorno' (Masc. 95a); 1680: *yarum* (jarüm) 'medietas, medius, a, um, semi' (Men. III 5538) ≤ *yar-* 'to split'. - The earliest records date back to the XIVth century: *yarım eyle-* (yrm) 'Ikiye bölmek, iki biçmek' (TTS). Also cf.: 1533: *yarum* (jarum) mezo' (Arg. 49).

yıldırım - 1635: *yıldrın* (ildrin) 'fulmen, saetta, reflecia' (FB 28); 1680: *yıldırım* (jildyrym) 'fulgur' (Men. I 40), *yıldırım* (jyłdyrym) 'fulgur; fulmen' (ibid. III 5601) ≤ *yıldıra-* 'to glitter'.

2. Abstract nouns:

alım, alum - 1680: *alım, alum* (ałym, alüm) 'captus' (Men. I 397) ≤ *al-* 'to take'. - The earliest recording of the word was in the XIVth c.: *alum* (ālwm; XIV c.), *alım* (ālm, ālym; XV c.), *alum* (ālwm; XV c.) 'Alacak, hak' (TTS); Cf. also: 1533: *alum* 'credito' (Arg. 49); 1598: *alım* (alim) (Mh. II 20).

ölüm - 1603: *ülüm* (ulum) 'mors' (Meg. II 83); 1670: *ölüm* (olum) 'death' (K 184); 1677: *ölüm* (olum) 'morte' (Masc. 99b); 1680: *ölüm* (ölüm) 'mors' (Men. III 5007) ≤ *öl-* 'to die'. - The earliest records date back to the XIVth century: *ölim* ('wlm; XIV c.), *ölüm* ('wlwm; XIV c.) 'id.' (TTS); 1455/56: *olüm* (θλουμ) 'Halal' (Gen. 241); 1587/88: *ülüm* (ulum) 'Todt' (Lub. 61).

3. Names of tools and objects of daily use:

geçim - 1680: *geçim* (gećim) 'indumentum militare, hamatus, thorax, lorica'

(Men. I 1918), *geçim* (gⁱećim) 'lorica, thorax, militaris hamatus'(ibid. II 3881) ≤ *geç-* 'to pass by'. - The earliest records date back to the XVIth c.: *gecim, geçim* (kǧm, kčm, kčym) 'Cenkte atların ve insanların giydiği zirh' (TTS).

Suffix -(ı)ndı

Lit.: Hatiboğlu TE 158-159, Kononov GTJ 122-123, Sevortjan AIS 288-294.

This is an unproductive suffix appearing in four forms: *-(ı)ndı ‖-(ı)ntı, -(i)ndi ‖-(i)nti, -(u)ndu ‖-(u)ntu, -(ü)ndü‖-(ü)ntü*. It is probably a compound of two elements : *-(ı)n-* and *-tı*[16]. The suffix creates from verbal stems, derivatives denoting names of results of the action. It was known in other Turkic languages. The collected material (5 entries) represents one semantic category:

1. Names of results and objects of the action:

braġındı - 1680: *braġındı* (braghyndy) 'res rejectitia' (Men. III 5929) ≤ **braġ* ≤ *bırak-* 'to leave'. - The earliest record dates back to the XVI c.: *braġındı* (brāġndy) 'Döküntü, işe yaramaz hale gelmiş şey' (TTS).

kesindi, kesinti - 1680: *kesindi, kesinti* (kⁱesindy, kⁱesinty) 'praesegmen, subseciva quod decidit ex re secta aut scissa' (Men. II 3955) ≤ *kes-* 'to cut'.

kırıntı - 1680: *kırıntı* (kyrynty) 'fragmentum, a, micae, item accessio, accidentalis proventus, lucellum' (Men. II 3678) ≤ *kīr-* 'to break'.

kırkındı, kırkıntı - 1680: *kırkındı, kırkıntı* (kyrkyndy, kyrkynty) 'tonsura, quod detonsum est, tomentum' (Men. II 3674) ≤ *kırk-* 'to clip'.

süpüründi - 1672: *süpüründi* (süpüründi) 'Kehricht, Abfall' (NdH. 259); 1677: *süpüründi* (supurundi) 'scopazze, spazzatura' (Masc. 191a, 220a) ≤ *süpür-* 'to sweep'. - The earliest recording of this formation was in 1533: *süpüründi* (supurundi) 'spazatura' (Arg. 45).

Suffix -ış

Lit.: Çotuksöken TEKG 33, Deny GLT 459-460, 554-555, von Gabain AG 75, Hatiboğlu TE 142-143, Kononov GTJ 116-117, 376, 462-465, Sevortjan AIS 140-152, Tekin GOT 114, Zajączkowski SZK 58-61.

The suffix *-ış* forms substantives denoting names of the action, results of the action and also abstract nouns. Derivatives with the suffix *-ış* are formed from verbal stems. Sometimes their function is similar to the function of derivatives with the suffix *-maklık ‖ -meklik*, and also to those with the formative *-ma ‖ -me*

---

[16] A.N.Kononov, op.cit., p.122.

(nomina actionis)[17]. This productive suffix was widely known both in Turkish and in other Turkic languages. Its existence was confirmed among old Turkic languages. It appears in two illabial forms: *-(y)ış* || *-(y)iş* and two labial ones: *-(y)uş* || *-(y)üş*. 84 entries are divided into the following semantic categories:

1. Names of the action:

alışveriş, alış viriş - 1641: *alış-veriş* (alisc-uerisc) 'comercio, affare insieme; traffico, manggio' (Mol. 98); 1672: *alışveriş* (alisveris) 'Kauf und Verkauf' (NdH. 203); 1677: *alış veriş* (alisc verisc) 'traffichino, faccendiero' (Masc. 252a); 1680: *alış viriş* (ałyś wiriś) 'emptiom & venditio, h.e. commercium, negotiatio' (Men. I 405) ≤ *al-* 'to take' + *ver-* 'to give'.

artış - 1680: *artış* (artyś) 'auctio, incrementum' (Men. II 3518) ≤ *art-* 'to increase'.

asılış - 1680: *asılış* (asyliś) 'appensio' (Men. I 556) ≤ *asıl-* refl. of *as-* 'to hang'.

bağdaş - 1680: *bağdaş* (baghdaś) 'implicatio crurum in crucem' (Men. II 2603) ≤ *bağda-* 'to cross (legs).

bağırış - 1677: *bağırış* (baghirisc) 'ruggito, muggito' (Masc. 171b) ≤ *bağır-* 'to shout'.

bağış - 1677: *bağış* (baghisc) 'legame, cioè legatura' (Mas. 79b) ≤ *bağ-* 'to tie'.

bakış - 1603: *bakış* (bakisch) 'visus' (Meg. II 716); 1641: *bakış* (bakisc) 'guardatura' (Mol. 172); 1680: *bakış* (bakyś) 'aspectus' (Men. I 674), *bakış* (bakyś) 'aspectio, visio, aspectus, intuitus'(ibid. III 5204), *bakış* (bakyś) 'etiam oculi conjectus' (ibid. III 5907) ≤ *bak-* 'to look'.

bayılış - 1680: *bayılış* (baijliś) 'deliquium' (Men. I 700) ≤ *bayıl-* 'to faint'.

besleyiş - 1680: *besleyiş* (besleiś) 'educatio, enutritio' (Men. I 795) ≤ *besle-* 'to feed, maintain, raise'.

bezeyiş - 1680: *bezeyiş* (bezeiś) 'ornatio, ornatus (ut monile), ornamentum, apparatus, concinnitas' (Men. I 813) ≤ *beze-* 'to embellish'. - The earliest confirmation of this word was in the XVIth c.: *bezeyiş* (bzyš) 'Süsleyiş' (TTS).

bileyiş - 1680: *bileyiş* (bileiś) 'exacuatio, acuminatio' (Men. I 888) ≤ *bile-* 'to sharpen'.

boğış - 1680: *boğış* (boghyś) 'suffocatio, strangulatio' (Men. I 1920) ≤ *boğ-* 'to choke'.

boğulış - 1680: *boğulış* (boguliś) 'suffocatio' (Men. I 932) ≤ *boğul-* pass. of *boğ-* 'to choke'.

---

[17] A.N.Kononov, op. cit., p. 116.

bozış, bozuş - 1680: *bozış, bozuş* (boziś, bozüś) 'ruptura; clades' (Men. I 919) ≤ *boz-* 'to spoil'.

çekiliş - 1680: *çekiliş* (ćekⁱiliś) 'tractio' (Men. II 3966) ≤ *çekil-* pass. of *çek-* 'to pull, draw'.

çekiş - 1680: *çekiş* (ćekiś) 'tractio' (Men. I 1629, II 3966) ≤ *çek-* 'to pull, draw'. - The earliest recording of this word was in the XIVth c.: *çekiş* (čkš; XIV c.), *çekiş* (čkš; XV c.), *çekiş* (čkš; XVI c.) 'Münazza, mücadele' (TTS).

çıkış - 1680: *çıkış* (ćikyś) 'ascensio, ascensus' (Men. I 1627) ≤ *çık-* 'to go out'. - The earliest records date back to the XVth century: *çıkış etme-* (čqš 'tm-) 'Kazanç sağlayamamak, kâr etmemek' (TTS).

çökiş - 1680: *çökiş* (ćiökⁱiś) 'genuflexio' (Men. I 1682) ≤ *çök-* 'to kneel down'.

deyiş - 1677: *deyiş* (deisc) 'sermone, uerso, uocabolo, dizzione' (Masc. 200b, 267a, 274a); 1680: *deyiş* (deiś) 'dicterium, dictum, proverbium' (Men. II 2113) ≤ *de-* 'to speak'. -The earliest records date back to the XVIth c.: *deyiş* (dyyš) 'Söz'(TTS).

dögüş, döküş - 1677: *dögüş* (doghusc) 'battaglia' (Masc. 20b), *dögüş* (doghiusc) 'pugna, combattimento' (ibid. 142b), *döküş* (dokusc) 'urtamento, turto' (ibid. 6a, 276a); 1680: *dögüş* (dögⁱüś) 'praelium, conflictus, congressus'(Men. I 522), *dögüş* (döⁱgüś) 'praelium, bellum, pugna' (ibid. I 1663), *dögüş* (dögⁱüś) 'pugna, certamen, dimicatio, conflictus, praelium' (ibid. II 2180), *döküş* (dokuś) 'pugna, certamen, dimicatio, conflictus' (ibid. II 2180) ≤ *dög-* 'to beat'.

döniş - 1680: *döniş* (döniś) 'reditus & gyratio' (Men. II 2194), *döniş* (döniś) *Hael.* 'conversio, reversio, revolutio, gyratio, volutatio' (ibid. II 3911) ≤ *dön-* 'to spin'. - The earliest confirmation of this formation was in 1533: *döniş* (donisc) 'tornata' (Arg. 50).

duruşış - 1680: *duruşış* (dürüśiś) 'conatus, allaboratio; certamen, seu bellum sacrum, h. e. pro fide, aut contra infideles; sic Conari, allaborare; certare, bellare pro fide & contra Infideles' (Men. I 1688), *duruşış* (duruśiś) 'allaboratio, contentio, conatus, studium, labor, opera' (Men. II 4081) ≤ *duruş-* 'to confront one another'.

düşüş - 1677: *düşüş* (dusciusc) 'scossa, caduta' (Masc. 192b) ≤ *düş-* 'to fall'.

gegiriş - 1680: *gegiriş* (gⁱegiriś) eructatio, ructus' (Men. II 3986) ≤ *gegir-* 'to belch'.

geliş - 1677: *geliş* (ghielisc) 'ritorno, tornata, ritornata' (Masc. 165a, 250a); 1680: *geliş* (gⁱeliś) 'venire, adventus' (Men. II 3998), *geliş* (gⁱeliś) 'adventus' (ibid. II 4008) ≤ *gel-* 'to come'. - Before the XVIIth century this formation appeared in: *geliş varış* (klyš wāryš; XIV c.) 'Gidiş geliş' and in compound verb: *geliş gidiş et-* (klš kdš 'yt; XVI c.) 'Gelip gitmek' (TTS).

getüriş - 1680: *getüriş* (gⁱetüriś) 'allatio, adductio' (Men. II 3873) ≤ *getir-* 'to bring'.

geviş - 1680: *geviş* (gⁱewiś) 'ruminatio' (Men. II 4078) ≤ *gev-* 'to chew'.

geyiş - 1680: *geyiş* (gⁱejiś) 'indutio' (Men. II 4117) ≤ *giy-* 'to put on'. - The earliest confirmation of the formation was in 1587/88: *erlerin ve avretlerin geyişlerinden* (erlering ve avretlerin gheislerinden) 'Von Mannes und Weiberkleidern' (Lub. 43).

gidiş - 1670: *gidiş* (gidisch) 'act of going' (K 170); 1680: *gidiş* (gⁱidiś) 'itio, incessus, processus' (Men. II 3891), *gidiş* (gⁱidiś) 'incessus, abscessus, gressus' (ibid. II 4111) ≤ *git-* 'to go'.

giriş - 1677: *giriş* (ghirisc) 'entrato' (Masc. 44b); *giriş* (gⁱiriś) 'ingressus, immissio, irreptio, &c.' (Men. II 3918) ≤ *gir-* 'to enter'.

görüniş - 1680: *görüniş* (gⁱörüniś) 'aspectio, species, apparitio, apparentia' (Men. II 4067) ≤ *görün-* 'to show oneself'.

göriş, görüş - 1677: *görüş* (ghiorusc) 'riguardo, uedere, vista' (Masc. 156b, 264a): 1680: *göriş* (gⁱöriś) 'visio, aspectus, perspicacitas' (Men. I 1012), *göriş* (gⁱöriś) 'visio, visus, aspectus, intervisio, congressus' (ibid. II 4062), *göriş* (gⁱöriś) aspectio, visio, aspectus, intuitus'(ibid. III 5204) ≤ *gör-* 'to see'. - The earliest records date back to the XIIIth century: *göriş kil-* (kwryš ql-) 'Görüşmek, tanışmak' (TTS).

gösteriş - 1677: *gösteriş* (ghios-terisc) 'apparenza, mostranza' (Masc. 15a, 101a); 1680: *gösteriş* (gⁱösteriś) 'ostentio, species, ostentatio' (Men. II 4076) ≤ *göster-* 'to show'.

gülüş, güliş - 1670: *gülüş* (gulush) 'smile' (K 170); 1680: *güliş* (gⁱuliś) 'risio, risus' (Men. II 4091) ≤ *gül-* 'to laugh'.

ırlayeş [≤ *ırlayış*] - 1670: *ırlayeş* (irlaiesc) 'cantus, cantatio' (Mg. 58) ≤ *ırla-* 'to sing'.

*ırlayış - cf.: *ırlayeş*

*ısmarlayış - cf.: *smarlayış*

iñleyiş - 1680: *iñleyiş* (in-leiś) 'gemitus, lamentatio, querela, exclamatio' (Men. III 5111) ≤ *iñle-* 'to moan'.

kaçış - 1677: *kaçış* (caccisci) 'fuga' (Masc. 54a) ≤ *kaç-* 'to escape'.

kalġış - 1680: *kalġış* (kalghyś) 'saltatio, saltus' (Men. II 3593) ≤ *kalgı-* 'to give a slight jump'.

karış - 1680: *karış* (kariś, karyś) 'spithama, palmus' (Men. II 3578), *karış* (karyś) 'spithama, mixtio &c.' (ibid. II 3666), *karış* (kariś) 'palmus; mixtio' (ibid.

II 3685) ≤ *kar-* 'to mix'. - The earliest records date back to the XIVth c.: *karış* (qrš, qārš; XIV c.), *kargış* (qrgš, qrgyš; XV c.), *karış* (qryš; XVI c.) 'Beddua, ilenç, lânet' (TTS). Cf. also other sources: XVI c.: *karış murış* (qryš mwryš, q'ryš mwryš) 'confuso, in disordine' (TAO 99); 1564: *karış* (qryš) 'пядень, пядь' (KnS 152); 1587/88: *karış* (karisch) 'Spannen' (Lub.53).

katış - 1680: *katış* (katyś) 'additio, additamentum' (Men. II 3627) ≤ *kat-* 'to add'.

kaynayış - 1680: *kaynayış* (kaināiś) 'bullitio, ebullitio, coctio, fervor' (Men. I 1678) ≤ *kayna-* 'to boil'.

kırılış - 1680: *kırılış* (kyryłyś) 'fractio, caedes' (Men. II 3674) ≤ *kırıl-* pass. of *kır-* 'to break'.

kırış - 1680: *kırış* (kyryś) 'fractura' (Men. II 3666), *kırış* (kyryś) 'fractio, fractura, tumultus' (ibid. II 3685) ≤ *kır-* 'to break'. - The earliest records were from the XIVth c.: *kırış* (qryš) 'Savaş, harp' (TTS).

koklayış - 1603: *koklayış* (koklaisch) 'olfactus' (Meg. II 163) ≤ *kokla-* 'to smell'.

kurtuluş - 1680: *kurtuluş* (kurtuliś) 'liberatio, redemptio, libertas, salus' (Men. I 1923) ≤ *kurtul-* 'to get free'.

nazlanış - 1680: *nazlanış* (nazlaniś) 'dissimulato; blanda renitentia, ut est inter parentes, liberos, & amantes; ipsa jocatio, jocus, blandities, gesticulatio amorosa: commoditas, mollities, gratia, beneficentia, pinaster, cyparissus' (Men. III 5094) ≤ *nazlan-* 'to be coy'.

öfüriş - 1680: *öfüriş* (öfüriś) 'flatus' (Men. I 525) ≤ *öfür-* ≤ *üfür-* 'to blow'.

ögreniş - 1680: *ögreniş* (ögⁱreniś) 'studium, & assuetio, consuetudo' (Men. I 532) ≤ *ögren-* 'to learn'.

öpiş, öpüş - 1670: *üpiş* (upisc) 'osculum, vel osculatio' (Mg. 58); 1680: *öpiş* (öpiś) 'osculatio, osculum' (Men. I 922), *öpüş* (öpüś) 'osculum' (ibid. II 3619) ≤ *öp-* 'to kiss'.

öriş - 1680: *öriş* (öriś) 'latratus' (Men. I 502) ≤ *ör-* ≤ *ür-* 'to hawl and bark'.

ötiş - 1680: *ötiş* (ötyś) 'tonus, sonus, cantus' (Men. I 485) ≤ *öt-* 'to sing'.

öyküniş - 1680: *öyküniş* (öjkⁱüniś) imitatio' (Men. III 5364) ≤ *öykün-* 'to imitate'.

satış - 1680: *satış* (satyś) 'venditio' (Men. II 2906) ≤ *sat-* 'to sell'.

sayış - 1680: *sayış* (sajiś) 'numerus' (Men. II 2926) ≤ *say-* ' to count'.

segirdiş - 1680: *segirdiş* (segⁱirdiś) 'cursus' (Men. II 2641) ≤ *segirt-* 'to run'.

sekiş - 1680: *sekiş* (sekⁱiś) 'incessus pompaticus, superbus, saltatorius' (Men. II 2642) ≤ *sek-* 'to hop'.

sıçrayış - 1677: *sıçrayış* (sicciraisc) 'salto' (Masc. 176b); 1680: *sıçrayış* (syćrajiś) 'saltatio, saltus' (Men. II 3593) ≤ *sıçra-* 'to jump'.

sızış - 1680: *sızış* (syzyś) 'emanatio, destillatio' (Men. II 2490) ≤ *sız-* 'to leak'.

smarlayış [≤ * *ısmarlayış*] - 1677: *smarlayış* (smarlaisc) 'ordine' (Masc. 113b) ≤ *ısmarla-* 'to order'.

sokuş - 1677: *sokuş* (socusc) 'beccatura' (Masc. 21b) ≤ *sok-* 'to insert, sting'.

sorış - 1680: *sorış* (soryś) 'interrogatio, sciscitatio, inquisitio, seu interrogare, sciscitari' (Men. I 772), *sorış* (soryś) 'interrogatio' (ibid. II 3005) ≤ *sor-* 'to ask'.

sögiş, sögüş - 1677: *sögiş* (soghisc) 'uillania, ingiuria' (Masc. 270a); 1680: *sögüş* (sög¹üś) 'vexatio, contumelia' (Men. II 2713) ≤ *sög-* 'to curse, to swear'.

söyleyiş - 1680: *söyleyiş* (söjleiś) 'locutio, elocutio' (Men. II 2720) ≤ *söyle-* 'to speak'.

tepreniş - 1680: *tepreniş* (tepreniś) 'motus, gestus, agitatio, vacillatio, opus, occupatio' (Men. I 1660) ≤ *tepren-* 'to move, to stir'.

tırmalayış - 1680: *tırmalayış* (tyrmalaiś) 'laceratio, quae fit unguibus' (Men. II 2785) ≤ *tırmala-* 'to scratch'.

viriş - 1680: *viriş* (wiriś) 'donum, honorarium, quod datur, eleëmosina; donatio, datio, legatio' (Men. II 2201) ≤ *vir-* 'to give'.

vurış, urış, uruş - 1680: *vurış, urış, uruş* (wuryś, uriś, uruś) 'percussio, ictus' (Men. I 502), *uruş* (uruś) 'pugna, certamen, dimicatio, conflictus, praelium' (ibid. II 2180) ≤ *vur-* 'to beat'.

yağış - 1677: *yağış* (iaghisc) 'pioua, piouere o pioggia' (Masc. 129a) ≤ *yağ-* 'to rain'. - The earliest records date back to the XIVth century: *yağış* (yāgyš, ygyš; XIV c.), *yağış* (ygš, yāgš; XV c.) 'Yağmur' (TTS).

yaradılış - 1680: *yaradılış* (iaradiliś) 'creatio' (Men. I 318), *yaradılış* (jaradiliś) 'creatio' (ibid. III 5569) ≤ *yaratıl-* pass. of *yarat-* 'to create'. - The earliest records date back to the XIVth c.: *yaradılışı düz kişi* (yrdlš dz kš) 'Vücudu mütenasip' (TTS).

yaradış - 1680: *yaradış* (iaradiś) 'creatio' (Men. I 318), *yaradış* (jaradiś) 'creatio' (ibid. III 5569) ≤ *yarat-* 'to create'.

yatış - 1680: *yatış* (jatyś) 'cubitio, decubitus' (Men. III 5533) ≤ *yat-* 'to lie down'.

yığış - 1680: *yığış* (jyghyś) 'accumulatio, coacervatio' (Men. III 5643) ≤ *yığ-* 'to accumulate'.

yıldırayış - 1680: *yıldırayış* (jyldyraiś) 'coruscatio, splendor, calefactio, calor, ardor' (Men. I 1028) ≤ *yıldıra-* 'to glitter'.

yoklayış - 1680: *yoklayış* (jokłaiś) 'palpatio, inquisitio' (Men III 5628) ≤ *yokla-* 'to examine'.

yürüyiş - 1680: *yürüyiş* (jürüiś) 'incessus, assultus' (Men. III 5619) ≤ *yürü-* 'to walk'. - The earliest records date back to the XIVth c.: *yüriş* (ywryš) 'Yürüyüş' (TTS). Cf. also other sources: 1533: *yüriş* (iurisci) 'passo' (Arg. 21); XVI c.: *yüriyiş* (ywry yš) 'marcia' (TAO 143).

2. Abstract nouns:

benziş - 1680: *benziş* (benziś) similitudo' (Men. I 863) ≤ *benze-* 'to be similar'.

biliş - 1680: *biliş* (biliś) 'notitia' (Men. I 876), *biliş* (biliś) 'notitia; notus' (ibid. I 1004) ≤ *bil-* 'to know'. - The earliest recording of the formation was in the XIVth century. Cf.: *biliş* (blyš, bylš, blš; XIV c.), *biliş* (bylš, blš, bylyš; XV c.), *biliş* (blš; XVI c.) '1. Bildik, tanıdık, dost, âşina. 2. Marifet' (TTS).

seviş - 1670: *seviş* (seuish) 'amor, amatio, actum amandi' (Mg. 57/8, 69); 1680: *seviş* (sewiś) 'amatio, dilectio, amor mutuus & reciprocus' (Men. II 2711) ≤ *sev-* 'to love'.

3. Names of results and objects of the action:

burış - 1680: *burış* (buryś) 'rugae' (Men. I 914) ≤ *bur-* 'to twist, wring'.

oynaş - 1680: *oynaş* (ojnaś) 'patientia, expectatio, dilatio, amasium; qui retro manet, & consistit' (Men. III 5035), *oynaş* (ojnaś) 'amasium' (ibid. III 5866) ≤ *oyna-* 'to play'. - Historical sources register this formation with different meanings. Cf.: *oynaş* ('wynāš; XIV c.), *oynaş* ('wynāš; XV c.), *oynaş* ('wynāš; XVI c.) '1. Kadının kocasından başka seviştiği erkek. 2. Erkeğin karısından başka seviştiği kadın. 3. Kendisine karşı aşk beslenen' (TTS). Cf. also: 1533: *oynaş* (oinasci) 'dama' (Arg. 74).

örtüliş - 1680: *örtüliş* (örtüliś) 'operimentum; operitio, tectura' (Men. I 928) ≤ *örtül-* pass. of *ört-* 'to cover'.

örtüş - 1680: *örtüş* (örtüś) 'operimentum; operitio, tectura' (Men. I 928) ≤ *ört-* 'to cover'.

yañlış - 1641: *yanlış* (janlisc) 'disordine, errore' (Mol. 123), *yanlış* (janlisc) 'vanita' (ibid. 472); 1672: *yañlış* (ianglis) 'falsch, Fehler' (NdH.230); 1680: *yanlış* (jan-liś) 'error' (Men. III 5549), *yañlış* (jan-liś) 'error, erratum, mendum, abusus' (ibid. III 5594) ≤ *yanıl-* 'to err'. - The earliest confirmation of the word was in 1533 : *yañlış* (janghlisc) 'errore' (Arg. 20).

yarış - 1680: *yarış* (jariś) 'fissura' (Men. III 5537) ≤ *yar-* 'to split'. - The earliest recording of the formation was in the XVth c.: *yarış* (yārš) 'Taksim' (TTS).

Suffix -lık

Lit.: Çotuksöken TEKG 36-37, Deny GLT 327-333, von Gabain AG 61, Hatiboğlu TE 102-106, Kononov GTJ 106-110, Sevortjan AIS 20-53, Tekin GOT 106, Zajączkowski SZK 29-31.

The suffix *-lık* is one of the most productive Turkish suffixes. It creates nouns from almost all grammatical categories, primarily from nouns, adjectives, pronouns, numerals and different verbal forms. In the modern, literary Turkish language this suffix occurs in four forms: illabial (*-lık ‖ -lik*) and labial (*-luk ‖ -lük*). However, in dialects it assimilates very often to form *-nik*, especially after a stem with the consonant *-n-* at the end. Cf.: *düvünnük* (Çaycuma) 'düğünlük'; *günnük* (Kars) 'yevmiye'. Old forms of this suffix were mostly illabial (*-lık ‖ -lik*), however labial forms (*-luk ‖ -lük*) could also appear, especially when they were followed by the possesive suffix 3 p. sg. Cf.: *dostluğı* 'his friendship' but *dostlığun* 'your friendship'[18]. In the XVIIth century sources the suffix appeared mostly in illabial forms, however labial forms were also found.

The material with suffix *-lık* taken from the XVIIth century sources is numerous. There are 1450 derivatives with this suffix. Taking into consideration the great semantic variety, the derivatives presented here were classified into the following semantic categories:

1. Abstract nouns:

aberlik [≤ **haberlik*] - 1677: *aberlik* (aberlich) 'nouita' (Masc. 107a) ≤ *haber* 'message'.

acemilik - 1680: *acemilik* (aeğemilik[i]) 'barbaries, tyrocinium, inexperientia, ruditas, imperitia' (Men. II 3223) ≤ *acemi* '1. untrained, novice. 2. barbarian'.

acılık - 1641: *acılık* (agilik) 'amarezza, amaritudine' (Mol. 39); 1680: *acılık* (ağilik[i]) 'amaritudo' (Men. I 70, 1366), *acılık* (ağilik[i]) 'amaritudo; iracundia' (ibid. I 1740), *acılık* (ağilik[i]) 'amaror; amaritudo' (ibid. III 4543) ≤ *acı* 'bitter'. - The earliest records date back to the XVIth c.: *acılık* (āğylq) 'Istırap, meşakkat, acı' (TTS).

acızlık - 1680: *acızlık* (ağizlik[i]) 'impotentia, debilitas' (Men. II 3182) ≤ *aciz* 'unable'.

açıklık, açuklık - 1641: *açıklık* (aciklik) 'sereno' (Mol. 398); 1677: *göz açuklığı* (ghios aciuch-lighi) 'accorgimento' (Masc. 4b); 1680: *açıklık* (aćiklyk) 'serenitas' (Men. I 62); *açuklık* (aciüklyk) 'patentia, serenitas' (ibid. I 69), *göz açıklığı* (göz aćiklyghy) 'vigilantia, diligentia, cantela, prudentia' (ibid. II 4069) ≤

---

[18] A.Zajączkowski, *Studia nad językiem staroosmańskim. I. Wybrane ustępu z anatolijsko-tureckiego przekładu Kalili i Dimmy*, Kraków 1934, p. 155.

açık '1. open. 2. light. 3. plain'. -The earliest records come from the XVIth c.: *açıklık* (āčqlq) 'Fesahat fasihlik' (TTS).

açlık, açluk - 1668: *açluk* (acsluk) 'Hunger' (Ill. 149); 1680: *açlık* (aćlyk) 'fames, inedia' (Men. I 64, 1679), *açlık* (aćlyk) 'fames' (ibid. II 2621, 3917) ≤ *aç* 'hungry'.

adaletsizlik - 1680: *adaletsizlik* (aedāletsizlik^i) 'injustitia, aequitatis neglectus' (Men. II 3227) ≤ *adaletsiz* 'unjust'.

adamlık - 1641: *ademlik* (ademlik) 'humanita' (Mol. 177); 1670: *adamlık* (adamlik) 'humanitas' (Mg. 57) ≤ *adam* 'man'. -The earliest registration of this formation was in the XVth c.: *adamlık* (ādmlq) 'Olgunluk, erginlik' (TTS).

adavetlik - 1677: *adavetlik* (adauetlich) 'abbominanza' (Masc. 2a) ≤ *adavet* 'hostility'.

aflık - 1677: *aflık* (aflich) 'perdonanza' (Masc. 123a) ≤ *af* 'forgiving, pardon'.

ağırlık, ağırluk - 1641: *ağırluk* (aghirluk) 'grauita' (Mol. 171); 1680: *ağırlık* (aghyrlyk) 'gravedo, gravitas, item impedimenta, item dona; *pec.* nuptialia' (Men. I 301), *ağırlık* (aghyrlyk) 'gravitas' (ibid. I 1527) ≤ *ağır* 'heavy'. - This word has been confirmed before the XVIIth century. Cf.: *agırlık* (āgrlq; XIII c.), *agırlık* (āgyrlg-; XIV c.), *agırlık* (āgyrlg-; XIV c.) '1. Ağır, kıymetli. 2. Itibar, kıymet, değer. 3. Vekar, temkin' (TTS).

ahenklik - 1680: *ahenklik* (āhenk^ilik^i) 'consonantia, concentus' (Men. I 573) ≤ *ahenk* 'harmony'.

ahestelik - 1680: *ahestelik* (āhestelik^i) 'lenitas, lentitudo, tarditas' (Men. I 564), *ahestelik* (ahestelik^i) 'modestia, lenitate uti' (ibid. I 782) ≤ *aheste* '1. gentle. 2. calm.'.

ahırlık - 1641: *ahırlık* (achirlik) 'finimeto' (Mol. 148) ≤ *ahır* 'last'.

ahmaklık - 1680: *ahmaklık* (ahmaklyk) 'stultitia, stoliditas, socordia' (Men. I 87), *ahmaklık* (aehmaeklyk) 'stoliditas, stupiditas, simplicitas' (ibid. I 946), *ahmaklık* (ahmaklyk) 'stultitia, perculsio, temeritas' (ibid. II 2593), *ahmaklık* (aehmaekłyk) 'stultitia, stupiditas, insipientia (ibid. II 2624) ≤ *ahmak* 'stupid'.

akıllık - 1603: *akıluk* (akiluk) 'sapientia' (Meg. II 464); 1680: *akıllık* (aekyllyk) 'acumen ingenii mentis, purificatio, puritas' (Men. II 2455), *akıllık* (aekyllyk) 'usus rationis, probitas' (ibid. II 2525), *akıllık* (aekyllyk) 'intelligentia, solertia, sagacitas, prudentia, judiciositas' (ibid. II 3299) ≤ *akıl* 'wisdom, intelligence'.

akıllulık - 1680: *akıllulık* (aekyllülyk) 'intelligentia, solertia, sagacitas, prudentia, judiciositas' (Men. II 3299) ≤ *akıllı* 'intelligent, wise'.

akılsızlık, akılsuzluk - 1641: *akılsuzluk* (aklsusluk) 'imprudenza' (Mol. 198);

1680: *akılsızlık* (aekylsyzlyk) 'stultidia, stoliditas, socordia' (Men. I 87) ≤ *akılsız* 'unreasonable, foolish'.

alçaklık, alçakluk - 1641: *alçakluk* (alciakluk) 'bassezza' (Mol. 68); 1680: *alçaklık* (alćiaklyk) 'submissio, humilitas' (Men. I 200), *alçaklık* (alćiakⁱlyk) 'humilitas, vilitas' (ibid. I 384) ≤ *alçak* '1. low. 2. vile'. - The historical dictionary registers this word before the XVIIth century. Cf.: *alçaklığ* ('lčqlġ-; XIII/XIV c.), *alçaklığ* ('lčqlġ; XIV c.) 'Tevazu alçak gönüllülük' (TTS).

Allahluk - 1677: *Allahluk* (Allahluch) 'diuinita' (Masc. 42a) ≤ *Allah* 'God'.

amanlık - 1677: *amanlık* (amanlich) 'perdonanza' (Masc. 123a) ≤ *aman* 'mercy, help'.

arıklık, arukluk - 1641: *arukluk* (arukluk) 'macilenza' (Mol. 239), *arıklık* (ariklik) 'smagramento' (ibid. 406); 1670: *arıklık* (ariclik) 'macies' (Mg. 57); 1677: *arukluk* (aruch-luch) 'macilenza' (Masc. 86a); 1680: *arıklık* (arykłyk) 'macies' (Men. I 145) ≤ *arık* 'thin'. - The earliest records date back to the XVIth c.: *arıklık* (ārqlq) 'Zayıflık'(TTS).

arkalık - 1680: *arkalık* (arkaelyk) 'protectio, presidium' (Men. I 829), *arkalık* (arkalyk) 'subventio, defensio, protectio' (ibid. III 4738) ≤ *arka* 'the back, back side'.

arsızlik - 1680: *arsızlik* (arsyzlikⁱ) 'impudentia, inverecundia, procacitas, petulantia' (Men. II 3186) ≤ *arsız* 'shameless'.

arzumendlık, arzumendlik - 1680: *arzumendlık* (ārzūmendlyk) 'desiderium' (Men. I 908), *arzumendlik* (ārzūmendlyk) 'desiderium; commotio animi' (ibid. I 952), *arzumendlik* (ārzūmendlikⁱ) 'desiderium, seu desiderium prae se ferre' (ibid. I 1250) ≤ *arzumend* 'desirous'.

asanlık - 1680: *asanlık* (āsānlyk) 'facilitas' (Men. I 171), *asanlık* (asanlyk) 'commoditas, lenitas jumenti, item lenitas animi' (ibid. II 2239), *asanlık* (āsānlyk) 'facilitas, lenitas, ductilitasque' (ibid. II 2648), *asanlık* (āsānlyk) 'facilitas, item prosperitas, opulentia' (ibid. III 5576) ≤ *asan* 'easy'.

asudelik - 1680: *asudelik* (āsūdelikⁱ) 'quies, tranquillitas, otium' (Men. I 225) ≤ *asude* 'quiet'.

aşıkluk - 1677: *aşıkluk* (ascichluch) 'innamoramento' (Masc. 71a) ≤ *aşık* 'lover, in love'.

aşikârelik - 1680: *aşikârelik* (āšikⁱarelikⁱ) 'celebritas, divulgatio, fama' (Men. II 2886) ≤ *aşikâre* 'evident'.

aşinalık, aşinaluk - 1641: *aşinaluk* (asc=naluk) 'cognitione' (Mol. 94), *aşinalık* (asc-nalik) 'conoscenza' (ibid. 103); 1680: *aşinalık* (āšinālyk) 'notitia, consuetudo, familiaritas' (Men. I 248), *aşinalık* (aśinalyk) 'notitia' (ibid. I 876) ≤

aşina 'familiar, well-known'. - The earliest records date back to 1580: *aşinalık* 'Bekanntenkreis' (Mur.592).

avarelik - 1680: *avarelik* (āwārelikʲ) 'otiositas, inertia; discursio, vagatio' (Men. I 479) ≤ *avare* 'idle, out of work'.

ayanlık - 1641: *ayanlık* (aianlik) 'chiarezza' (Mol. 88) ≤ *ayan* 'clear, plain'.

ayazlık - 1677: *ayazlık* (aiaslich) 'serenezzi, serenita' (Masc. 200b) ≤ *ayaz* 'cloudless, clear weather'.

aydınlık - 1603: *aydenlik* (aidenligi) 'splendor' (Meg. II 547); 1611: *aydınlık* (aidinlik) 'alumbrar, claridad' (MN 171); 1615: *aydanlık* (aydanłyk) 'clarte de la lune' (PDT 131); 1641: *aydınlık* (aidinlik) 'chiarezza' (Mol. 88), *aydınlık* (aidinlik) 'lume'(ibid. 237); 1680: *aydınlık* (ajdinlyk) 'lumen, lux, splendor, fulgor' (Men. I 587), *aydınlık* (ajdynlyk) 'lumen' (ibid. I 588), *aydınlık* (ājdynlyk) 'coruscatio splendor, lux' (ibid. I 1029), *aydınlık* (ajdynłyk) 'lumen splendor, fulgor, micatio, coruscatio' (ibid. II 2821), *aydınlık* (ajdynlyk) 'lux, lumen, splendor' (ibid. II 3057) ≤ *aydın* '1. bright. 2. light'. - The earliest records come from the XVIth century: *aydınlık* delügi ('ydklq dlwky; XVI w.) 'Pencere, ışık girecek delik' (TTS).

azadluk, azatlık - 1641: *azadluk* (aszadluk) 'liberatione' (Mol. 233), *azadluk* (aszadluk) 'solutione' (ibid. 410); 1677: *azatlık* (asat-lich) 'franchigia, luogo on'vno e franco' (Masc. 52b), *azatluk* (aszat-luch) 'liberta' (ibid. 82b); 1680: *azadlık* (azadlyk) 'libertas, immunitas' (Men. I 157) ≤ *azat* 'a setting free'.

azlık - 1680: *azlık* (azlyk) 'paucitas, raritas' (Men. I 164, 1765) ≤ *az* 'few, a few'.

bahadurlık, behadırlık - 1641: *bahadurlık* (bahadurlik) 'brauura' (Mol. 74); 1680: *behadırlık* (behādyrlyk) 'strenuitas, animositas; otiositas' (Men. I 842), *behadırlık* (behādyrlyk) 'strenuitas, fortitudo, bellicositas, animositas' (ibid. I 954) ≤ *bahadur, behadır* 'hero'.

bahillik - 1672: *pahillik* (pahillik) 'Geiz' (NdH. 252); 1680: *bahillik* (baechyllyk) 'vitium avaritiae, aut tenacitatis' (Men. I 723) ≤ *bahil* 'stingy'.

bahtlık - 1680: *eyü bahtlık* (ejü baechtlyk) 'beatitudo, felicitas, prosperitas, faustitas' (Men. II 2615) ≤ *baht* 'luck, fortune'.

balalık - 1680: *balalık* (balalyk) 'celsitudo, eminentia, altitudo' (Men. I 682) ≤ *bala* '1.high. 2. tall'.

barışıklık - 1677: *barışıklık* (bariscichlich) 'tranquillita, quiete' (Masc. 253a); 1680: *barışıklık* (bariśiklyk) 'pax, reconciliatio, concordia' (Men. I 176, 645) ≤ *barışık* 'reconciled'.

barışmalık - 1641: *barışmalık* (barisc=malik) 'pace' (Mol. 288); 1677: *barışmalık* (barisc-malich) 'pace' (Masc. 116b) ≤ *barışma* 'reconciliation'.

batıllık - 1680: *batıllık* (batyllyk) 'vanitas, futilitas' (Men. I 667) ≤ *batıl* 'vain'.

baylık - 1680: *baylık* (bajlyk) 'opulentia' (Men. I 700), *baylık* (bajlyk) 'manus, seu potestatis amplitudo, i.e. opulentia, dividiae' (ibid. II 3481), *baylık* (bajlyk) 'divitiae, opulentia' (ibid. III 5502) ≤ *bay* 'rich'. - The earliest records date back to the XIVth c.: *baylık* (bāylq, bylq; XIV c.), *baylık* (bāylq; XV c.) *bāylık* (bāylq; XVI c.) 'Zenginlik'(TTS).

bedbahtlık - 1680: *bedbahtlık* (bedbaechtlyk) 'infortunium, infelicitas' (Men. I 719) ≤ *bedbaht* 'unhappy'.

bedkârlık - 1680: *bedkârlık* (bedkᶦārlyk) 'mala operatio, maleficium' (Men. I 731) ≤ *bedkâr* 'wicked, sinful'.

benlik - 1680: *benlik* (benlyk) 'praesumptio, arrogantia' (Men. I 436), *benlik* (benlikᶦ) 'praesumptio, jactantia, superbia' (ibid. III 4994) ≤ *ben* 'I'.

benzerlik - 1641: *benzerlik* (benserlik) 'sembianza' (Mol. 394), *benzerlik* (benserlik) 'simiglianza' (ibid. 404) ≤ *benzer* 'similar'.

beraberlik, beraberlük - 1641: *beraberlik* (beraberlik) 'agguagliamento' (Mol. 260), *beraberlik* (beraberlik) 'egualita' (ibid. 132), *beraberlük* (beraberluk) 'vguaglianza' (ibid. 479); 1680: *beraberlik* (beraberlykᶦ) 'aequatio, aequalitas, aequilibrium, temperantia, temperies, moderatio, mediocritas' (Men. I 278), *beraberlik* (beraberlik) 'aequatio, aequalitas, paritas' (ibid. I 744), *beraberlik* (berāberlikᶦ) 'aequatio, paritas' (ibid. I 1187) ≤ *beraber* 'together'. - The earliest confirmation of the word was in the XVth century in the compound verb: *beraberlik çekiş-* (brābrlq čkš-) 'Beraberlik iddiasında bulun-' (TTS).

berklik - 1680: *berklik* (berkᶦlikᶦ) 'firmitas' (Men. I 783), *berklik* (berkᶦlikᶦ) 'firmitas, soliditas, munitio, munimentum, arx; obfirmatio, obstinatio' (ibid. III 4295) ≤ *berk* 'hard, strong'. - The earliest records date back to the XIVth c.: *perklik* (prklyk; XIV c.), *berklik* (brklk; XIV c.), *berklik* (brklk; XVI c.) '1.Sağlamlık, metanet, şiddet, sertlik. 2. Güvenme, itimat' (TTS).

betnamlık - 1641: *betnamlık* (betnamlik) 'disonore' (Mol. 123) ≤ *bednam* 'ill-famed'.

bihayalık - 1680: *bihayalık* (bihaejālyk) 'impudentia, inverecundia, procacitas, petulantia' (Men. II 3186) ≤ *bihaya* 'impudent'.

bihudelik - 1680: *bihudelik* (bihūdelikᶦ) 'vanitas, futilitas' (Men. I 667) ≤ *bihude* 'useless, vain'.

bilişlik - 1680: *bilişlik* (biliślikᶦ) 'notitia' (Men. I 876) ≤ *biliş* 'knowledge'. - The earliest confirmation of the formation was in the XIVth c.: *bilişlik* (blšlk; XIV c.), *bilişlik* (blšlk; XV c.), *bilişlik* (blšlk, bylšlk; XVI c.) 'Aşinalık, tanışıklık' (TTS).

bilmeklik - 1641: *bilmeklik* (bilmeklik) 'cognitione' (Mol. 94), *bilmeklik* (bilmeklik) 'notitia' (ibid. 273), *bilmeklik* (bilmeklik) 'sagacita' (ibid. 368), *bilmeklik*

(bilmeklik) sapientia' (ibid. 372); 1652: *bilmeklik* (bilmeklik) (KAT 5) ≤ full form of infinit. *bilmek* 'to know'.

bilmezlik - 1680: *bilmezlik* (bilmezlik^i) 'ignorantia, imperitia' (Men. I 880), *bilmezlik* (bilmezlik) 'ignorantia, idiotismus, inscitia; insipientia (ibid. III 5090) ≤ *bilmez* 'who does not know'. - The formation was registered at the earliest in the XIVth c.: *bilmezlik* (blmzlk) '1. Cehalet, cehl. 2. Bilirim iddiasında bulunmamak' (TTS).

birlik - 1603: *birlik* (birlik) 'concordia' (Meg. I 311); 1641: *birlik* (birlik) 'accordo, cioè concordia' (Mol. 11), *birlik* (birlik) 'concordare' (ibid. 100), *birlik* (birlik) 'vnione' (ibid. 485); 1680: *birlik* (birlik^i) 'unio, concordia, amicitia intima' (Men. I 37), *birlik* (birlik^i) 'unitas, et unio, unanimitas, concordia, consensus' (ibid. I 784), *birlik* (birlik^i) 'unitas, singularitas' (ibid. III 5345) ≤ *bir* 'one'. - Historical sources registered this word at the earliest in the XIII/XIVth century: *birlik* (brlk; XIII/XIV c.), *birlik* (brlk; XV c.) 'Bir olma halı, vahdaniyet, ahadiyet' (TTS). Cf. also: 1455/56: *birlik* (μπρλιγ-) 'egyedüliség' (Gen.240); 1533: *birliğ* (birligh) 'unita' (Arg.34).

bisyarlık - 1680: *bisyarlık* (bisjārlyk) 'multitudo, copia, abundantia' (Men. I 825) ≤ *bisyar* 'much, numerous'.

bitişiklik - 1680: *bitişiklik* (bitiśiklyk) 'continguitas' (Men. I 708) ≤ *bitişik* 'adjacent, joining'.

bollık, bolluk - 1611: *bollık* (bollik) 'anchura' (MN 178); 1641: *bolluk* (bolluk) 'abondanza' (Mol. 5), *bolluk* (bolluk) soprabondanza' (ibid. 412); 1680: *bollık* (bollyk) 'abundantia, copia, incrementum, accesio, felicitas, benedictio, foecunditas, fertilitas, ubertas, merces' (Men. I 780), *bollık* (bołłyk) 'largitas, latitudo, laxitas, amplitudo; ubertas, abundantia, copia, multitudo' (ibid. I 942), *bollık* (bollyk) 'latitudo, amplitudo, commoditas, oportunitas' (ibid. III 5371) ≤ *bol* 'abundant'.

boşluk - 1641: *boşluk* (bosc=luk) 'vacanza' (Mol. 470) ≤ *boş* 'empty'. - The earliest records come from the XVth c.: *boşlığ-* (bwšlġ-) 'Boşanmış olma' (TTS).

bönlik, bönlük - 1641: *bönlük* (beonluk) 'semplicita' (Mol. 395); 1677: *bönlük* (beonluch) 'sincerita' (Masc. 206a), *bönliğile* (beonlighile) 'sincermente, puramente' (ibid. 206a); 1680: *bönlik* (bönlyk) 'stoliditas, stupiditas, simplicitas' (Men. I 946) ≤ *bön* 'simple, foolish'.

bulanıklık, bulanukluk - 1641: *bulanukluk* (bulanukluk) 'turbameto' (Mol. 469); 1680: *bulanıklık* (bulanykłyk) 'turbidum esse, infuscatio, commotio' (Men. I 939), *bulanıklık* (bulanyklyk) 'turbatio, inquinatio' (ibid. I 1339) ≤ *bulanık* 'cloudy, dim'.

büyüklik - 1641: *böyüklik* (boiuklik) 'grandezza' (Mol. 170), *böyüklik* (boiuklik) 'magnificenza' (ibid. 240); 1680: *büyüklik* (büyük^iklik^i) 'magnitudo magnificentia, majestas, dignitas, gloria, glorificatio, exaltatio' (Men. I 64), *büyüklik* (büyük^ilik^i) 'magnitudo' (ibid. I 1019) ≤ *büyük* 'great, large'.

cahillik - 1641: *cahillik* (giahillik) 'ignoranza' (Mol. 189); 1680: *cahillik* (ḡiāhyllyk) 'ignorantia, status ignorantiae (i.e. paganismus Arabum, seu tempus ante Muhammedem)' (Men. I 1570) ≤ *cahil* 'ignorant, illiterate'.

cebbarlık - 1680: *cebbarlık* (ḡebbārlyk) 'tyrannis, Imperium absolutum & violentum' (Men. I 1575) ≤ *cebbar* 'tyrant, tyrannical'.

celallık - 1680: *celallık* (ḡelāllyk) 'magnitudo, magnificentia, majestas, dignitas, gloria, glorificatio, exaltatio' (Men. I 64) ≤ *celal* 'glory, majesty'.

cihanbanlık - 1680: *cihanbanlık* (ḡihānbānlyk) 'rectoratus mundi, Monarchia; Regius, monarchicus' (Men. I 1690) ≤ *cihanban* 'keeper of the world'.

cihandarlık - 1680: *cihandarlık* (ḡihāndārlyk) 'Monarchia, Imperium; Imperialis, Regius' (Men. I 1691) ≤ *cihandar* 'ruling the world, emperor'.

civanlık, cüvanlık - 1677: *civanlık* (giuanlich) 'giouentu' (Masc. 56b); 1680: *cüvanlık* (ḡiuwanlyk) 'juventus' (Men. I 1671) ≤ *civan* 'young'.

cömertlik - 1641: *cömertlik* (ḡiömertlik) 'liberalità' (Mol. 233), *cömertlik* (ḡiomertlik) 'magnanimita' (ibid. 249); 1680: *cömertlik* (ḡiomertlyk) 'liberalem & beneficum esse, seu ipsa liberalitas' (Men. I 1674), *cömerdlik* (ḡiömerdlik[i]) 'liberalitas' (ibid. I 1684); *cömerdlik* (ḡiömerdlik) 'liberalitas, munificentia' (ibid. II 2564); *cömerdlik* (ḡiomerdlik[i]) 'beneficentia, liberalitas' (ibid. II 2666); *cömerdlik* (ḡiomerdlik[i]) 'liberalitas generositas, prophetia, seu patriarchatus in religione' (ibid. II 3467) ≤ *cömert* 'generous, liberal'.

çelebilük - 1668: *çelebilük* (gyelebiluk) 'superbia' (Ill. 159) ≤ *çelebi* 'well-bred, gentleman'.

çetinlik - 1641: *çetinlik* (cetinlik) 'asprezza' (Mol. 62), *çetinlik* (cietinlik) 'malagenoleza' (ibid. 241); 1680: *çetinlik* (ćetinlik[i]) 'difficultas' (Men. I 1583) ≤ *çetin* 'hard, difficult'.

çeviklik - 1677: *çeviklik* (ceuich-lich) 'agolita' (Masc. 9a) ≤ *çevik* 'agile, swift'.

çıplaklık - 1641: *çıblaklık* (ciblaklik) 'nudezza' (Mol. 274); 1680: *çıplaklık* (ćipłaklyk) 'nuditas' (Men. I 1578) ≤ *çıplak* 'naked'.

çirkinlik - 1641: *çirkinlik* (cirkinlik) 'brutezza' (Mol. 74), *çirkinlik* (cirkinlik) 'bruttura' (ibid. 74), *çirkinlik* (cirkinlik) 'difformita' (ibid. 118), *çirkinlik* (cirkinlik) 'sfiguratezza' (ibid. 401); 1680: *çirkinlik* (ćirkinlik[i]) 'deformitas mutatio faciei' (Men. I 1202), *çirkinlik* (ćirk[i]inlik[i]) 'turpitudo, deformitas' (ibid. I 1603) ≤ *çirkin* 'ugly'.

çoklık, çokluk - 1641: *çokluk* (ciokluk) 'moltitudine' (Mol. 260); 1680: *çoklık* (ćiokłyk) 'abundantia, copia, incrementum, accesio, felicitas, benedictio, foecunditas, fertilitas, ubertas; merces' (Men. I 780), *çoklık* (ćiokłyk) 'multitudo, copia, abundantia' (ibid. I 825) ≤ *çok* 'much'. - The earliest confirmation of the word was in the XIVth century: *çoklık* (čqlq; XIV c.), *çoklık* (čwqlq; XIV/XV c.), *çoklık* (čwqlq; XV c), *çokluk* (čwqlwq; XV c.), *çoklık* (čwqlq; XVI c.) '1. Çok, pek çok, birçok. 2. Servet, zenginlik. 3. Çok zaman, uzun zaman' (TTS). Cf. also: 1551: *çokluk* (czokluk) (Sul.14, 22, 26).

çürüklik - 1680: *çürüklik* (ćiürükⁱlikⁱ) 'putor, putrefactio, putredo, corruptio' (Men. I 1676) ≤ *çürük* 'rotten'.

çüstlik - 1680: *çüstlik* (ćiüstlikⁱ) 'agilitas, velocitas, promptitudo' (Men. I 1616) ≤ *çüst* 'quick'.

daimalık, daimaluk - 1641: *daimaluk* (daimaluk) 'perpetuamente' (Mol. 300), *daimalık* (daimalik) 'perpetuita' (ibid. 301); 1677: *daimalık* (daimalich) 'perpetuita' (Masc. 124a); 1680: *daimlık* (daimlyk) 'aeternitas, perpetuitas' (Men. II 2019) ≤ *daima* 'always'.

danalık - 1680: *danalık* (dānālyk) 'scientia, intelligentia' (Men. II 2013) ≤ *dana* 'wise'.

darġunlık - 1680: *darġunlık* (darghunlyk) 'iracundia, ira, moeror, animi aegritudo' (Men. II 2001), *darġunlık* (dārghunlyk) 'tristitia, aerumna, moeror, cura, angustia animi' (ibid. II 3693) ≤ *darġun* 'angry'.

darlık, darluk - 1603: *darluk* (darluk) 'angustia' (Meg. I 90); 1611: *darlık* (darlik) 'destreza' (MN 183); 1641: *darlık* (darlik) 'noia, fastidio' (Mol. 272); 1680: *darlık* (darlykⁱ) 'angustia' (Men. I 1436), *darlık* (darlyk) 'angor animi, taedium' (ibid. II 3030), *darlık* (darlyk) 'angustia' (ibid. II 3065) ≤ *dar* 'narrow'.- This formation was registered by Argenti (1533): *bunun oghlı darlictsder ouero chessidsder* 'il figliuolo di costui é uelle strette' (Arg. 26).

datlık - 1677: *datlık* (datlich) 'dolcezza' (Masc. 42a) ≤ *dat = tat* 'taste'.

delilik - 1603: *delilik* (delilik) 'stultitia' (Meg. II 571); 1641: *delilik* (delilik) 'folia pazzia' (Mol. 151); 1680: *delilik* (delilikⁱ) 'stultitia' (Men. I 503, II 2133); *delülik* (delülikⁱ) 'stultitia' (ibid. I 2131) ≤ *deli* 'insane'.

delükanlulık - 1680: *delükanlulık* (delükanlülyk) 'fervor, levitas juventutis' (Men. II 2131) ≤ *delükanlu* 'young man, youth'.

derdümendlik - 1680: *derdümendlik* (derdümendlikⁱ) 'paupertas, miseria, afflictio, passio' (Men. II 2054) ≤ *derdümend* ≤ *derdmend* 'unfortunate'.

derinlik - 1641: *derinlik* (derinlik) 'pelago' (Mol. 297); *derinlik* (derinlik) 'profondita' (ibid. 321); 1680: *derinlik* (derinlikⁱ) 'fundus, profunditas' (Men. I 1331); *derinlik* (derinlikⁱ) 'profunditas' (ibid. II 2071) ≤ *derin* 'deep'.

dervişlik - 1680: *dervişlik* (derwiślikⁱ) 'paupertas; vita Religiosa' (Men. II 2067) ≤ *derviş* 'poor, dervish'.

destdirazlık - 1680: *destdirazlık* (destdirāzlyk) 'extensio manus, violentia' (Men. II 2077) ≤ *destdiraz* 'rapacious'.

devletlik - 1677: *devletlik* (deuiletlich) 'prosperita' (Masc. 140a), *devletlik* (deuilet-lich) 'signoria' (ibid. 205b) ≤ *devlet* 'prosperity, good luck'.

dilaverlik - 1680: *dilaverlik* (dilāwerlyk) 'strenuitas, fortitudo, bellicositas, animositas' (Men. I 954), *dilaverlik* (dilāwerlyk) 'fortitudo, strenuitas, bellicositas' (ibid. II 2119) ≤ *dilâver* 'brave'.

dilculık - 1680: *dilculık* (dilḡiulyk) 'demulsio cordis, complacentia' (Men. II 2121) ≤ *dilcu* 'captivating, beloved'.

dilgirlik - 1680: *dilgirlik* (dilgʲırlikʲ) 'aversio, indignatio, animi occupatio; afflictio' (Men. II 2127) ≤ *dilgir* 'offended, angry'.

dilirlik - 1680: *dilirlik* (dilirlikʲ) 'animositas, strenuitas, audacia' (Men. II 2132) ≤ *dilir* 'brave'.

dinclik - 1680: *dinclik* (dinḡlikʲ) 'quies, tranquillitas, otium, sedatio, pacatio, quietatio' (Men. I 171), *dinclik* (dinḡlikʲ) 'vigor' (ibid. II 2146) ≤ *dinç* '1. vigorous. 2. clear, calm'. - The earliest registration of the formation was in the XIVth century: *dinclik* (dynḡlk, dnḡlk) 'Rahat, huzur, asayış' (TTS).

dindarlık - 1680: *dindarlık* (dindārlyk) 'religionis observantia, constantia in fide' (Men. II 2218) ≤ *dindar* 'religious'.

dinsizlik - 1641: *dinsizlik* (dinsislik) 'perfidia' (Mol. 300); 1680: *dinsizlik* (dinsyzlikʲ) 'infidelitas' (Men. II 2218) ≤ *dinsiz* 'irreligious, atheist'.

dirazlık - 1680: *dirazlık* (dirazlik) 'longitudo' (Men. II 2043) ≤ *diraz* 'distant'.

divanelik - 1641: *divanelik* (diuanelik) 'farnesia' (Mol. 142), *divanelik* (diuanelik) 'frenesia' (ibid. 155); 1680: *divanelik* (dīwānelikʲ) 'stultitia, dementia, insania' (Men. II 2221) ≤ *divane* 'foolish, crazy'.

doğrıluk, doğrulık - 1652: *bu dunjadė, dogurlikten ey maldarluk joktur* (KAT 1); 1668: *doğrıluk* (dogrilugile) 'Ehrlichkeit' (Ill. 169); 1680: *doğrılık* (doghrylyk) 'rectitudo, integritas sinceritas' (Men. I 197); *doğrılık* (doghrylyk) 'rectitudo' (ibid. II 2177); *doğrulık* (doghrulyk) 'rectitudo' (ibid. II 2177); *doğrulık* (doghrulyk) 'rectitudo, veritas, fides, justitia' (ibid. II 2257); *doğrulık* (doghrulyk) 'rectitudo, recta via, via salutis' (ibid. II 2571); *doğrulık* (doghrulyk) 'amicitia vera, veritas, sinceritas, candor animi' (ibid. II 2942), *doğrılık* (doghrylyk) 'justum, rectum, pensatio: statura, *pec.* elegantior & longitudine conveniens; columen' (ibid. II 3776) ≤ *doğru* 'direct, straight. 2. right, true'. - The earliest records date back to 1598: *dogruluk* (dochrułuch) (Mh I 7, II 1).

dolaşıklık - 1680: *dolaşıklık* (dolaśiklyk) 'circuitio, ambages' (Men. II 3151) ≤ *dolaşık* 'intricate, confused'.

dolulık - 1641: *dolulık* (dolulik) 'pienezza' (Mol. 305); 1680: *dolulık* (dolułyk) 'plenitudo' (Men. I 801) ≤ *dolu* 'full'.- The earliest records come from the XIII/XIVth c.: *tolulıḡ-* (tlwlıḡ-) 'Ayın bedir hali' (TTS).

dostlık, dostluk - 1603: *dostluk* (dostluk) 'amicitia' (Meg. I 77); 1611: *dostlık* (dostlik) 'amistad' (MN 185); 1641: *dostluk* (dostluk) 'amicitia' (Mol. 41); 1672: *dostluk* (doszt[luk]) (NdH.215); 1680: *dostlık* (dostlyk) 'amicitia' (Men. I 176), *dostlık* (dostlyk) 'amicitia intima, consuetudo, societas, familiaritas' (ibid. I 391), *dostlık* (dostlyk) 'amicitia, benevolentia, charitas' (ibid. II 2170) ≤ *dost* 'friend'. - The earliest registration of this word was in the XVIth century. Cf.: 1591: *dostluk* (dostluc) 'munus amici, φτλιον' (Ln. 881); 1598: *dostluk* (dostłuch, dostłuk) (Mh I 30, II 17, 21, 24).

doyımluk, doyumlık, doyumluk - 1611: *doyımlık* (doimlik) 'botin, butin' (MN 185); 1641: *doyımluk* (doimluk) 'bottino, preda' (Mol. 73); *doyumluk* (doiumluk) 'impresa' (ibid. 197); 1680: *doyumlık* (dojumlyk) 'abundantia, copia, incrementum, accessio, felicitas, benedictio, foecunditas, fertilitas, ubertas; merces' (Men. I 781), *doyumlık* (dojumlyk) 'praeda, spolia' (ibid. II 2197) ≤ *doyum* 'satiety'. - The earliest records date back to the XVth century: *toyumlık* (twymlq; XV c), *toyumlık* (twymlq, twywmlq; XVI c.) '1. Ganimet. 2. Ziyafet, bahşiş' (TTS). Cf. also another source: 1533: *doyımluk* (doimluch) 'bottino' (Arg.49).

dünyalıg - 1670: *dünyalıg* (dünyalig) 'opulentia, wealth' (K 166) ≤ *dünya* 'world'.

düşmanluk, düşmenlik - 1603: *düşmenlük* (duschmenlük) (Meg. I 77); 1641: *düşmenlik* (dusc=menlik) 'nemicitia' (Mol. 269); 1668: *düşmanluk* (dusman[uk]luk) 'inimicitia' (Ill. 170); 1680: *düşmenlik* (düśmenlik^i) 'machinatio, hostilitas, despectus' (Men. I 562); *düşmenlik* (düśmenlik^i) 'odium' (ibid. I 852), *düşmenlik* (düśmenlik^i) 'inimicitia, odium, hostilitas' (ibid. II 2085), *düşmenlik* (düśmenlik^i) 'inimicitia, hostilitas, simultas, odium' (ibid. II 3228) ≤ *düşman, düşmen* 'enemy'.

düşvarlık - 1680: *düşvarlık* (düśwārlyk) 'difficultas' (Men. I 1242), *düşvarlık* (düśwārlyk) 'difficultas' (ibid. I 1469) ≤ *düşvar* 'difficult'.

ebedelik - 1641: *ebedelik* (ebedelik) 'eternalita' (Mol. 138), *ebedelik* (ebedelik) 'infinita' (ibid. 209) ≤ *ebedî* 'eternal'.

edepsizlik - 1641: *edepsizlik* (edepsislik) 'disonesta' (Mol. 123); *edepsizlik* (edepsislik) 'presuntione' (ibid. 315); 1680: *edepsizlik* (edepsyzlik^i) 'incivilitas, immodestia, insolentia, petulantia' (Men. I 112), *edebsizlik* (edebsyzlik^i) 'malefactum, offensa, malum' (ibid. I 169), *edebsizlik* (edebsyzlyk) 'impudentia' (ibid. I 976) ≤ *edepsiz* 'rude, ill-mannered'.

egrilik - 1677: *yol eğriliği* (iol eghrilighi) 'tortura di strada (Masc. 250b); 1680: *egrilik* (eg^irilik^i) 'curvitas, torvitas, anfractus' (Men. I 351), *egrilik* (eg^irilik^i) 'obliquitas, seu oblique incedere, in dextram & sinistram; reptando se distorquere serpentem' (ibid. I 1258) ≤ *egri* 'crooked'. - The earliest records date back to the XIIIth c.: *egrilik* ('krlk; XIII c.) 'Fenalık, kötülük, hiyanet' (TTS).

ekâbirlik - 1680: *ekâbirlik* (ek^iabirlik^i) 'magnitudo, magnificentia, majestas, dignitas, gloria, glorificatio, exaltatio' (Men. I 64), *ekâbirlik* (ek'abirlik') 'potentia, divitum vel magnatum status' (ibid. II 3833) ≤ *ekâbir* 'the great'.

eksiklik, eksiklük - 1641: eġsiklik (eghsiklik) 'colpa, difetto' (Mol. 96); *eksiklük* (eksikluk) 'mancamento' (ibid. 242); 1680: *eksiklik* (ek'sik'lik') 'defectus, inopia, vitium' (Men. I 353), *eksiklik* (ek'sik'lik') 'defectus, vitium, error' (ibid. I 1317), *eksiklik* (ek'sik'lik') 'defectus, vitium, locus, ubi in puteo exit aqua' (ibid. I 1897) ≤ *eksik* 'lacking, absent'. - The earliest records date back to the XVth century: *eksikligine kalmamak* ('ksklknh qlm-) 'Kusuruna bakma-' (TTS). Cf. also another source: 1587/88: *eksikligimizi kalma* (eksikligimeze kalma) 'Hab mihr es nicht vor ubel' (Lub.35).

ekşilik - 1677: *ekşilik* (ech-scilich) 'acerbezza' (Masc. 4b) ≤ *ekşi* 'sour'.

eminlik - 1641: *eminilik* (eminilik) 'securo' (Mol. 392), *eminlik* (eminlik) 'ranquillita' (ibid. 463); 1680: *eminlik* (eminlik') 'securitas, fides, pax, libertas, foedus quo quis securus manet, protectio; mora; integritas, sinceritas' (Men. I 410), *eminlik* (emjnlik') 'securitas, securitatis, foedus' (ibid. I 411) ≤ *emin* '1. safe. 2. certain, sure'.

enlilik - 1680: *enlilik* (enlilik') 'latitudo' (Men. II 2180) ≤ *enli* 'wide'.

erkeklik - 1680: *erkeklik* (crkck'lik') 'virilitas' (Mcn. I 148) ≤ *erkek* 'man'.

erlik - 1680: *erlik* (erlik') 'virilitas' (Men. I 149) ≤ *er* 'male'.- The earliest records come from the XIVth c.: *erlik* ('rlk; XIV c.), *erlik* ('rlk, 'rlyk; XIV/XV c.), *erlik* ('rlk; XV, XV/XVI, XVI c.) '1. Yiğitlik, kahramanlık, mertlik. 2. Erkeklik. 3. Tarikatta bir aşama' (TTS). Cf. also: 1570/90: *erlüg* (eörlüg) 'Menschlichkeit' (Bal.58).

esabsuzluk [≤ * *hesapsuzluk*] - 1677: *esabsuzluk* (essabsusluch) 'innumerabilita' (Masc. 71b) ≤ *esabsuz* ≤ * *hesapsuz* 'innumerable'.

esenlik - 1680: *esenlik* (esenlik') 'salus, salutatio, salutis optatio, fausta comprecatio, valedictio' (Men. II 2065) ≤ *esen* 'healthy'. - The earliest recording of this formation was in the XVth century: *esenlik* ('snlk; XV, XVI c.) '1. Dua, selâm. 2. Sağlık dileği. 3. Selamet, sağlık, rahat, huzur' (TTS).

esmerlik - 1641: *esmerlik* (esmerlik) 'nerezza' (Mol. 269) ≤ *esmer* 'dark'.

eşeklik - 1680: *eşeklik* (eśek'lik') 'asinitas, proprietas vel actio asinina, stupiditas' (Men. I 243) ≤ *eşek* 'donkey'.

eylik, eyülik - 1611: *eylik* (eilik) 'bondad' (MN 188); 1641: *eylik* (eylik) 'benefitio' (Mol. 71), *eylik* (eilik) 'giouamento' (ibid. 164); 1670: *eylik et-* (eylig et-) 'to do a favor' (K 168); 1677: *eylik* (eilich) 'benefici' (Masc. 21b), *eylik* (eilich) 'bonta' (ibid. 22b); 1680: *eylik* || *eyülik* (ejlik' || ejülik') 'bonitas, bonum; beneficium' (Men. I 606), *eylik* (ejlik') 'quietatio, tranquillatio, quies' (ibid. I 1154), *eylik* (ejlik') 'bonus, bonum, bonitas, bonum opus, bono bonisque abundans' (ibid. I 1984), *eylik* (ejlik[i]) 'bonum, *pec.* copiosum, opus, actio' (ibid. II 2042), *eylik* (ejlik[i]) 'beneficium, felicitas, faustum accidens; decem stellae seu constellationes quarum sex non sunt mansiones lunae, quatuor sunt domicilia ejus' (ibid. II 2617) ≤ *eyü* ≤ *iyi* 'good'. - Historical sources confirm the existence of this word since the XIVth century: *eylük*- ('ylwk-; XIV c.), *eylik* ('ylk; XIV/XV c.), *eylik* ('ylk; XV c), *eylük*- ('ylwk-; XV c.), *eylik* ('ylk; XVI c.), *eylük* ('ylwk; XVI c.) 'Iyilik' (TTS). Cf. also: 1533: *eylik* (eilich) 'bene et opera bona' (Arg. 50).

fakirlik, fakürlük - 1603: *fakürlük* (fakürlük) 'pauperies, paupertas' (Meg. II 221); 1641: *fakirlik* (fakirlik) 'inoptia, pouerta' (Mol. 215); 1680: *fakirlik* (faekyrlyk) 'paupertas seu redigi ad paupertatem; pauperem se prebere, se humiliare, humilitas' (Men. I 315), *fakirlik* (faekyrlyk) 'paupertas' (ibid. II 3538) ≤ *fakir* 'poor'.

faydalık - 1677: *faydalık* (faidalich) 'utile, utilita' (Masc. 276b) ≤ *fayda* 'profit'.

fenalık - 1641: *fenalık* (fenalik) 'miseria' (Mol. 257); 1670: *fenalık* (fenalik) 'evil' (K 169) ≤ *fena* 'bad'.

ferzanelik - 1680: *ferzanelik* (ferzānelik[i]) 'sapientia, scientia, singularitas, excellentia' (Men. II 3493) ≤ *ferzane* '1. eminent. 2. learned'.

fitnelik - 1641: *fitnelik* (fitnelik) 'astutia' (Mol. 63); 1680: *fitnelik* (fitnelik[i]) 'seditio, nequitia; fraus' (Men. II 3467) ≤ *fitne* '1. instigation. 2. disorder'.

ġaddarlık - 1680: *ġaddarlık* (ghaeddarlyk) 'perfidia, fraudulentia' (Men. II 3382) ≤ *ġaddar* 'cruel'.

ġafillik - 1680: *ġafillik* (ghāfillyk) 'imprudentia' (Men. II 3372), *ġafillik* (ghāfillyk) 'incuria, inadvertentia, incognitantia, socordia, negligentia, hallucinatio' (ibid. II 3415) ≤ *ġafil* 'careless'.

ġanilik - 1680: *ġanilik* (ghaenilyk) 'opulentia' (Men. I 700), *ġanilik* (ghaenilyk) 'multitudo, numerositas, *Gol.*: opulentia' (ibid. I 1521) ≤ *ġani* 'wealthy'.

ganimetlik - 1677: *ganimetlik* (ganimetlich) 'abbondante' (Masc. 2a) ≤ *ganimet* 'abundant'.

ġariblik - 1641: *kariblik* (kariblik) 'pellegrinaggio' (Mol. 297); 1670: *ġariblik* (ghariblik) 'ibid. ' (K 169), *kariblik* (kariblik) 'foreign place, away from home' (ibid. 176); 1680: *ġariblik* (ghaeriblik[i]) 'peregrinitas' (Men. II 3399) ≤ *ġarip* '1. curious. stranger'.

geçerlik - 1680: *geçerlik* (g[i]ećerlik[i]) 'facilitas divendendi aut distrahendi merces &c.' (Men. II 2375), *geçerlik* (g[i]ećerlik[i]) 'vendibilitas, meabilitas, cum quid facile & commode venditur aut distrahitur' (ibid. II 3880) ≤ *geçer* 'current'. - The earliest registration of this word was in the XVIth century: *geçerlik* (kčrlk) 'Rağbette olma, revaç' (TTS).

geçlik, geçlük - 1641: *geçlik* (ghiegzlik) 'lentezza' (Mol. 231), *geçlik* (ghiegzlik) 'ritardanza' (ibid. 357); 1677: *geçlik* (ghiec-lich) 'lentezza, tardamente' (Masc. 80b), *geçlük* (ghiec-luch) 'ritardanza' (ibid. 163a); 1680: *geçlik* (gⁱećlikⁱ) 'tarditas, segnities, cunctatio' (Men. I 841) ≤ *geç* 'late'.

gençlik - 1603: *genşlük* (genslük) 'adolescentia' (Meg. I 39), *genşlük* (genslük) 'iuventus' (ibid. I 762); 1641: *genclik* (ghiengzlik) 'adolesceza' (Mol. 19); 1677: *genclik* (ghiengilich) 'adolescenza' (Masc. 7a); 1680: *gençlik* (gⁱenćlikⁱ) 'juventus' (Men. II 4034) ≤ *genç* 'young''. - The earliest recording of the word was in 1587/88: *gençlik* (gentschlijk) 'Jugent' (Lub. 43).

geñezlik - 1680: *geñezlik* (gⁱen-ezlik) 'facilitas' (Men. I 171), *geñezlik* (gⁱen-ezlikⁱ) 'facilitas, lenitas, ductilitasque' (ibid. II 2648) ≤ *geñez* 'easy'. - The earliest records date back to the XIVth c.: *geñezlik* (kkzlk, kkāzlk, kkzlyk; XIV c.), *geñezlik* (kkzlk; XIV/XV c.), *geñezlik* (kkzlk; XV c.), *geñezlik* (kkzlk; XVI c.) 'Kolaylık, sühulet' (TTS).

geñişlik - 1680: *geñişlik* (gⁱen-yślikⁱ) 'largitas, latitudo, laxitas, amplitudo; ubertas, abundantia, copia, multitudo' (Men. I 942) ≤ *geñiş* 'wide'.

geñlik - 1680: *geñlik* (gⁱen-likⁱ) 'largitas, latitudo, laxitas, amplitudo; ubertas, abundantia, copia, multitudo' (Men. I 942) ≤ *geñ* 'broad'. - The earliest records date back to the XIVth c.: *giñlik* (kyklk; XIV c.), *geñlik* (kklk; XIV c.), *giñlik* (kyklk; XIV/XV c.), *geñlik* (kklk; XIV/XV c.), *giñlik* (kyklk; XV c.), *geñlik* (kklk; XV, XV/XVI c.), *giñlik* (kyklk; XVI c.), *geñlik* (kklk; XVI c.) 'Bolluk, genişlik, ferahlık' (TTS).

gerçeklik - 1680; *gerçeklik* (gⁱerćekⁱlikⁱ) 'veracitas, sinceritas, veritas' (Men. II 2945), *gerçeklik* (gⁱerćekⁱlikⁱ)' veracitas, veritas, certitudo' (ibid. II 3907) ≤ *gerçek* 'real, true'. - The earliest registration of the formation was in the XIVth c.: *gerçeklik* (krčklk; XIV c.), *gerçeklik* (krčklk; XV c.), *gerçeklik* (krčklk; XVI c.) 'Doğruluk, dürüstlük, sahihlik, hakikat' (TTS).

gerdenkeşlik - 1680: *gerdenkeşlik* (gⁱerdenkⁱeślikⁱ) 'superbia, elatio colli seu animi, contumacia, inobedientia' (Men. II 3914) ≤ *gerdenkeş* '1. arrogant. 2. disobedient'.

gereklik - 1641: *gereklik* (ghiereklik) 'occorenza' (Mol. 277); 1677: *gereklik* (ghierech-lich) 'necessita bisogno' (Masc. 104b), *gereklik* (ghierech-lich) 'occorreza' (ibid. 109b); 1680: *gereklik* (gⁱerekⁱlikⁱ) 'necessitas' (Men. II 3923) ≤ *gerek* 'necessary'.

gevçeklik, gevşeklik - 1680: *gevçeklik, gevşeklik* (gⁱewćekⁱlikⁱ, gⁱewśekⁱlikⁱ) 'lentor, laxitas, mollities' (Men. II 4081) ≤ *gevşek* 'soft, weak'.

gevezelik - 1680: *gevezelik* (gⁱewezelikⁱ) 'garrulitas' (Men. II 4075) ≤ *geveze* 'talkative'.

gökçeklik - 1680: *gökçeklik* (gⁱökćekⁱlikⁱ) 'pulchritudo' (Men. II 4086) ≤

gökçek 'pretty'. - The earliest confirmation of the formation was in the XIVth c.: *gökceklik* (kwkğklk; XIV c.), *gökçeklik* (kwkčklk; XV c.), *gökceklik* (kwkğklk; XVI c.), *gökçeklik* (kwkčklk; XVI c.) 'Güzellik' (TTS).

göñülsizlik - 1680: *göñülsizlik* (gⁱön-ülsizlikⁱ) 'lentitudo, inviti animi tarditas' (Men. II 4088) ≤ *göñülsiz* ≤ 'unwilling'.

ġurbetlik - 1670: *ġurbetlig* (ghurbetlig) 'foreign land away from home' (K 170); 1680: *ġurbelik* (ghurbelikⁱ) 'peregrinitas' (Men. II 3399) ≤ *ġurbet* 'exile, a being away from home'.

ġururlık - 1680: *ġururlık* (ghurūrlyk) 'superbia' (Men. II 3397) ≤ *ġurur* 'pride'.

güzellik - 1611: *güzellik* (gusellik) 'beldad, belleza' (MN 193); 1641: *gözellik* (ghiosellik) 'gratia, cioè bellezza' (Mol. 170); 1680: *gözellik* (gⁱözellikⁱ) 'pretium, aestimatio, valor, pulchritudo, elegantia' (Men. I 952); *güzellik* (gⁱüzellikⁱ) 'exhilaratio, hilaritas, laetitia, alacritas, gaudium jubilum, exultatio, pulchritudo, elegantia, decor, praestantia' (ibid. I 957), *güzellik* (gⁱüzellikⁱ) 'pulchritudo, elegantia formae, decorum' (ibid. I 1648), *güzellik* (gⁱüzellikⁱ) 'pulchritudo, decor, convenientia, ornamentum' (ibid. II 2850) ≤ *güzel* 'beautiful'. - The earliest records date back to 1570/90: *gözellüg* (gyözellwg) 'Schönheit' (Bal. 59).

* haberlik - cf.: *aberlik*

hainlik - 1641: *hainlik* (chainlik) 'infidie' (Mol. 216); 1680: *hainlik* (chāinlyk) 'infidelitas, perfidia' (Men. I 1851) ≤ *hain* 'deceitful'.

hakikatsuzluk - 1641: *hakikatsuzluk* (hakikatsusluk) 'ingratitudine' (Mol. 213) ≤ *hakikatsuz* 'unfaithful'.

haklük - 1603: *haklük* (hakluk) 'iustitia' (Meg. I 761) ≤ *hak* '1. the right, justice. 2. just'.

hamlık - 1641: *hamlık* (chamlik) 'agrezza, asprezza di frutti no maturi' (Mol. 27) ≤ *ham* 'unripe'.

haramzadelik - 1680: *haramzadelik* (haeramzadelikⁱ) 'astutia, nequitia, insolentia' (Men. I 1741) ≤ *haramzade* 'bastard'.

hasislik- - 1672: *hesizlik* (kheşizlik) 'Geiz' (NdH. 240); 1680: *hasislik* (chaesislyk) 'avaritia, vilis tenacitas' (Men. I 1898) ≤ *hasis* 'miser'.

hasutluk - 1641: *hasutluk* (hasutluk) 'inuidia' (Mol. 221) ≤ *hasut* 'jealous'.

hatırnüvazlık - 1680: *hatırnüvazlık* (chātyrnüwāzłyk) 'benignitas, gratiositas, blandities' (Men. I 1839) ≤ *hatırnüvaz* 'gracious, polite'.

hayasızlık, hayasuzlık - 1641: *hayasuzlık* (haiasuslik) 'arroganza' (Mol. 60); *hayasızlık* (haiasislik) 'presontione' (Mol. 317); 1680: *hayasızlık* (hajasyzlyk) 'jovialitas, petulantia, lascivia, impudentia' (Men. II 2874) ≤ *hayasız* 'shameless'.

hayvanlık, hayvanluk - 1641: *hayvanluk* (haiauanluk) 'saluatichezza' (Mol. 371); 1680: *hayvanlık* (haejwānlyk) 'bestialitas, brutalitas, brutum facinus, stoliditas' (Men. I 1828) ≤ *hayvan* 'animal'.

hazırlık - 1641: *hazırlık* (hasirlik) 'preparamento' (Mol. 316), *hazırlık* (hasirlik) 'prontezza' (ibid. 322); 1677: *hasırlık* (hassirlich) 'prontezza' (Masc. 139b); 1680: *hazırlık* (hazyrlyk) 'testimonium, attestatio, praesentia, conspectus, professio fidei' (Men. II 2883) ≤ *hazır* '1. ready. 2. present'.

hemdemlik - 1680: *hemdemlik* (hemdemlik[i]) 'sodalitas, amicitia intima, familiaritas' (Men. III 5492) ≤ *hemdem* 'friend'.

hemserlik - 1680: *hemserlik* (hemserlik[i]) 'aequalitas, consortium, conjugium' (Men. III 5494) ≤ *hemser* 'equal'.

hercayilik - 1680: *hercayilik* (hergiājilik[i]) 'instabilitas, inconstantia in amore, &c.' (Men. III 5459) ≤ *hercayi* 'inconstant'.

* **hesapsuzluk** - cf.: *esabsuzluk.*

heveslik - 1680: *heveslik* (heweslik[i]) 'cupido, studium, curiositas, delectatio' (Men. III 5514) ≤ *heves* 'desire, mania'.

hiciranlık - 1641: *hicıranlık* (higiranlık) 'malignita' (Mol. 241); 1677: *hiciranlık* (higgiranlich) 'malignita cioè cattiuita' (Masc. 87b) ≤ *hiciran* ≤ *hicran* 'bitterness of heart, mental pain'.

horlık - 1680: *horlık* (chorlyk) 'vilitas, contemptus, despectus, contemptibilem esse' (Men. I 1784), *horlık* (chorlyk) 'vilitas, contempus' (ibid. I 1969), *horlık* (chorlyk) 'vilitas, abjectio animi, humilitas, contemptus' (ibid. II 2239) ≤ *hor* 'despicable, contemptible'. - The earliest records date back to the XVth c.: *horlık* (hwrlq) 'Zillet' (TTS).

hoşamedlik - 1641: *hoşamedlik* (chosc=amedlik) 'adulatione' (Mol. 21); 1680: *hoşamedlik* (choś amedlik[i]) 'adulatio, assentatio' (Men. I 1971) ≤ *hoşamed* 'a welcoming'.

hoşlık - 1680: *hoşlık* (choślyk) 'bonitas, bonus status, valetudo, sanitas' (Men. I 1975) ≤ *hoş* 'pleasant, good'. - The earliest registration of the formation was in the XVth c.: *hoşluk* (hwšlwq) 'Tatlı, güzel, hoş' (TTS).

hoşnudlık - 1680: *hoşnudlık* (chośnudlyk) 'acquiescentia, consolatio animi' (Men. I 1902), *hoşnudlık* (chośnudlyk) 'beneplacitum, consensus, assensus, complacentia, acquiescentia, intentio, voluntas, permissio, conniventia, resignatio' (ibid. II 2323) ≤ *hoşnut* 'satisfied'.

hoyratlık, hoyratluk - 1641: *hoyratluk* (choiratluk) 'rustichezza' (Mol. 366), *hoyratlık* (choiratlik) 'ruuidezza' (ibid. 366); 1680: *horyatlık* (chorjatlyk) 'rusticitas' (Men. I 1970) ≤ *hoyrat* 'rough'.

hublık - 1641: *hublık* (chublik) 'bellezza, belta' (Mol. 70); 1680: *hublık* (chūblyk) 'pulchritudo, bonitas' (Men. I 1964) ≤ *hub* 'beautiful'.

hünerlik - 1680: *hünerlik* (hünerlik[i]) 'ars, industria, &c.' (Men. III 5504) ≤ *hüner* 'skill'.

hünerverlik - 1680: *hünerverlik* (hünerwerlik[i]) 'ars, industria, &c.' (Men. III 5504) ≤ *hünerver* 'wise'.

ıraklık - 1641: *ıraklık* (iraklik) 'discostamento' (Mol. 122), *ıraklık* (iraklik) 'distanza' (ibid. 125); 1680: *ıraklık* (iraklyk) 'distantia, longintuitas' (Men. I 589), *ıraklık* (iraklyk) 'longintuitas, distantia' (ibid. I 846), *ıraklık* (iraklyk) 'distantia, remotio, absentia, separatio' (ibid. II 2165) ≤ *ırak* 'distant'. - The earliest records date back to the XVth century: *ıraklık* ('rqlq, 'yrāqlq, 'rāqlq) 'Uzaklık' (TTS).

ısıcaklık - 1641: *ısıcaklık* (isigiaklik) 'caldezza, calore' (Mol. 76) ≤ *ısıcak* 'heat'.

ısılık - 1641: *ısılık* (ısilik) 'ardore, caldo' (Mol. 58); 1680: *ısılık* (issīlik[i]) 'calor, aestus' (Men. I 227), *ısılık* (issīlik[i]) 'calor, aestus, fervor, ardor' (ibid. I 1738), *ısılık* (issilik[i]) 'calor, aestus' (ibid. II 3928) ≤ *ısı* 'heat'.

ihmallık, ihmalluk - 1677: *ihmallık* (ihmallich) 'trascuraggine' (Masc. 251b); *ihmalluk* (ihmalluch) 'trascuraggine' (ibid. 253b); 1680: *ihmallık* (ihmāllyk) 'negligentia' (Men. I 571) ≤ *ihmal* 'neglect'.

ihtiyarlık - 1680: *ihtiyarlık* (ychtyjārlyk) 'senectus, provecta aetas' (Men. I 96), *ihtiyarlık* (ychtijārlyk) 'senectus, senilis aetas' (ibid. I 984) ≤ *ihtiyar* 'old'.

imanlık - 1677: *imanlık* (imanlich) 'pieta, diuozione' (Masc. 127b) ≤ *iman* 'faith'.

inadçılık - 1680: *inadçılık* (ynādćilik) 'obfirmatio animi, reluctatio, pertinacia' (Men. II 3335) ≤ *inadçı* 'obstinate (person).

inanmamaklık - 1680: *inanmamaklık* (inanmamaklyk) 'increduitas, diffidentia' (Men. I 436) ≤ *inanmamak* 'not to believe'.

inanmamalık - 1641: *inanmamalık* (inanmamalik) 'incredulita' (Mol. 204) ≤ *inanmama* 'an unbelieving'.

inanmazlık - 1680: *inanmazlık* (inanmazlyk) 'incredulitas, diffidentia' (Men. I 436) ≤ *inanmaz* 'unbelieving'.

inatlık - 1641: *inatlık* (inatlik) 'ostinatione' (Mol. 286); 1680: *inadlık* (ynādlyk) 'obfirmatio animi, reluctatio, pertinacia' (Men. II 3325) ≤ *inat* 'obstinacy'.

incelik - 1641: *incelik* (ingelik) 'argutia, sottiliezza' (Mol. 59), *incelik* (ingelik) 'sottigliezza' (ibid. 414) ≤ *ince* 'gentle'.

insafsızlık - 1680: *insafsızlık* (insafsyzlyk) 'immoderatio, indiscretio' (Men. I 460) ≤ *insafsız* 'unjust, cruel'.

irilik - 1680: *irilik* (irylyk) 'crassities' (Men. I 153), *irilik* (irylyk) 'asperitas, crassities' (ibid. I 1902), *irilik* (irilik[i]) 'durities, severitas, rigiditas, asperitas, rigor, vis, violentia' (ibid. II 3342) ≤ *iri* 'large'. - The earliest confirmation of this word was in the XIVth c: *irilik* ('rylk; XIV c.), *irilik* ('rlk, 'yrlk; XIV/XV c.), *irilik* ('rlk, yrylyk; XV c.) '1. Şişlik. 2. Sertlik, kabalık, katılık, huşunet' (TTS).

istahaluk - 1603: *istahaluk* (istahaluk) 'desiderium, cupiditas' (Meg. I 414) ≤ *istaha* ≤ *iştah* 'desire'.

işkillik - 1680: *işkillik* (iśkīllik[i]) 'suspicio continua, suspicacitas' (Men. I 243) ≤ *işkil* 'doubt, suspicion'.

işsizlik - 1680: *işsizlik* (iśsyzlik[i]) 'otium, otiositas' (Men. I 597) ≤ *işsiz* 'unemployed'.

itidalsızlık - 1680: *itidalsızlık* (y[ə]tidālsyzlik[i]) intemperantia, immoderatio' (Men. I 279) ≤ *itidalsız* 'immoderate'.

ittifaklık - 1680: *ittifaklık* (ittifāklyk) 'consensus, concordia, unio, foedus' (Men. I 44) ≤ *ittifak* 'a mutually conforming together, harmony'.

kabiliyetsizlik - 1680: *kabiliyetsizlik* (kābilietsyzlik[i]) 'incapacitas, inhabilitas, ineptitudo' (Mcn. II 3572) ≤ *kabiliyetsiz* 'incapable'.

kabillik - 1641: *kabillik* (kabillik) 'possibilta' (Mol. 312); 1680: *kabillik* (kabillyk) 'capacitas, habilitas, possibilitas' (Men. II 3572) ≤ *kabil* 'possible'.

kâbirlik - 1680: *kâbirlik* (k[i]ābirlik[i]) 'magnitudo' (Men. II 3833) ≤ *kâbir* 'great'.

kadirlik, kadirlük - 1603: *kadirlük* (kadirlük) 'potentia' (Meg. II 303); 1641: *kadirlik* (kadirlik) 'potenza' (Mol. 313), *kadirlik* (kadirlik) 'sofficienza' (ibid. 408); 1680: *kadirlik* (kadyrlyk) 'potentia' (Men. II 3576) ≤ *kadir* 'powerful'.

kâhillik - 1680: *kâhillik* (k[i]āhillik[i]) 'torpor, segnities, ignavia' (Men. I 1333), *kâhillik* (k[i]āhillik[i]), pigritia, ignavia, torpor, desidia' (ibid. I 1412), *kâhillik* (k[i]āhillik[i]) 'lentor, languor in actione, tarditas, pigritia, negligentia' (ibid. II 3859), *kâhillik* (k[i]āhillik[i]) 'tarditas, desidia, segnities' (ibid. II 4107) ≤ *kâhil* 'lazy'.

kalınlık, kalunluk - 1677: *kalunluk* (calunluch) 'grossezza' (Masc. 59b); 1680: *kalınlık* (kałyn-lyk) 'crassities' (Men. II 3594) ≤ *kalın* 'thick'.

kallaşlık - 1680: *kallaşlık* (kaellaślyk) 'astutia, calliditas, malitia' (Men. II 3739) ≤ *kallaş* 'treacherous'.

kâmranlık - 1680: *kâmranlık* (k[i]āmrānlyk[i]) 'felicitas, deliciae, voluptas, fruitio omnium, quae animus appetit' (Men. II 3853) ≤ *kâmran* 'happy'.

karanlık, karanluk, karanulık - 1603: *karanlük* (karanluck) 'caligo' (Meg. I 201), *karanlük* (karanlük) 'tenebrae' (Meg. II 613); 1611: *karanlık* (caranlik) 'oscuridad' (MN 203); 1641: *karanlık* (karanlık) 'infoscatione' (Mol. 210), *karanlık* (karanlik) 'scuro' (ibid. 390); 1670: *karanluk* (caranluc) 'nigredo' (Mg. 57); 1670:

şeb karanlığın (sheb karanlighin) 'in the darkness of night' (K 176); 1672: *karanluk* (karanluk) 'Dunkelheit' (NdH, 238); 1680: *karanulık* (karanulyk) 'obscuritas, caligo, tenebrae' (Men. I 1038) *karañlık* (karan-lyk) 'obscuritas, caligo, nubes obscura coelum tegens ac pluviae ferax' (ibid. II 2031), *karañlık, karañulık* (karan-lyk, karan-ulyk) 'obscuritas, principium noctis; tenebrae' (ibid. II 3173) ≤ *karanu* 'dark, obscure'. - The earliest records date back to the XIVth c.: *karañulık* (qrākwlq, qārkwlq; XIV c.), *karañulık* (qārkwlq, qrākwlq; XV c.), *karanulık* (qrākwlq; XVI c.) 'Karanlık'(TTS).

kararlık - 1680: *kararlık* (kaerārlyk) 'constantia, firmitas' (Men. II 3657) ≤ *karar* 'firmness'.

kârdanlık - 1680: *kârdanlık* (k^iārdānlyk) rerum peritia' (Men. II 3841) ≤ *kârdan* 'skillful'.

karışıklık - 1680: *karışıklık* (kariśiklyk) 'terror, molestia, aegritudo, aerumna, confusio infortunium, turba, seditio, tumultus, discordia, perturbatio, tentamen, incommodium, damnum, malum; procella, seu fluctus Maris' (Men. I 249) ≤ *karışık* 'mixed, confused'.

karşulık - 1680: *karşulık* (karśülyk) 'contrarietas, oppositio, objectio' (Men. II 3668) ≤ *karşu* 'opposite, contrary'. - The earliest records date back to the XIVth century: *karşulık* (qršwlq; XIV c.), *karşılık* (qršlq; XIV c.) 'Muhalefet, karşı koyma' (TTS).

katılık - 1680: *katılık* (katylyk) 'fortificatio, corroboratio, invalescentia, firmitas' (Men. I 231), *katılık* (kaetylyk) 'durities, vehementia, asperitas; adversitas, egestas' (ibid. II 2566), *katılık* (kaetilik^i) 'vehementia, durities, rigor' (ibid. II 3630) ≤ *katı* 'hard'. - The earliest confirmation of this formation was in the XIV c.: *katılık* (qtlq, qātlq; XIV c.), *katılık* (qātylq, qtlq; XV c.), *katılık* (qātylq; XVI c.) 'Güçlük, şiddet, mesakkat, sertlik' (TTS).

kavilik, kavilük - 1641: *kavilik* (kauilik) 'fermezza' (Mol. 144), *kavilük* (kauiluk) 'stabilezza' (Mol. 428); 1680: *kavilik* (kaewilik^i) 'firmitas, stabilitas' (Men. II 3811) ≤ *kavi* 'strong'.

kefillik - 1641: *kefillik* (kiefillik) 'segurta' (Mol. 394); *kefillik* (k^iefillik^i) 'sigurta' (ibid. 404); 1680: *kefillik* (k^iefillik^i) 'praedem sponsoremve esse, talemque se constituere pro alio, praestare se fidejussorem pro eo pecunia sua apud creditorem' (Men. II 3978) ≤ *kefil* 'guarantor, sponsor'.

kekrelik - 1680: *kekrelik* (k^iek^irelik^i) 'acerbitas' (Men. II 3986) ≤ *kekre* 'acrid'.

kemlik, kemlük - 1611: *kemlik* (kemlik) 'dano' (MN 205); 1641: *kemlik* (kiemlik) 'malignita' (Mol. 241), *kemlik* (kiemlik) 'malitia' (ibid. 242), *kemlük* (kiemluk) 'sceleraggine' (ibid. 380); 1680: *kemlik* (k^iemlik^i) 'malitia, malum, pravitas' (Men. II 4021) ≤ *kem* 'bad, evil'.

kemyablık - 1680: *kemyablık* (kⁱemjāblikⁱ) 'raritas' (Men. II 4024) ≤ *kemyab* 'rare'.

keskinlik - 1680: *keskinlik* (kⁱeskⁱinlikⁱ) 'vis, acies, severitas' (Men. II 3953) ≤ *keskin* 'sharp'.

kısırlık - 1680: *kısırlık* (kysyrlyk) 'sterilitas' (Men. II 3707) ≤ *kısır* 'sterile'.

kıtlık, kıtluk - 1603: *kıtluk* (kitluk) 'caritas, annona' (Meg. I 222); 1611: *kıtılık* (chitilich) 'carestia' (FrG 67); 1677: *kıtılık* (chittilich) 'carestia' (Masc. 25a), *kıtlık* (chıtlıch) 'penuria, carestia' (ibid. 123a); 1680: *kıtlık* (kytlyk) 'ipsa caritas, penuria' (Men. II 3417), *kıtlık* (kytłyk) 'penuria, defectus, paucitas, caritas' (ibid. II 3629), *kıtlık* (kytlyk) 'penuria, annonae angustia' (ibid. II 3724) ≤ *kıt* 'scarce, little, few'. - The earliest records date back to 1564: *kıtlık* (qtlq) 'голод, недород' (KnS 152).

kızgınlık, kızgunlık - 1680: *kızgunlık* (kyzghunlyk) 'calor, caliditas, ardor' (Men. I 1466), *kızgunlık* (kyzghunlyk) 'ardor, inflammatio' (ibid. I 1059), *kızgınlık* (kyzghynlyk) 'fervor & fervefactio' (ibid. II 3927) ≤ *kızgın, kızgun* '1. hot. 2. angry'.

kocalık, kocaluk - 1603: *kocaluk* (kogaluk) 'senecta, senectus, senium' (Meg. II 498); 1677: *kocalık* (cogialich) 'uecchiezza' (Masc. 264a); 1680: *kocalık* (kogialyk) 'senectus, senilis aetas' (Men. I 984), *kocalık* (kogiałyk) 'senium, vetustas' (ibid. II 3578), *kocalık* (kogialyk) 'senecta, senectus' (ibid. II 3784) ≤ *koca* '1. old, aged. 2. large. 3. husband'. - The earliest confirmation of the formation was in the XIVth c.: *kocalık* (qwǧālq, qwǧlq; XIV c.), *kocalık* (qǧālq, qwǧālq; XV c.), *kocalık* (qwǧhlq, qwǧālq, qwǧlq; XVI w.) 'Ihtiyarlık' (TTS). Cf. also: 1587/88: *kocılık* (kodschilijk) 'Alter' (Lub. 53).

kokuluk - 1641: *kokuluk* (kokuluk) 'odorato' (Mol. 278) ≤ *koku* 'smell, scent'.

kolaylık - 1641: *kolaylık* (kolailik) 'facilita' (Mol. 140); 1680: *kolaylık* (kolajlyk) 'facilitas' (Men. I 171), *kolaylık* (kolajlyk) 'facilitatio *pass.* facilitas, facilem & expeditam alicui esse rem, paratam ac bene dispositam' (ibid. I 1505), *kolaylık* (kołajlyk) 'facilitas' (ibid. II 3804) ≤ *kolay* 'easy'.

konuklık, konokluk - 1672: *konokluk* (konokluk) 'Gastfreundschaft' (NdH 242); 1680: *konuklık* (konuklyk) 'convivium; tractatio, hospitalitas' (Men. II 3809), *konuklık* (konuklyk) 'convivium, epulae' (ibid. II 3058) ≤ *konuk* 'guest'. - The earliest registration of the formation was in the XIVth century: *konuklıg-* (qnqlǧ-, qnqlyǧ-; XIV c.), *konuklık* (qwnqlq; XIV c.), *konuklug-* (qnwqlwǧ-; XIV c.), *konuklık* (qwnqlq; XV c.), *konukluk* (qnqlwq; XV c.), *konuklık* (qwnqlq, qwnwqlq; XVI c.) 'Zıyafet' (TTS); 1533: *konukluk* (conucchlucch) 'comito' (Arg. 74); 1587/88: *kunukluk* (cunukluk) 'Panket' (Lub. 54).

korkaklık - 1677: *korkaklık* (corcach-lich) 'timore' (Masc. 247a); 1680: *korkaklık* (korkaklyk) 'timiditas, pusillanimitas, ignavia' (Men. II 3789) ≤ *korkak* 'timid, cowardly'.

korkulık, korkuluk - 1603: *korkulık* (korkulik) 'metus' (Meg. II 61); 1641: *korkuluk* (korkuluk) 'pericolo' (Mol. 300), *korkuluk* (korkuluk) 'timidita' (ibid. 448, 455, 456); 1680: *korkulık* (korkulyk) 'terriculum, timor & periculum' (Men. II 3790) ≤ *korku* 'fear'. - Meninski also records this word with another meaning. Cf.: *korkulık* (korkulyk) 'adminiculum, balaustrae, lorica pontis, porticus, scalae pontis scalarum &c.' (Men. II 3093), *korkulık* (korkulyk) 'lorica, adminiculum pontis, scalarum' (ibid. II 3791), *korkulık* (korkułyk) 'acroteria, prominentiores & distinctae hic illic muri seu propugnaculi partes fere pinnatae, post quas milites latent & per interstitia tela jaciunt, pinnae castelii, etiam coronae' (ibid. II 4042). It is difficult to ascertain as to whether the words presented above also derive from the noun *korku*, for their semantic relationship with this word is vague. We cannot exclude that these are homonyms. - Historical sources have registered the word *korkulık* since the XVIth century. Its meaning is adjectival but the semantic relationship with the word-formation basis is clear. Cf.: *korkulık* (qwrqwlg; XVI c.) 'Korkulu' (TTS).

korkunclık - 1680: *korkunclık* (korkunḡlyk) 'formidabilitas, terribilitas' (Men. II 3790) ≤ *korkunç* 'terrible'.

korkusızlık - 1680: *korkusızlık* (korkusyzlyk) 'securitas, fides, pax, libertas, foedus quo quis securus manet, protectio; mora, sinceritas, integritas' (Men. I 410), *korkusızlık* (korkusyzlyk) 'securitas, periculi & timoris carentia & audentia, animus intrepidus ' (ibid. II 3790) ≤ *korkusız* '1. fearless. 2. safe'.

köhnelik - 1680: *köhnelik* (kⁱöhnelikⁱ) 'vetustas vestis; senectus' (Men. II 4105) ≤ *köhne* 'old'.

kötilik, kötülik - 1680: *kötilik, kötülik,* (kⁱötilikⁱ, kⁱötülikⁱ) 'malitia, malum' (Men. II 4054) ≤ *köti, kötü,* 'bad'.

kudretsizlik - 1680: *kudretsizlik* (kudretsyzlikⁱ) 'impotentia' (Men. II 3641) ≤ *kudretsiz* 'powerless'.

kuduzlık - 1641: *kuduzlık* (kuduslik) 'rabbia' (Mol. 334); 1680: *kuduzlık* (kuduzlyk) 'rabies' (Men. II 3786) ≤ *kuduz* 'rabid, mad (dog)'.

kuraklık - 1680: *kuraklık* (kurakłyk) 'siccitas, ariditas' (Men. II 3786) ≤ *kurak* 'dry'.

kurılık, kurulık - 1680: *kurılık, kurulık* (kurylyk, kurulyk) 'siccitas' (Men. II 3792, 3793) ≤ *kuru* 'dry'.

kutlulık - 1680: *kutlulık* (kutlulyk) 'felicitas, faustitas' (Men. III 5078) ≤ *kutlu* 'happy'. - The earliest recording of this formation was in the XVIth c.: *kutlulık* (qwtlwlq) 'Saadet' (TTS).

kuvetlilik, kuvetlilük - 1641: *kuvetlilük* (kuvetliluk) 'gagliardezza' (Mol. 158), *kuvetlilik* (kuvetlilik) 'robustezza' (ibid. 361) ≤ *kuvvetli* 'powerful, strong'.

kuvvetsizlik - 1680: *kuvvetsizlik* (kuwwetsyzlik[j]) 'infirmitas, debilitas, imbecillitas' (Men. II 3043), *kuvvetsizlik* (kuwwetsyzlik[j]) 'impotentia, virium imparitas, debilitas, imbecillitas' (ibid. II 3782) ≤ *kuvvetsiz* 'weak, feeble'.

küçüklik - 1641: *güçüklik* (ghiuciuklik) 'picciolezza' (Mol. 304); 1680: *küçüklik* (k[i]üciük[i]lik[j]) 'parvitas, exilitas' (Men. II 4056) ≤ *küçük* 'little'.

küstahlık - 1680: *küstahlık* (k[i]üstāchlyk) 'audacia nimia, temeritas, praesumptio, arrogantia, inverecundia, incivilitas, inurbanitas, error, culpa' (Men. II 3948) ≤ *küstah* 'insolent, shameless'.

küşadelik - 1680: *küşadelik* (k[i]üšādelyk) 'apertio, hilaritas; candor, serenitas' (Men. II 3961) ≤ *küşade* 'opened, cheerful (face).

latiflik - 1641: *latiflik* (latiflik) 'nobilta' (Mol. 271) ≤ *latif* 'nice, pleasant'.

lecuclık - 1680: *lecuclık* (legiūḡlyk) 'contentio, rixa, obstinatio' (Men. II 4154) ≤ *lecuc* 'quarrelsome'.

mağrurluk - 1641: *magrurluk* (magrurluk) 'altezza superbia' (Mol. 37); *mağrurluk* (maghrurluk) 'ferocita' (ibid. 144); *mağrurluk* (magrurluk) 'orgoglio' (ibid. 284); *mağrurluk* (maghrurluk) 'superbia' (ibid. 442); 1680: *mağrurlık* (maeghrurlyk) 'superbia, praesumptio, arrogantia' (Men. III 4795) ≤ *mağrur* 'proud, conceited'. - The earliest confirmation of the word was in the XVIth century.: *magrurlık* (m'grwrlyq) 'orgoglio' (TAO 108).

mahirlik - 1680: *mahirlik* (māhirlik[j]) 'praestantia, artis peritia' (Men. III 4258) ≤ *mahir* 'expert, skillful'.

maldarlık, maldarluk - 1652: *maldarluk* (maldarluk) (KAT 1); 1680: *maldarlık* (māldārlyk) 'opulentia' (Men. III 4247) ≤ *maldar* 'wealthy'.

manzurlık - 1680: *manzurlık* (maenzūrlyk) 'visibilitas' (Men. III 4970) ≤ *manzur* 'seen'.

mazlumlık - 1680: *mazlumlık* (maezlūmlyk) 'modestia, mansuetudo' (Men. III 4739) ≤ *mazlum* 'quiet, modest'.

mecnunlık, mecnunlik - 1677: *mecunlık* (meggiununlighi) 'pazzia d'amore' (Masc. 120a); 1680: *mecnunlik* (meḡnūnlik[j]) 'insania, mania' (Men. I 1661); *mecnunlık* (meḡnūnlyk) 'insania, dementia' (ibid. III 4410) ≤ *mecnun* 'mad, insane'.

medetlük - 1603: *medetlük* (medetluk) 'clementia' (Meg. I 274) ≤ *meded* 'help'.

mekkârlık - 1680: *mekkârlık* (mek[i]k[i]ārlyk) 'dolus, nequitia' (Men. III 4856) ≤ *mekkâr* 'habitually deceitful'.

melullık - 1677: *melullık* (melullich) 'afflizione' (Masc. 8b) ≤ *melul* 'sad'.

merdanelik - 1680: *merdanelik* (merdānelik[i]) 'virilitas' (Men. I 149), *merdanelik* (merdānelik[i]) 'virilitas, strenuitas' (ibid. III 4567) ≤ *merdane* 'manly, in a brave manner'.

merdefkenlik - 1680: *merdefkenlik* (merdefkenlik[i]) 'athletae robur, fortitudo, potentia' (Men. III 4566) ≤ *merdefken* 'heroic, powerful'.

merdlik - 1670: *merdlig* (merdlig) 'valor' (K 181); 1680: *merdlik* (merdlik[i]) 'virilitas' (Men. I 149); *merdlik* (merdlik[i]) 'virilitas, strenuitas' (ibid. III 4568) ≤ *mert* 'brave'.

merdümlik, merdümlük - 1641: *merdümlük* (merdumluk) 'sublimita d'animo' (Mol. 439); 1680: *merdümlik* (merdümlik[i]) 'virilitas' (Men. I 149) ≤ *merdüm* 'man, human being'.

mevlutlık - 1641: *mevlutlık* (meulutlik) 'celebrita' (Mol. 86) ≤ *mevlut* 'a religious meeting held in memory of a deceased person, in which the Mevlud is chanted'.

mihmandarlık - 1680: *mihmandarlık* (mihmāndārlyk) 'hospitalitas' (Men. III 5058) ≤ *mihmandar* 'hospitable person, host'.

mihrubanlık - 1680: *mihrubanlık* (mihrübānlyk) 'amicitia' (Men. I 979) ≤ *mihruban* 'friendly, loving'.

minetlik - 1641: *minetlik* (minetlik) 'ringratiamento' (Mol. 351); 1677: *minetlik* (minetlich) 'ringraziamento' (Masc. 158b) ≤ *minnet* 'praise, thanks'.

miraslık - 1677: *miraslık* (miraslich) 'eredita' (Masc. 45a) ≤ *miras* 'inheritance'.

miskinlik - 1680: *miskinlik* (misk[i]īnlik[i]) 'paupertas, inopia, miserabilis status' (Men. III 4654) ≤ *miskin* 'poor, wretched'.

muaflık - 1641: *muaflık* (muaflik) 'essentione' (Mol. 135); 1680: *muaflık* (mu-aflyk) 'immunitas ab oneribus publicis' (Men. III 4748) ≤ *muaf* '1. exempted. 2. free (from)'.

muhabbetlik - 1677: *muhabetlik* (muhabetlich) 'affezione' (Masc. 8a); 1680: *muhabbetlik* (muhaebbetlik[i]) 'amor, amicitia' (Men. III 4425) ≤ *muhabbet* 'love, affection'.

muhkemlik - 1680: *muhkemlik* (muhk[i]emlik[i]) 'firmitas, soliditas, foedus, pactum; epistola, scheda, literae' (Men. III 5337) ≤ *muhkem* 'strong'.

mukayetlik - 1641: *mukayetlik* (mukaietlik) 'sollecitudine' (Mol. 409); *mukayatlık* (mukaiatlik) 'osseruatione' (ibid. 286); 1677: *mukayetlik* (muccaietlich) 'industria' (Masc. 68a), *mukayetlik* (mucaiet-lich) 'perseueranza' (ibid. 124a), *mukayetlik* (mucaietlich) 'sollecitudine' (ibid. 211a) ≤ *mukayet* 'diligent, attentive'.

musahiblik - 1641: *musahiblik* (musahiblik) 'famigliarita' (Mol. 201); 1680: *musahiblik* (musāhyblyk) 'familiaritas' (Men. III 4691) ≤ *musahib* 'companion, friend'.

mübareklik - 1680: *mübareklik* (mübārek[i]lik[i]) 'beatitudo, felicitas, prosperitas, faustitas' (Men. II 2615), *mübareklik* (mübārek[i]lik[i]) 'benedictio, felicitas, faustitas, sanctitas' (ibid. III 4265), *mübareklik* (mübārek[i]lik[i]) 'felicitas, prosperitas; felix, auspicium' (ibid. III 5608) ≤ *mübarek* 'blessed, holy'.

mübezzirlik - 1680: *mübezzirlik* (mübezzirlik[i]) 'luxus, prodigalitas' (Men. III 4275) ≤ *mübezzir* 'extravagant'.

mücerredlik - 1680: *mücerredlik* (müğerredlik[i]) 'solitas, solitudo, solitaria vita; hinc caelibatus' (Men. III 4400) ≤ *mücerred* 'isolated, single'.

mülaimlik - 1680: *mülaimlik* (mülāimlik[i]) 'mansuetudo, facilitas, humanitas, benignitas' (Men. III 4882) ≤ *mülaim* 'mild, suitable'.

mülasıklık - 1680: *mülasıklık* (mülāsyklyk) 'contiguitas' (Men. III 4877) ≤ *mülasık* 'contiguous'.

mümsiklik - 1680: *mümsiklik* (mumsik[i]lik[i]) 'parsimonia, tenacitas' (Men. III 4912) ≤ *mümsik* 'tenacious, stingy'.

münafıklık - 1680: *münafıklık* (münāfyklyk) 'hypocrisis in religione, impietas, atheismus' (Men. III 4927) ≤ *münafık* 'hypocrite especially in religion'.

mürailik - 1641: *mürailik* (murailik) 'hippocrisia' (Mol. 175); 1680: *mürayılık* (mürājiłyk) 'hypocrisis' (Men. III 4550) ≤ *mürai* 'hypocritical'.

mürvetlik - 1641: *mürvetlik* (muruetlik) 'generosita' (Mol. 161); 1677: *mürvetlik* (muruetlich) 'clemenza' (Masc. 29b), *mürvetlik* (muruetlich) 'cortesia' (ibid. 34b) ≤ *mürvet* ≤ *mürüvvet* 'munificence, generosity'.

mürvetlilik - 1641: *mürvetlilik* (muruetlilik) 'clemenza' (Mol. 93), *mürvetlilik* (muruetlilik) 'cortesia' (ibid. 109) ≤ *mürvetli* ≤ *mürüvvetli* 'generous'.

mürüvvetsizlik - 1680: *mürüvvetsizlik* (mürüwwetsyzlik[i]) 'inhumanitas' (Men. III 4585) ≤ *mürüvvetsiz* 'ungenerous'.

müsafirlik, müsafirlük - 1677: *müsafirlük* (mussafirluch) 'stranezza' (Masc. 233a); 1680: *müsafirlik* (müsafirlik[i]) 'hospitis tractatio, vel exceptio, hospitalitas qua aliquis excipitur; convivium, epulum' (Men. III 5058) ≤ *müsafir* 'guest'.

müslimanlık, müsülmanlık - 1680: *müslimanlık, müsülmanlık* (müslimānlyk, müsülmānlyk) 'Timor Dei, pietas, religio, abstinentia' (Men. I 1325), *müsülmanlık* (müsülmanlyk) 'fides & religio Mahometana' (Men. III 4656) ≤ *müsliman* = *müsülman* 'Moslem'.

müsriflik - 1680: *müsriflik* (müsriflik[i]) 'prodigalitas, luxus' (Men. III 4648) ≤ *müsrif* 'prodigal'.

müsteminlik - 1677: *müsteminlik* (musteminlich) 'franchezza' (Masc. 52b); 1680: *müsteminlik* (musteeminlik[i]) 'immunitas' (Men. III 4616) ≤ *müste'min* 'who applies for safety'.

müşküllik - 1677: *müşküllik* (muscchiullich) 'dubitazione' (Masc. 43a); 1680: *müşküllik* (müśk[i]üllik[i]) 'difficultas' (Men. III 4684) ≤ *müşkül* 'difficult'.

mütekebbirlik - 1680: *mütekebbirlik* (mütek[i]ebbirlik[i]) 'elatio, superbia' (Men. III 4352) ≤ *mütekebbir* 'proud, arrogant'.

müzevvirlik - 1680: *müzevvirlik* (müzewwirlik[i]) 'falsitas, adulterandi rem aut sermonem ars, versutia, nequitia' (Men. III 4602) ≤ *müzevvir* 'who falsifies'.

nadanlık - 1680: *nadanlık* (nādānlyk) 'ignorantia, idiotismus, inscitia; insipientia' (Men. III 5090) ≤ *nadan* 'tactless, indelicate'.

nadirlik - 1680: *nadirlik* (nādirlik[i]) 'raritas, infrequentia' (Men. III 5091) ≤ *nadir* 'rare'.

napaklik, napaklük - 1641: *napaklük* (napakluk) 'sporcaria, sporcitia' (Mol. 424); 1680: *napaklik* (nāpāk[i]lik[i]) 'impuritas, immunditia' (Men. III 5082) ≤ *napak* 'unclean'.

natüvanlık - 1680: *natüvanlık* (nātüwānlyk) 'debilitas, impotentia, infirmitas' (Men. III 5086) ≤ *natüvan* 'not strong, weak'.

naümidlik, naümizlik - 1680: *naümidlik, naümizlik* (nāümidlik[i], nāümizlik[i]) 'desperatio, spei amissio' (Men. III 5081) ≤ *naümid* 'hopeless, in despair'.

nayeksanlık - 1680: *nayeksanlık* (najek[i]sānlyk) 'imparitas, disparitas' (Men. III 5124) ≤ *nayeksan* 'unequal'.

naziklik, nazüklik - 1641: *nazüklik* (nasuklik) 'argutia, sottigliezza' (Mol. 59), *naziklik* (naziklik) 'gentilezza' (ibid. 161); 1680: *naziklik* (nazik[i]lik[i]) 'ludus, ludulus, minutum quidvis, tenue; tenuitas, subtilitas' (Men. I 654), *naziklik* (nazik[i]lik[i]) 'gracilitas, concinna corporis statura' (ibid. III 4578), *naziklik* (nazik[i]lik[i]) 'teneritudo, mollities, subtilitas' (ibid. III 5095) ≤ *nazik, nazük* 'delicate; elegant'. - The earliest records date back to the XVIth century: *nazüklik* (n'zwqlyq) 'cortesia'(TAO 113).

nekeslük - 1641: *nekeslük* (nekiesluk) 'cupidigia, auaritia' (Mol. 112) ≤ *nekes* 'mean, stingy'.

nemnâklık - 1680: *nemnâklık* (nemnāk[i]lik[i]) 'uligo, humiditas' (Men. III 5261) ≤ *nemnâk* 'damp, humid'.

neticelük - 1641: *neticelük* (netigieluk) 'risolutione' (Mol. 355) ≤ *netice* 'result, effect'.

nihayetsizlik - 1680: *nihayetsizlik* (nihajetsizlik[i]) 'infinitas, eccessus, enormitas' (Men. III 5288) ≤ *nihayetsiz* 'infinite, endless'.

nikhahlık - 1680: *nikhahlık* (nık'chāhlyk) 'benevolentia, bonorum faustorumve alicui apprecatio aut optatio' (Men. III 5302) ≤ *nikhah* 'well-wishing, friendly'.

niknamlık - 1680: *niknamlık* (nīk'nāmlyk) 'bonum nomen, bona fama' (Men. III 5302) ≤ *niknam* 'good name, good reputation'.

nümayanlık - 1680: *nümayanlık* (nümājānlyk) 'apparitio, isus, species' (Men. III 5257) ≤ *nümayan* 'evident'.

oransızlık - 1680: *oransızlık* (oransyzłyk) 'immoderatio' (Men. I 497) ≤ *oransız* 'unmeasured'.

ölümsüzlik - 1641: *ölümsüzlik* (olumsuslik) 'immortalita' (Mol. 193) ≤ *ölümsüz* 'immortal'.

önegülik - 1680: *önegülik* (öneg'ülik') 'contentio, competentia, aemulatio, rixatio, dimicatio, pugna' (Men. II 2554), *önegülik* (öneg'iulik') 'contentio, reluctatio, obstinatio' (ibid. II 4151) ≤ *önegü* 'obstinate'. - The earliest records date back to the XIVth c.: *önegülik* ('nkwlk, 'wnākwlyk; XIV c.), *önegilik* ('nklk; XV c.), *önegülik* ('wnkwlk; XV c.), *önegülik* ('wnhkwlk, 'wnkwlk, 'nkwlk; XVI c.) 'İnat, inatçılık, dik kafalılık' (TTS).

özlülık - 1680: *özlülık* (özlülyk) 'tenacitas, viscositas, medulla, pinguedo; rectitudo, facilitas, prosperitasque operis' (Men. I 1597) ≤ *özlü* 'substantial'.

paçarızlık - 1641: *paçarızlığ* (paciarisligh) 'difficolta' (Mol. 118), *paçarızlığ* (paciarisligh) 'disturbamento' (ibid. 126), *paçarızlık* (paciarislik) 'occupatione' (ibid. 278); 1677: *paçarışlık* (paciarisclich) 'disturbamento' (Masc. 41b), *paçarışlık* (paciarisclich) 'occupazione' (ibid. 109b) ≤ *paçarız* 'intricate'.

pahaluk - 1668: *pahaluk* (pahaluk) 'invidia' (Ill. 191) ≤ *paha* ≤ *pahil* 'uncharitable'.

paklik - 1641: *paklik* (paklik) 'santimonia' (Mol. 372); 1680: *paklik* (pāk'lik') 'puritas, castitas, mundities, sanctitas, perfectio omnis imperfectionis expers' (Men. I 678), *paklik* (pāk'lik') 'sanctitas, puritas, sanctificatio, magnificatio' (ibid. I 1309), *paklik* (pāk'lik') 'mundities, puritas, nitor' (ibid. I 1404) ≤ *pak* 'clean, holy'.

parsalık - 1680: *parsalık* (pārsālyk) 'probitas, secessus, abstinentia a mundanis, devotio' (Men. I 645) ≤ *parsa* 'pious, holy'.

paydarlık - 1680: *paydarlık* (pājdārlyk) 'stabilitas, firmitas, constantia, perpetuitas' (Men. I 699) ≤ *paydar* 'stable, firm'.

perdenişinlik - 1680: *perdenişinlik* (perdeniśinlik) 'solitaria & sedentaria vita' (Men. I 767) ≤ *perdenişin* 'who lives in seclusion'.

perhizkârlık - 1680: *perhizkârlık* (perhizk'ārlik') 'abstinentia, continentia, sobrietas' (Men. I 800), *perhizkârlık* (perhizk'ārlyk) 'continentia, pudicitia' (ibid. I 1769) ≤ *perhizkâr* 'sober'.

pirlik - 1680: *pirlik* (pīrlik[i]) 'senectus, senilis aetas' (Men. I 984), *pirlik* (pirlik[i]) 'senecta, senectus' (ibid. II 3784) ≤ *pir* 'old'.

pişmanlık - 1603: *peşmaluk* (peschmaluk) 'poenitentia' (Meg. II 286); 1677: *pişmanlık* (piscimanlich) 'pentimento' (Masc. 123a); *puşmanlık* (pusci-manlich) 'penitenza, pentimento' (ibid. 122b); 1680: *peşimanlık* (peśīmānlyk) 'poenitentia, moeror, desiderium' (Men. I 165); *peşimanlık* (peśīmānlyk) 'poenitudo, poenitentia facti' (ibid. I 835) ≤ *pişman* 'regretful, sorry'.

rafızılık - 1641: *rafazılık* (rafasılik) 'heresia' (Mol. 175); 1680: *rafızılık* (rāfyzylyk) 'haeresis' (Men. II 2262) ≤ *rafizî* 'heretic'.

rahatlık, rahatluk - 1641: *rahatlık* (rahatlik) 'reposo' (Mol. 342), *rahatluk* (rahatluk) 'riposo' (ibid. 353); 1680: *rahatlık* (rāhaetlyk) 'commoditas' (Men. II 2252) ≤ *rahat* 'comfortable, quiet'.

rahatsızlık - 1641: *rahatsızlık* (rahatsislik) 'incommodita disaggio' (Mol. 203); 1680: *rahatsızlık* (rāhaetsyzlyk[i]) 'inquietudo, incommoditas' (Men. II 2252) ≤ *rahatsız* 'uncomfortable, unquiet'.

ranalık - 1680: *ranalık* (rae°nālyk) 'pulchritudo' (Men. II 2334) ≤ *rana* 'beautiful'.

rastlık - 1680: *rastlık* (rāstlyk) 'rectitudo, veritas' (Men. II 2257) ≤ *rast* 'straight, right'.

razılık - 1680: *razılık* (rāzylyk) 'consensus, complacentia' (Men. II 2260) ≤ *razı* 'willing, approving'.

refiklik - 1680: *refiklik* (refyklyk) 'societas itineris' (Men. II 2345) ≤ *refik* 'companion'.

riayetsizlik - 1680: *riayetsizlik* (ry°ājetsizlik[i]) 'irreverentia' (Men. II 2332) ≤ *riayetsiz* 'disrespectful'.

rüsvaylik - 1680: *rüsvaylik* (rüswājlik[i]) 'probro exponi, ignonimia affici' (Men. I 1292), *rüsvaylik* (rüswājlik[i]) 'dedecus, infamia, ignominia, opprobrium' (ibid. II 2314) ≤ *rüsvay* 'publicly disgraced'.

sabırlık, sabrılık - 1641: *sabrılık* (sabrilik) 'moderanza, moderatione' (Mol. 259); 1680: *sabırlık* (saebyrlyk) 'tolerantia, patientiae usus multus' (Men. II 2851) ≤ *sabır* 'patient'.

sabırsızlık - 1641: *sabırsızlık* (sabirsislik) 'impatientia' (Mol. 194); 1677: *sabrısuzlık* (sabrisuslich) 'imdazienza' (Masc. 63b); 1680: *sabırsızlık* (saebyrsyzlik[i]) 'impatientia, intolerantia' (Men. II 2932) ≤ *sabırsız* 'impatient'.

safilik - 1641: *safilik* (safilik) 'purita' (Mol. 329) ≤ *safi* 'clear'.

sağlık, sağluk - 1603: *sağluk* (sagluk) 'salus' (Meg. II 462), *sağluk* (sagluk) 'sanitas' (ibid. II 462); 1641: *sağlık* (saglik) 'sanita' (Mol. 371); 1680: *sağlık* (saghlyk) 'sanitas, vita' (Men. II 2919), *saġlık* (saghlyk) 'sanitas, integritas, rectitudo, veritas' (ibid. II 2937) ≤ *saġ* 'healthy'. - The earliest registration of the formation was in the XIVth c.: *saġlık* (sāġlq; XIV c.), *saġlık* (sāġlq; XIV/XV w.), *saġlık* (sāġlq; XV c.) 'Sıhhat, esenlik' (TTS). Cf. also: 1485: *saġluġ-* (sagloug-) (Jus.3); 1533: *saġluġıla* (saghlughila) 'con sanita' (Arg. II 8), *saġlıġum* (seni sagh ghiormeghe scen durum zere sen san jcchien benum saghlighum duturum) 'jo mi ralegro uederti sagh perche quando tu sei sano pare essere sano ad me' (ibid. 35); 1598: *sahlık* (sachyłch) (Mh II 27); 1587/88: *var saġluġıla* (var saglughilla) 'Gehe gesundt' (Lub. 55).

sahihlik - 1680: *sahihlik* (saehyhlyk) 'sanitas, integritas, rectitudo, veritas' (Men. II 2937) ≤ *sahih* 'true, good'.

sakitlik - 1680: *sakitlik* (sāk'itlik') 'taciturnitas, silentium' (Men. II 2520) ≤ *sakit* 'silent, mute'.

sarplık -1680: *sarplık* (saerplyk) 'vehementia, morositas, severitas' (Men. I 1419), *sarplık* (saerplyk) 'asperitas, durities, acrimonia, corrosio' (ibid. II 2949) ≤ *sarp* 'very steep'.- The earliest records date back to the XVIth c.: *sarplık* (srplq) Güçlük' (TTS).

semizlik, semislük - 1641: *semizlik* (semislik) 'grassezza' (Mol. 170); 1668: *semislük* (szemiszluk) 'pingvedo' (Ill. 194); 1680: *semizlik* (semizlik) 'pinguem esse, obesum, obesitas' (Men. I 1136), *semizlik* (semizlik') 'pinguedo, obesitas' (ibid. II 2671) ≤ *semiz* 'fat'. - The earliest records date back to 1533: *semizlük* (semisluch) 'grassezza' (Arg. 50); 1587/88: *semişlik* (semischlick) 'Feistikeit' (Lub. 56). Cf. also: *semizlık otı* (smzlk 'wty; XVI c.) 'Semizotu'. (TTS).

serbestlik - 1680: *serbestlik* (serbestłyk') 'exemptio' (Men. II 2584) ≤ *serbest* 'free'.

sergendanlık - 1680: *sergendanlık* (serg'endanlyk) 'stupor; perturbatio mentis' (Men. I 1824) ≤ *sergendan* 'bewildered, perplexed'.

sersamlık, sersemlik - 1680: *sersamlık, sersemlik* (sersāmlyk, sersemlik') 'stupiditas' (Men. II 2593) ≤ *sersam* '1.stunned. 2. foolish'.

serdlik, sertlik - 1680: *sertlik* (sertlyk') 'asperitas, durities, severitas, rigor, austeritas' (Men. II 2586), *serdlik, sertlik* (serdlik', sertlik') 'asperitas, rigor, frigiditas' (ibid. II 2591) ≤ *sert* 'hard'.

sevinmeklik - 1677: *sevinmeklik* (seuinmech-lich) 'allegrezza' (Masc. 10b) ≤ *sevinmek* 'to be glad'.

sınġınlık - 1611: *sınġınlık* (singhinlic) 'pusillanimita' (FrG 71); 1680: *sınġınlık* (synghynlyk) 'clades, exercitus strages' (Men. II 2993) ≤ *sınġın* 'broken, defeated'. - The earliest records date back to the XVIth c.: *sınġınlık* (snġnlq) 'Bozgunluk, mağlubiyyet' (TTS).

sırlık - 1677: *sırlık* (sirlich) 'secretezza' (Masc. 196a) ≤ *sır* 'secret'.

sofilik - 1680: *sofilik* (sofilik^i) 'devotio, pietas' (Men. III 3007) ≤ *sofi* 'mystic, devotee'.

souklık, soukluk - 1677: *soukluk* (souch-luch) 'tepidezza' (Masc. 245b); 1680: *souklık* (so-uklyk) 'frigus, frigiditas, tepor in amicitia' (Men. I 793), *souklık* (souklyk) 'frigiditas, tepor, remissio in amicitia' (ibid. II 3008) ≤ *souk* ≤ *soguk* 'cold'.

suçsızlık - 1680: *suçsızlık* (sućsyzlik^i) 'innocentia' (Men. II 3002) ≤ *suçsız* 'innocent'.

susızlık, susuzlık - 1641: *susuzlık* (sususlik) 'sete, voglia di bere' (Mol. 400); 1680: *susızlık* (susyzlik^i) 'desiderium seu desiderium prae se ferre' (Men. I 1250), *susızlık* (susyzlik^i) 'sitis' (Men. II 3006) ≤ *susız, susuz* 'waterless'.

sügüvarlık - 1680: *sügüvarlık* (sug^iüwārlyk) 'luctus, planctus' (Men. II 2714) ≤ *sügüvar* 'sad'.

sükutluk - 1641: *sükutluk* (sukiutluk) 'taciturnita' (Mol. 444) ≤ *sükut* 'silence'.

süstlik - 1680: *süstlik* (süstlik^i) 'cunctatio, languor & lassitudo seu lentum languidumque esse' (Men. I 1449), *süstlik* (süstłyk^i) 'debilitas, impotentia' (ibid. II 2613) ≤ *süst* '1. feeble. 2. soft'.

şadlık - 1670: *şadlıġ-* (shadlig-, shadligh-) 'joy, happiness' (K 187); 1680: *şadılık* (śādīlyk) 'hilaritas' (Men. II 2537), *şadlık* (śādlyk) 'laetitia, gaudium, jubilum' (ibid. II 2744) ≤ *şad* 'joyful, happy'.- Meninski also registered this formation in form: *şazlık* (śazlyk) 'laetitia, hilaritas, alacritas' (Men. I 15), *şazlık* (śazlyk) 'exhilaratio, hilaritas, laetitia, alacritas, gaudium, jubilum, exultatio; pulchritudo, elegantia, decor, praestantia' (ibid. I 957), *şazlık, şazılık* (śazlyk, śazilyk) 'laetitia, gaudium, jubilum' (ibid. II 2744), *şazlık* (śazlyk) 'jucunditas, amoenitas, oblectamentum, ornatus' (ibid. III 5168) ≤ *şaz, şad* 'happy, joyful'. - The earliest confirmation of this word was in the XIVth c.: *şadılık* (sadilik) 'Sevinç, neş'e, eğlence, şenlik' (DKK 206) also *şazılık* (sazilik) 'Sevinç, neş'e, eğlence, şenlik' (ibid. 207).

şadumanlık - 1680: *şadumanlık* (śādümānlyk) 'hilaritas' (Men. I 827), *şadumanlık* (śadümānlyk) 'laetitia, gaudium, jubilum' (ibid. II 2744), *şadumanlık* (śādümānlyk) 'alacritas, lubentia, hilaritas, laetitia' (ibid. III 5180) ≤ *şaduman* 'cheerful'.

şairlik - 1641: *şairlik* (sc=airlik) 'poesia' (Mol. 308) ≤ *şair* 'poet'.

şakilik - 1680: *şakilik* (śaekylyk) 'astutia, nequitia, insolentia' (Men. I 1741), *şakilik* (śaekylyk) 'infaustitas, miseria, vilitas, paupertas, petulantia, insolentia, licentia, iniquitas, latrocinatio, facinorositas' (ibid. II 2833) ≤ *şaki* '1. robber. 2. rebel. 3. sinner'.

şarkadelik - 1680: *şarkadelik* (śarkadelik[i]) 'petulantia' (Men. II 2803) ≤ *şarkade* 'quarrelsome'.

şaşkınlık, şaşkunluk - 1611: *şaşkınlık* (schaschkinlik) 'conturbado' (MN 225); 1641: *şaşkunluk* (sc=asc=kunluk) 'smarrimento' (Mol. 406), *şaşkunluk* (sc=asc=kunluk) 'stupidita' (ibid. 438); 1680: *şaşkınlık, şaşkunlık* (śaśkynlyk, śaśkunlyk) 'confusio, pusillanimitas, consternatio, stupiditas' (Men. II 2748) ≤ *şaşkın* 'bewildered'.

şefkatsizlik - 1680: *şefkatsizlik* (śefkaetsyzlik[i]) 'inclementia, inhumanitas, atrocitas' (Men. II 2829) ≤ *şefkatsiz* 'hard-hearted'.

şenlik, şenlük - 1603: *şenlük* (schenlük) 'gaudium' (Meg. I 590); 1641: *şenlik* (sc=enlik) 'allegrezza' (Mol. 34), *şenlik* (sc=enlik) 'letitia' (ibid. 232); 1670: *şenlik* (shenlik, shenlig-) 'feast, festivity, frolic' (K 187); 1672: *şenlik* (senlik) 'Frohlichkeit, Freude' (Ill. 255); 1680: *şenlik* (śenlik[i]) 'hilaritas, laetitia' (Men. I 861), *şenlik* (śenlik[i]) 'exhilaratio, hilaritas, laetitia, alacritas, gaudium, jubilum, exultatio, pulchritudo, elegantia, decor, praestantia' (ibid. I 957); *şenlik* (śenlik[i]) 'gaudium, laetitia, hilaritas, jubilum' (ibid. II 2605); *güzel şenlik* (g[i]üzel śenlik[i]) 'egregia laetitia' (ibid. II 3095) ≤ *şen* 'cheerful'. - The earliest records date back to the XVth c.: *şenlik* (šnlk; XV c.), *şinlik* (šynlk-; XV c.), *şenlik* (šlnk, šynlk; XVI c.) '1. Meskun ve mamur olma hali. 2. Sevinç, neşe, şetaret, messeret'(TTS); 1533: *şenlik* (scenlich) 'alegreze' (Arg. 35); cf. also: XVI c.: *şenlik, şinlik* (šen lyq, šynlyq) 'prospero' (TAO 127).

şeriflik - 1641: *şeriflik* (seriflik) 'nobilta' (Mol. 271) ≤ *şerif* ≤ *şeref* 'honor'.

şeytanlık - 1680: *şeytanlık* (śejtānlyk) 'diabolismus, diabolica malitia aut superbia, pervicacia' (Men. II 2900) ≤ *şeytan* 'devil'.

şirinlik, şerinlük - 1641: *şirinlik* (sc=irinlik) 'adolcimento' (Mol. 19), *şirinlik* (s=cirinlik) 'soauita' (ibid. 408), *şirinlik* (sci=rinlik) 'suauita' (ibid. 439); 1677: *şerinlük* (scerinluch) 'suauita, dolcezza' (Masc. 235b); 1680: *şirinlik* (śīrīnłyk) 'suavitas, dulcedo' (Men. II 2898) ≤ *şirin* '1. sweet. 2. pleasant'.

şumlık - 1680: *şumlık* (śūmlyk) 'infaustitas, infelicitas' (Men. II 2881) ≤ *şum* 'evil omen'.

tahirlik - 1680: *tahirlik* (tāhirlik[i]) 'mundities, puritas' (Men. II 3079) ≤ *tahir* 'pure'.

talisizlik - 1680: *talisizlik* (tāly°sizlik[i]) 'fortunae adversitas continua, aut ex sydcribus contingens' (Men. II 3076) ≤ *talisiz* ≤ *talihsiz* 'luckless'.

tamahkârlık, tamahkârluk - 1677: *tamahkârluk* (tamahchiarluch) 'ingordamente' (Masc. 70b); 1680: *tamahkârlık* (taemae k[i]ārlyk) 'aviditas, avaritia' (Men. II 3127) ≤ *tamahkâr* 'greedy'.

tamahlık - 1641: *tamahlık* (tamahlik) 'cupidigia, auaritia' (Mol. 112) ≤ *tamah* 'stingy'.

tamamlık - 1641: *tamamlık* (tamamlik) 'perfettione' (Mol. 299); 1680: *temamlık* (temāmlyk) 'integritas, totalitas, perfectio' (Men. I 1383) ≤ *tamam* 'ready, complete'.

tañrılık, tañrıluk - 1641: *Tañrıluk* (Tangriluk) 'diuinita' (Mol. 126); 1670: *Tañrılık* (Tangrilic) 'deitas' (Mg. 57); 1680: *tañrılık* (tan-rilikⁱ) 'deitas, divinitas' (Men. I 403, 1342) ≤ *Tañrı* 'God'. - The earliest recording of the word was in the XVth c.: *tañrılık* (tnkrlq) 'Uluhiyyet' (TTS). Cf. also 1533: *tañrıluk* (tangriluch) 'teologia' (Arg.75).

tasalık - 1677: *tasalık* (tassalich) 'afflizione' (Masc. 8b) ≤ *tasa* 'care, grief'.

taslaklık - 1641: *taslaklık* (taslaklik) 'goffaria' (Mol. 167) ≤ *taslak* 'rough, not finished'.

tatlıluk, tatlulık, - 1611: *dadlılık* (dadlilik) 'dulcar' (MN 182); 1641: *datlılık* (datlilik) 'adolcimento' (Mol. 19), *datlılık* (datlilik) 'dolcezza' (ibid. 127), *datlılık* (datlilik) 'soauita' (ibid. 408), *tatlıluk* (tatliluk) 'suauita' (ibid. 439); 1680: *tatlulık* (tatlülyk) 'dulcedo, suavitas' (Men. I 1796), *tatlulık* (tatlulyk) 'dulcor, dulcedo, sapor, suavitas' (ibid. II 3063) ≤ *tatlı, tatlu* 'sweet'.

tatsızlık - 1680: *tatsızlık* (tatsyzlikⁱ) 'insipiditas, insulsitas' (Men. II 3062) ≤ *tatsız* 'tasteless'.

tazelik - 1641: *tazelik* (taselik) 'adolesceza' (Mol. 19); 1670: *tazelig-* (tazelig-) 'youth' (K 189); 1680: *tazelik* (tazelikⁱ) 'viror, juventus' (Men. I 1039) ≤ *taze* 'fresh'. - The earliest records date back to 1570/90: *tazelüg* (tazelvgh) 'Jugend' (Bal.60).

tekebbürlik - 1603: *tekebürlik* (tekeburlik) 'arrogantia' (Meg. I 125), *tekebürlik* (tekeburlik) 'superbia' (ibid. II 588); 1680: *tekebbürlik* (tekⁱebbürlikⁱ) 'elatio, superbitio, seu superbia, tumor animi, gloriatio, fastus, ambitio' (Men. I 1336) ≤ *tekebbür* 'a being proud'. - The earliest registration of the formation was in the XIVth century: *tekebbürlik* 'Kibirlilik, mağrurluk' (DKK 208).

telbislik - 1641: *telbislik* (telbislik) 'tristitia' (Mol. 467); 1680: *telbislik*, *telbizlik* (telbīslikⁱ, telbīzlikⁱ) 'fraudulentia, fraus' (Men. I 1363); *telbislik* (telbīslikⁱ) 'fallacia, fraus' (ibid. I 1866) ≤ *telbis* 'a cheating'.

telhlık - 1680: *telhlık* (telchłyk) 'amaritudo' (Men. I 70, 1366) ≤ *telh* 'bitter'.

tembellik - 1641: *tembellik* (tembellik) 'accidia, poltronaria' (Mol. 9); 1680: *tembellik* (tembellikⁱ) 'pigritia, ignavia torpor, desidia' (Men. I 1412) ≤ *tembel* 'lazy'.

temizlik - 1611: *temizlig-* (themislig-) (MN 227); 1641: *temizlik* (temislik) 'nettezza' (Mol. 270), *temizlik* (temislik) 'politezza' (ibid. 309); 1680: *temizlik* (temizlikⁱ) 'mundities, puritas, nitor' (Men. I 1404) ≤ *temiz* 'clean'.

tendürüstlik - 1680: *tendürüstlik* (tendürüstlīk[j]) 'sanitas, bonitas' (Men. I 956), *tendürüstlik* (tendürüstlik[j]) 'sanitas, incolumitas, vigor corporis, firma valetudo' (ibid. I 1419) ≤ *tendürüst* 'healthy'.

tenhalık - 1680: *tenhalık* (tenhalyk) 'solitudo, secessus' (Men. I 1442) ≤ *tenha* 'alone, lonely'.

teşnelik - 1680: *teşnelik* (teśnelik[j]) 'sitis magna' (Men. I 1200) ≤ *teşne* 'thirsty'.

tezlik, tizlik - 1641: *tezlik* (teslik) 'celerita' (Mol. 86); 1677: *tezlik* (teslich) 'celerita' (Masc. 27a), *tezlik* (teslich) 'prestezza' (ibid. 136b), *gayet tezlik* (gaiet teslich) 'uelocita' (ibid. 265a); 1680: *tezlik, tizlik* (tezlik[j], tizlik[j]) 'celeritas, velocitas, promptitudo, iracundia, facilitas ad iram concipiendam' (Men. I 1505) ≤ *tez, tiz* 'quick'.

toklık, tokluk - 1677: *t*okluk: *kabil tokluġa* (cabil tochluga) 'saziabile' (Masc. 178b); 1680: *toklık* (toklyk) 'satietas' (Men. II 2733, 2771) ≤ *tok* 'filled, full'.

ucuzlık, ucuzluk - 1641: *ucuzluk* (ugiusluk) 'abondanza' (Mol. 5), *ucuzlık* (ugiuslik) 'grassa vale abondanza' (ibid. 170); 1680: *ucuzlık* (uġiuzlyk) 'vilitas pretij' (Men. I 140), *ucuzlık* (uġiuzlyk) 'levitas pretij, copia, abundantia annonae' (ibid. I 491) ≤ *ucuz* 'cheap'.

ululık - 1680: *ululık* (ululyk) 'magnitudo, magnificentia, dignitas' (Men. I 548), *ululık* (ululyk) 'magnitudo, amplitudo, gloria, honor, celsitudo, nobilitas' (ibid. I 808), *ululık* (ułulyk) 'amplitudo, gloria, honor, *pec.* juxta quosdam, decus generis a majoribus ad posteros transmissum, & laus Deo' (ibid. III 4395) ≤ *ulu* 'great, large'. - The earliest confirmation of the word was in the XVIth c.: *ululık* ('wlwlq) 'Azamet' (TTS).

uryanlık - 1680: *uryanlık* (urjanlyk) 'nuditas' (Men. II 3255) ≤ *uryan* 'naked'.

usullılık - 1677: *usullılık* (vssul-lilich) 'leggiadrezza' (Masc. 79b) ≤ *usullı* '1. systematic. 2. quiet, gentle'.

utanmazlık - 1641: *utanmazlık* (utanmaslik) 'ignominia' (Mol. 189) ≤ *utanmaz* 'shameless'.

uyanıklık - 1680: *uyanıklık* (ujanyklyk) 'vigilia, vigilantia' (Men. I 979) ≤ *uyanık* 'vigilant'.

uyukusızlık - 1680: *uyukusızlık* (ujukusyzlyk) 'insomnia, nimia, vigilia' (Men. I 557), *uyukusızlık* (ujukusyzlyk) 'vigilia' (ibid. II 2721) ≤ *uyukusız* 'sleepless'.

uzaklık - 1641: *uzaklık* (usaklık) 'discostamento' (Mol. 122); 1680: *uzaklık* (uzaklyk) 'distantia' (Men. I 509); *uzaklık* (uzaklyk) 'distantia, longinquitas' (ibid. I 589, 846) ≤ *uzak* 'distant, remote'.

uzunlık, uzunluk - 1603: *uzunlük* (usunlük) 'longitudo' (Meg. I 813); 1677:

uzunluk (vssunluch) 'lunghezza' (Masc. 84b); 1680: *uzunlık* (uzunlyk) 'longitudo' (Men. II 2044); *uzunlık* (uzunłyk) 'longitudo, *pec.* vitae, aetas' (ibid. II 3150) ≤ *uzun* 'long'.

ümidsizlik - 1680: *ümidsizlik* (ümīdsyzlik[i]) 'desperatio' (Men. I 428) ≤ *ümidsiz* 'hopeless'.

ürkülük - 1641: *ürkülük* (vrkiuluk) 'terrore' (Mol. 454) ≤ *ürkü* 'fear'. - The earliest records date back to the XIVth c.: *ürkülik* ('rkwlk; XIV c.), *ürkülik* ('rklk; XIV/XV c.), *ürkülik* ('wrkwlk, 'rkwlk; XV c.), *ürkülik* ('wrkwlk; XVI c.) 'Tehlike, kendisinden korkulan şey, fitne, karışıklık, iğtişaş' (TTS).

üslubsızlık - 1680: *üslubsızlık* (üslūbsyzlik[i]) 'immoderatio' (Men. I 221) ≤ *üslubsız* 'irregular; uncouth'.

varlık, varlük - 1603: *varlük* (varlük) 'divitiae' (Meg. I 441); 1680: *varlık* (wārłyk) 'quod est aut habetur, essentia, substantia, facultates, opes' (Men. III 5316), *varlık* (warlyk) 'esse, existentia, subsistentia, substantia; divitiae' (ibid. III 5470) ≤ *var* 'existent, present'. - The earliest registration of the formation was in 1580: *varlık* 'Sein' (Mur.643).

vefasuzluk - 1641: *vefasuzluk* (vefasusluk) 'scortesia' (Mol. 388) ≤ *vefasuz* 'unfaithful'.

yadlık, yadluk - 1641: *yadluk* (iadluk) 'straniezza' (Mol. 434); 1680: *yadlık* (iādlyk) 'ignoti status, peregrinitas' (Men. I 1002), *yadlık* (jadłyk) 'extraneitas, status extranei & ignoti' (ibid. III 5535) ≤ *yad*. Cf. Rdh.: *yad elde* 'in a foreign land; away from home'. - The earliest recording of the derivative was in the XIV/XVth c.: *yadlık* (yādlq; XIV/XV, XV, XVI c.) 'Yabancılık, bigânelik, ayrı gayrılık' (TTS).

yakınlık, yakunluk - 1641: *yakunluk* (iakunluk) 'vicinaza' (Mol. 480); 1677: *yakınlık* (iachinlich) 'rasiera' (Masc. 150b); 1680: *yakınlık* (iaekynlyk) 'vicinitas, seu invicem vicinos ac vicinitate junctos esse' (Men. I 1073), *yakınlık* (iaekynlyk) 'vicinum esse, vicinitatem inire aut servare, in fidem & clientelam recipere' (ibid. I 1668) ≤ *yakın* 'near'. - The earliest records appeared in the XIVth century in *yakınlık kıl-* (yqnlq ql-) 'Cinsî münasebette bulun-' (TTS).

yakışıklık - 1680: *yakışıklık* (jakyśyklyk) 'convenientia, elegantia, aptitudo' (Men. III 5547) ≤ *yakışık* '1. suitability. 2. beauty'.

yalıncaklık - 1680: *yalıncaklık* (ialyngiaklyk) 'nuditas' (Men. I 799) ≤ *yalıncak* '1.naked. 2. all alone'.

yalıñızlık - 1677: *yalnızlık* (ialnislich) 'singolarmente' (Masc. 206b); 1680: *yalıñızlık* (ialyn-yzlyk) 'absoluta authoritas, plenum dominium, proprietas & plenipotentia expresse data' (Men. I 200), *yalıñızlık* (iałyn-yzłyk) 'singularitas' (ibid. I 464), *yalıñızlık* (ialyn-yzlyk) 'solitudo, secessus' (ibid. I 1442), *yalıñızlık* (jalyn-yzlyk) 'solitas, solitudo, unitas' (ibid. III 5550) ≤ *yalıñız* '1. only. 2. alone'.

yañazlık - 1680: *yañazlık* (jan-azlyk) 'morositas' (Men. III 5589) ≤ *yañaz* 'peevish, spoiled'.

yañşaklık - 1680: *yañşaklık* (jan-śaklyk) 'garrulitas, blateratio, nugae' (Men. III 5593) ≤ *yañşak* 'talkative'.

yaramazlık, yaramazlug - 1603: *yaramazlık* (iaramaslyk) 'malignitas' (Meg. II 13), *yaramazlık* (iaramaslyk) 'malitia' (ibid. II 14); 1668: *yaramazlug* (iaramazlug) (Ill. 205); 1677: *yaramazlık* (iaramaslich) 'scelleraggine' (Masc. 185a); 1680: *yaramazlık* (iaramazlyk) 'malefactum, offensa, malum' (Men. I 169), *yaramazlık* (jaramazlyk) 'malum, malitia, malignitas, calamitas' (ibid. II 2692), *yaramazlık* (jaramazlyk) 'malus, improbus, pessimus, malignus; malum, maleficium, malitia, malignitas, pravitas' (ibid. II 2790) ≤ *yaramaz* '1. useless. 2. naughty'. - The earliest records date back to the XVth c.: *yaramazlık* (yrāmzlq, yrāmāzlq; XV c.), *yaramazlık* (yrāmzlq; XVI c.) 'Fenalık, kötülük' (TTS).

yaranlık - 1680: *yaranlık* (jaranlyk) 'familiaritas, sodalitas' (Men. III 5536) ≤ *yaran* 'friends'.

yararlık - 1641: *yararlık* (iararlik) 'brauura' (Mol. 74); 1680: *yararlık* (iararlyk) 'strenuitas, fortitudo, bellicositas, animositas' (Men. I 954), *yararlık* (iararlyk) 'fortitudo, strenuitas, bellicositas' (ibid. II 2119), *yararlık* (jararlyk) 'strenuitas, valor' (ibid. III 5569) ≤ *yarar* '1. useful. 2. brave'.

yaraşıklık - 1680: *yaraşıklık* (yaraśyklyk) 'aptitudo, convenientia, congruentia, utilitas' (Men. II 2763), *yaraşıklık* (jaraśiklyk) 'pulchritudo, decor, convenientia' (ibid. II 2850), *yaraşıklık* (jaraśiklyk) 'convenientia, aptitudo, &c.' (ibid. III 5570) ≤ *yaraşık* '1. pleasing appearance. 2. elegance'. - The earliest records date back to the XVIth c.: *yaraşıklık* (yrśklq) 'Layıklık, muvafıklık, uygunluk' (TTS).

yarlık - 1680: *yarlık* (jarlyk) 'amicitia, opitulatio' (Men. III 5538) ≤ *yar* 'friend'. - The historical dictionary records this formation with a meaning different than that given by Meninski. Cf.: *yarlık* (yārlq; XVI c.) 'Önlük, çoçuk göğüslüğü' (TTS).

yassılık - 1680: *yassılık* (iaessylyk) 'latitudo, amplitudo' (Men. I 962) ≤ *yassı* 'flat and wide'.

yaşlık, yaşluk - 1603: *yaşluk* (jaschluk) 'humor, humiditas' (Meg. I 650); 1677: *yaşlık* (iasclich) 'mucina, e mucino' (Masc. 101b); 1680: *yaşlık* (jaślyk) 'humiditas, mador, uligo' (Men. III 5544) < *yaş* 'moist, wet'. - The earliest records were given by Lubenau in 1587/88: *yeşlik* (jeschlick) 'Feuchtikeit' (Lub. 62).

yavaşlık, yavaşluk - 1641: *yavaşlık* (iauasc=lik) 'masuetudine' (Mol. 244), *yavaşluk* (iauasc=luk) 'placamento' (ibid. 308); 1680: *yavaşlık* (iawaślyk) 'mansuetudo, gravitas, clementia' (Men. I 1799), *yavaşlık* (jawaślyk) 'mansuetudo, lenitas, mollities, humanitas, facilitas, teneritudo' (ibid. III 4881), *yavaşlık* (jawaślyk) 'mansuetudo, affabilitas' (ibid. III 5614) ≤ *yavaş* '1. slow. 2. gentle'. - The earliest records date back to the XIVth c.: *yavaşlık* (ywšlq; XIV c.); *yavaşlık* (ywāšlq; XV, XVI c.) 'Hilim, sükûn, vekar' (TTS).

yavuzlık, yavzlık, yavzluk - 1641: *yavzlık* (iauslik) 'seuerita' (Mol. 400), *yavzluk* (iauasluk) 'acerbezza' (ibid. 13); 1680: *yavzlık, yavuzlık* (javzlyk, jawuzlyk) 'feritas, ferocitas, atrocitas, crudelitas' (Men. III 5555) ≤ *yavuz* 'ferocious'. - The earliest records come from the XIVth c.: *yavuzlık* (ywzlq; XIV c.), *yavuzlık* (yāwzlq; XIV/XV c.), *yavuzlıġ-* (yāwzlġ-; XV c.), *yavuzlık* (yāwzlq, ywzlq; XVI c.) '1. Fenalık. 2. Huysuzluk, azgınlık. 3. Sertlik, keskinlik, haşinlik' (TTS). Cf. also another source: 1580 : *yavuzlık* (yavuzlik) 'Boses' (Mur. 811).

yazuklık - 1641: *yazuklık* (iasuklik) 'miseria' (Mol. 257) ≤ *yazuk* 'a pity'.

yebancilik - 1680: *yebancilik* (jebanġilik^i) 'extraneitas, status extranei & ignoti' (Men. III 5535) ≤ *yebancı* 'stranger'.

yeksanlık - 1680: *yeksanlık* (jek^isānlyk) 'uniformitas, aequalitas, identitas' (Men. III 5593) ≤ *yeksan* 'equal'.

yeñilik - 1677: *yeñilik* (iegni-lich) 'nouelliere' (Masc. 107a); 1680: *yeñilik* (jen-ylik^i) 'novitas' (Men. III 5596) ≤ *yeñi* 'new'.

yeterlük - 1641: *yeterlük* (ieterluk) 'sufficiente' (Mol. 441) ≤ *yeter* 'sufficient'.

yetişmişlik - 1641: *yetişmişlik* (ietisc=misc=lik) 'maturita' (Mol. 249) ≤ *yetişmiş* 'mature, grown up'.

yeynilik - 1680: *yeynilik* (jejnilik , iejnilik^i) 'levitas' (Men. I 1918, III 5647) ≤ *yeyni* 'light'. - The earliest records were from the XVI c.: *yeynilik* (yynlk) 'Hafiflik, hiffet' (TTS).

yigitlik, (y)igitlük - 1641: *(y)igitlük* (ighitluk) 'giouentu' (Mol. 164); 1670: *(y)igidlik, (y)igitlig*, (igidlik, igitlig) 'youthfulness' (K 174); 1680: *yigitlik* (jig^iitlik^i) 'pubertas, aetas, pubescentiae, adolescentia' (Men. I 885), *yigitlik* (jigitlik^i) 'juventus, virilitas' (ibid. III 5590) ≤ *yigit* '1. young man. 2. hero. 3. brave'. - Historical sources recorded this formation at the earliest in the XIIIth century: *yigitlik* (yktlk; XIII, XIV c.), *yigitlik* (yktlk, ykdlk; XV c.) 'Gençlik' (TTS).

yoġunlık - 1680: *yoġunlık* (ioghunlyk) 'stultitia, stoliditas, socordia' (Men. I 87), *yoġunlık* (joghunlyk) 'crassities, ruditas' (ibid. III 5625) ≤ *yoġun* '1.thick. 2. fat, big'. - The earliest recording of this formation was in the XIVth c.: *yoġunlıġ-* (yġnlg; XIV w.), *yoġunlıġ-* (ywġnlg-; XIV/XV c.), *yoġunlıġ-* (ywġng-; XV c.), *yoġunlık* (ywġnlg-, yġwnlq, ywġwnlq; XVI c.) '1. Kalınlık. 2. Irilik' (TTS).

yohsullık - 1680: *yohsullık* (jochsullyk) 'paupertas' (Men. II 3536, III 5615) ≤ *yohsul* 'poor'. - The earliest records date back to the XVIth c.: *yohsuluk* (ywxswlwq) 'poverta, miseria (TAO 142).

yoklık - 1680: *yoklık* (joklyk) 'nihilum, inexistentia, seu carentia, privatio, inopia, defectus' (Men. II 3230), *yoklık* (joklyk) 'nihilum; carentia, absentia' (ibid. III 5628) ≤ *yok* 'absent, non-existent'.

yoldaşlık - 1611: *yoldaşlık etmek* (ioldaschlik etmek) 'acompañar' (MN 236); 1641: *yoldaşlık* (ioldasc=lik) 'compagnia' (Mol. 98); 1680: *yoldaşlık* (ioldaślyk) 'consuetudo, familiaritas' (Men. I 456), *yoldaşlık* (joldaślyk) 'societas, concomitantia' (ibid. III 4547), *yoldaşlık* (joldaślyk) 'societas, sodalitas, fraternitas, opus bonum & prosperum, benefacere' (ibid. III 4999), *yoldaşlık* (joldaślyk) 'societas, sodalitium (ibid. III 5634) ≤ *yoldaş* 'fellow traveler'.

yorġunlık, yorġunluk - 1641: *yorġunluk* (iorghunluk) 'fiachezza' (Mol. 145); *yorġunluk* (iorghunluk) 'stanchezza' (ibid. 430); 1680: *yorġunlık* (iorghunlyk) 'cunctatio, languor, lassitudo, seu lentum lauguidumque esse; oblivisci' (Men. I 1449), *yorġunlık* (jorghunlyk) 'lassitudo' (ibid. III 5616) ≤ *yorġun* 'tired'.

yumşaklık, yumuşakluk - 1641: *yumuşakluk* (iumusc=ak-luk) 'morbidezza' (Mol. 262), *yumuşakluk* (iumusc=akluk) 'tenerezza' (ibid. 452); 1680: *yumşaklık* (iumśaklyk) 'commoditas, lenitas jumenti, item lenitas animi' (Men. II 2239), *yumşaklık* (jumśakłyk) 'benignitas, facilitas, favor; subsidium, adjumentum' (ibid. II 2343), *yumşaklık* (jumśaklyk) 'mansuetudo, lenitas, mollities, humanitas, facilitas, teneritudo' (ibid. III 4881), *yumşaklık* (jumśaklyk) 'mollities, seu lenitudo, mansuetudo, blandities, suavitas' (ibid. III 5162), *yumşaklık* (jumśaklyk) 'mollities, teneritudo' (ibid. III 5637) ≤ *yumuşak* '1. soft. 2. yielding'. - The earliest records date back to the XIVth century: *yumuşaklık* (ymšqlyg, ymšqlq) 'Hilm, mülâyemet' (TTS).

yücelik - 1680: *yücelik* (iüğelik[i]) 'celsitudo, superioritas, altum loco & statu esse' (Men. I 282), *yücelik* (iüğelik[i]) 'celsitudo, eminentia, altitudo' (ibid. I 682), *yücelik* (iüğelik[i]) 'sublimitas, altitudo' (ibid. I 883), *yücelik* (juğelik[i]) 'celsitudo, exaltatio, altitudo, sublimitas, eminentia, magnificentia' (ibid. II 2342), *yücelik* (jüğelik[i]) 'sublimitas, celsitudo' (ibid. III 5615) ≤ *yüce* 'high'. - The earliest recording of this formation was in the XVth century in a compound verb: *yücelik et-* (ywğhlk 'yt-) 'Kibir, azamet satmak' (TTS).

yükseklik, yükseklük - 1611: *yükseklik* (iukseklik) 'alteza' (MN 237); 1641: *yükseklik* (iukseklik) 'altitudine' (Mol. 38), *yükseklük* (iuksekluk) 'sublimita' (ibid. 439); 1680: *yükseklik* (jük[i]sek[i]lik[i]) 'altitudo, sublimitas, eminentia' (Men. III 5630) ≤ *yüksek* 'high'. - The earliest records date back to the XIV c.: *yükseklik* (yksklk) 'Ulüvvi cenap' (TTS).

yüreklik - 1641: *yüreklik* (iüreklik) 'coraggio' (Mol. 107); 1680: *yüreklik* (jürek[i]lik[i]) 'animositas' (Men. III 5617) ≤ *yürek* 'heart'.

yüreklülik - 1680: *yüreklülik* (iürek[i]lülik[i]) 'audentia, animositas, fortitudo' (Men. I 1698), *yüreklülik* (jürek[i]lülik[i]) 'animositas' (ibid. III 5618) ≤ *yüreklü* 'brave'.

- The earliest records were from the XVIth c.: *yüreklilik* (ywrklylk) 'şecaat, cesaret' (TTS).

yüreksizlik - 1680: *yüreksizlik* (jürekⁱsizlikⁱ) 'ignavia, pusillanimitas' (Men. III 5617) ≤ *yüreksiz* 'timid'.

yüzsizlik, yüzsüzlük - 1677: *yüzsüzlük* (ius-susluch) 'presunzione' (Masc. 135a), *yüzsüzlük* (iussusluch) 'sfacciataggine, sfacciatezza' (ibid. 203a); 1680: *yüzsizlik* (iüzsyzlikⁱ) 'impudentia' (Men. II 2617), *yüzsizlik* (jüzsyzlikⁱ) 'jovialitas, petulantia, lascivia, impudentia' (ibid. II 2874), *yüzsizlik* (jüzsyzlikⁱ) 'impudentia, procacitas' (ibid. III 5623) ≤ *yüzsiz* , *yüzsüz* 'shameless'.

zahirlik - 1680: *zahirlik* (zāhyrlyk) 'apparentia, evidentia & propriis oculis videre' (Men. II 3359) ≤ *zahir* 'clearly, evidently'.

zahmetlik - 1641: *zahmetlik* (szahmetlik) 'discomodita' (Mol. 121); 1677: *zahmetlik* (szahmetlich) 'discomodita' (Masc. 41a), *zametlik* (szametlich) 'scommodo' (ibid. 190a) ≤ *zahmet* 'trouble'.

zaıflık - 1680: *zaıflık* (zae-yflyk) 'debilitas, imbecillitas' (Men. II 3045) ≤ *zaıf* 'weak'.

zalimlik, zalümlik - 1641: *zalimlik* (salimlik) 'crudelta' (Mol. 111), *zalimliğ* (szalimligh) 'empieta' (ibid. 133), *zalimlik* (szalimlik) 'impieta' (ibid. 196); 1677: *zalimlik* (szalimlich) 'impieta' (Masc. 64a), *zalümlik* (szalumlich) 'crudelta' (ibid. 36a) ≤ *zalim* 'unjust, cruel'.

zararlık - 1641: *zararlık* (sararlik) 'nocumento' (Mol. 271), *zararlık* (sararlik) 'offensione' (ibid. 279); 1677: *zararlık* (szararlich) 'nocumento' (Masc. 106a), *zararlık* (szararlich) 'nuocimento' (ibid. 108a), *zararlık* (szararlich) 'offensione, o offesa' (ibid. 110b) ≤ *zarar* '1. damage. 2. harm'.

zariflik - 1677: *zariflik* (sariflich) 'nobilta' (Masc. 105b); 1680: *zariflik* (zaeriflyk) 'astutiam & ingenij solertiam commonstrare' (Men. I 1355) ≤ *zarif* 'graceful, elegant'.

zabunluk, zebunlık - 1641: *zabunluk* (szabunluk) 'debilita' (Mol. 114); 1677: *zabunlık* (szabunlich) 'languidezza' (Masc. 78a), *zabunlık* (szabunlich) 'magrezza' (ibid. 86b), *zabunlık* (szabunlich) 'pidocchieria, miseria' (ibid. 127b), *zabunluk* (szabunluch) 'debilita' (ibid. 37a); 1680: *zebunlık* (zebūnlyk) 'debilitas, infirmitas '(Men. II 2427), *zebunlık* (zebūnlyk) 'infirmitas, debilitas, imbecillitas' (ibid. II 3043) ≤ *zebun* 'weak'.

zahidlik - 1680: *zahidlik* (zāhydlyk) 'continentia, vita monastica' (Men. II 2420), *zahidlik* (zāhidlikⁱ) 'continentia, seu continens vita, religio' (ibid. II 2488) ≤ *zahid* 'ascetic'.

zebandirazlık - 1680: *zebandirazlık* (zebāndirāzlyk) 'multiloquium, maledicentia' (Men. II 2423) ≤ *zebandiraz* '1. insolent. 2. long-tongued'.

zenginlik - 1680: *zenginlik* (zeng[i]inlik[i]) 'opulentia' (Men. I 700, II 2477) ≤ *zengin* 'rich'.

zeyreklik - 1680: *zeyreklik* (zejrek[i]lik[i]) 'astutiam & ingenij solertiam commonstrare' (Men. I 1355) ≤ *zeyrek* 'intelligent'.

ziştlik - 1680: *ziştlik* (ziśtlyk[i], ziśtlik[i]) 'turpitudo, deformitas' (Men. I 1603, II 2446) ≤ *zişt* 'ugly'.

ziyadelik, ziyadelük - 1668: *ziyadelügile* (ziadelugile) 'nimium' (Ill. 208); *ziyadelügile* (ziade lugile) 'melior' (ibid. 208); 1680: *ziyadelik* (zijādelik[i]) 'superabundantia, quod supra est vel datur, additamentum, amplificatio, superfluitas' (Men. II 2494), *ziyadelik* (zijādelik[i]) 'lucrum, utilitas, commodum, abundantia, copia' (ibid. II 2952), *ziyadelik* (zijādelik[i]) 'excessus, nimietas, copia' (ibid. II 3500) ≤ *ziyade* '1. more. 2. too. 3. excess'.

zorbazlık - 1680: *zorbazlık* (zorbāzlyk) 'robur, praevalentia' (Men. II 2484) ≤ *zorbaz* 'who exerts his strength. 2. rebellious'.

zorlık - 1677: *zorlık* (szorlich) 'riforzamento' (Masc. 156a), *zorlık* (szorlich) 'uiolenza' (ibid. 271b) ≤ *zor* 'hard, difficult'.

zormendlik - 1680: *zormendlik* (zormendlik[i]) 'robur, virtus, valor, strenuitas' (Men. II 2484) ≤ *zormend* 'strong'.

Also to this category belong derivatives denoting names of positions, functions or professions. Cf.:

ahengerlik - 1680: *ahengerlik* (aheng[i]erlik[i]) 'ars fabrii ferrarij' (Men. I 573) ≤ *ahenger* 'blacksmith'.

arabacılık - 1680: *arabacılık* (arabağilik[i]) 'ars aurigandi carpentaria' (Men. II 3241) ≤ *arabacı* 'driver of a cart, wagon, etc.'.

aşçılık - 1680: *aşçılık* (aśćilik[i]) 'ars coquinaria' (Men. II 3082) ≤ *aşçı* 'cook'.

attarlık - 1680: *attarlık* (aettarlyk) 'ars seplasiaria, aromataria' (Men. II 3279) ≤ *attar* 'herbalist, dealer in small wares'.

babullık, babulluk - 1611: *babelluk* (babelluk) (MN 173); 1641: *babulluk* (babulluk) 'bordello' (Mol. 73); 1680: *babullık* (babullyk) 'meretricium, lenocinium' (Men. I 624) ≤ *Babul* = *Babil* 'Babylon - the town famous for its profligacy'. - In the afore cited meaning of the word *babulluk*, there is divergence between Molino and Meninski. Molino's dictionary has records this word with the meaning of the name of the place, whereas Meninski has classified this word as the name of a profession. - The earliest recording of the formation was in the XVth century: *babullık* (bābwllq) 'Sefahethane, fuhuş yeri'(TTS).

bazarganlık - 1603: *bazarganlık* (basargianlyk) 'mercatura' (Meg. II 53); 1611: *bazergalık* (basergalik) 'contrato' (MN 175); 1615: *bezergenlik* (bezergenłyk) 'commerce' (PDT 141); 1680: *bazırgânlık* (bāzyrg'ānlyk) 'mercatura, negotiatio' (Men. I 652), *bazırgânlık* (bazirg'ānlyk) 'mercatura' (ibid. I 1072) ≤ *bazargân* 'merchant'.

beglik - 1677: *sarbile beylik* (szarbile beilich) 'tiranaia, signoria violente' (Masc. 247a); 1680: *beglik* (beg'lik') praefectura, Dominium, imperium mandanti & imperandi potestas' (Men. I 408), *begler beglik* (beg'ler beg'ilik') 'Principatus, Dominium, Provincia, Gubernium, seu Praefectura unius Provinciae aut Regni' (ibid. I 578) ≤ *beg = bey* '1. master. 2. gentleman'. - The earliest recording of the formation was in the XIVth c. : *beglik* (bklk) 'Küçük devlet başkanlığı' (TTS). Cf. also: 1533: *beglik: şekel beğlik etti* (sekel beghlich etti) 'poco a regnato' (Arg.66).

bekçilik - 1680: *bekçilik* (bek'ćilik') 'custodia' (Men. I 861) ≤ *bekçi* 'watchman'.

bostancılık - 1680: *bostancılık* (bostanğilyk) 'ars hortulani' (Men. I 923) ≤ *bostancı* 'gardener'.

çaşnigirlik - 1680: *çaşnigirlik* (ćiāśnig'irlik') 'actus, aut etiam officium praegustatoris' (Men. I 1551) ≤ *çaşnigir* 'taster to a prince'.

çerçilik - 1680: *çerçilik* (ćerćilik') 'ars propolae, aut circumforanei, levium mercium venditio, talesque leves ac minutae merces' (Men. I 1598) ≤ *çerçi* 'peddler'.

çiftçilik - 1680: *çiftçilik* (ćiftćilik) 'agricultura' (Men. I 1625) ≤ *çiftçi* 'farmer'.

çokacılık - 1680: *çokacılık* (ćiokağilik') 'ars conficiendi pannum aut vendendi' (Men. I 1681) ≤ *çokacı* 'draper'.

dayelik - 1680: *dayelik* (dājelik') 'munus, professio nutricis' (Men. II 2018) ≤ *daye* 'child's nurse'.

defterdarlık - 1641: *defterdarlık* (defterdārlik) 'camerlengato' (Mol. 77); 1680: *defterdarlık* (defterdārlyk) 'officium Praesidis Camerae' (Men. II 2097) ≤ *defterdar* 'director of the financial administration of a province'.

demircilik - 1680: *demircilik* (demyrğilik') 'ars fabri ferrarij' (Men. I 573) ≤ *demirci* 'blacksmith'.

doġancılık - 1680: *doġancılık* (doghanğilik') 'aucupii ars' (Men. II 3146) ≤ *doġancı* 'falconer'.

dülgerlik - 1680: *dülgerlik* (dülg'erlik') 'ars & fabrica materiaria, lignaria' (Men. II 2189) ≤ *dülger* 'carpenter'.

ekincilik - 1680: *ekincilik* (ek'inğilik') 'agricultura, ars aratoria & seminatoria' (Men. II 2437) ≤ *ekinci* 'farmer, sower'. -The earliest registration of the formation was in the XVth c.: *ekincilik* ('knğylk) 'Çiftçilik, ziraat'(TTS).

elçilik, ilçilik - 1641: *elçilik* (elcilik) 'ambasciaria' (Mol. 40); 1680: *ilçilik* (ilćilik[i]) 'legatio & ipsum officium legationis' (Men. I 605) ≤ *elçi, ilçi* 'envoy'.

emirlik - 1680: *emirlik* (emīrlik[i]) 'Dominium, dominatio' (Men. II 2725) ≤ *emir* 'prince'.

etmekçilik - 1680: *etmekçilik* (etmek[i]ćilik[i]) 'ars & professio pinsendi & vendendi panem, furnaria' (Men. I 50) ≤ *etmekçi* 'baker, bread seller'.

gemicilik - 1680: *gemicilik* (g[i]emiğilik[i]) 'nautica' (Men. II 4024) ≤ *gemici* 'sailor'.

güleşçilik, güreşçilik - 1641: *güreşçilik* (ghiuresc=cilik) 'lottamento' (Mol. 237); 1677: *güleşçilik* (ghiulesc-gilich) 'lottamento' (Masc. 83b) ≤ *güleşci = güreşçi* 'wrestler'.

haddadlık - 1680: *haddadlık* (haeddadlyk) 'ars fabri ferrarij' (Men. I 573) ≤ *haddad* 'blacksmith'.

halvacılık -1680: *halvacılık sanati* (haelwağilik saen-aeti) 'ars parandi dulciaria, aut massas dulces' (Men. I 1800) ≤ *halvacı* 'maker or seller of helva'.

hanedarlık - 1680: *hanedarlık* (chānedārlyk) 'oeconomia, frugalitas, bona rei domesticae administratio' (Men. I 1850) ≤ *hanedar* 'master of a house'.

haramilik- 1680: *haramilik* (haerāmīlik[i]) 'latrocinium, praedatica ars' (Men. I 1742) ≤ *haramî* 'robber'.

hırsızlık - 1641: *hırsızlık* (chrsislik) 'ladronaria' (Mol. 220); 1680: *hırsızlık* (chyrsyzlyk) 'furtum, ars & professio furandi, etiam latrocinaria' (Men. I 524), *hırsızlık* (chyrsyzlyk) 'furtum, latrocinium' (ibid. I 1881), *hırsızlık* (chyrsyzlyk) 'furtum' (ibid. II 2073, 2512) ≤ *hırsız* 'thief'.

hocalık - 1680: *hocalık* (choğialyk) 'officium Magistri, mercatoris, magisterium, paedagogia, mercatoris status' (Men. I 1958) ≤ *hoca* 'teacher'.

hokkabazlık - 1680: *hokkabazlık* (hokkabāzlyk) 'lusus praestigiatorum capsulis ludentium ad sui admirationem' (Men. III 4945) ≤ *hokkabaz* 'juggler'.

imamlık - 1680: *imamlık* (imamlyk) 'munus Parochi aut Antistitis' (Men. I 410) ≤ *imam* 'prayer leader'.

imrohorlık- 1680: *imrohorlık* (imrohorlyk) 'officium Praefecti Stabuli' (Men. I 429) ≤ *imrohor, mirahor* '(Ott. hist.) Master of the House'.

isçilük - 1641: *isçilük* (isc=ciluk) 'manifattura' (Mol. 243) ≤ *işçi* 'worker'.

kadılık, kazılık - 1677: *kazılık etmek* (kazilik etmech) 'giudicare' (Masc. 57a); 1680: *kazılık* (kāzylyk) 'administratio justitiae, dominatio, principatus, imperium, imperiositas' (Men. II 2015), *kazılık, kadılık* (kāzylyk, *vul.* kadylyk) 'dioecesis, jurisdictio, officium Judicis' (ibid. II 3587) ≤ *kadı = kazı* 'judge'.

kâhinlik - 1680: *kâhinlik* (k'āhinlik') 'ars ariolandi' (Men. II 3859) ≤ *kâhin* 'soothsayer, seer'.

kahpelik - 1641: *kahpelik* (kahpelik) 'puttanesmo' (Mol. 329); 1680: *kahpelik* (kahpelik') 'scortationis exercitium, ars meretricia' (Men. II 3633) ≤ *kahpe* 'prostitute'.

kalemkârlık - 1680: *kalemkârlık* (kaelemk'ārlyk) 'ars incisoria' (Men. II 3753) ≤ *kalemkâr* 'engraver on gold or silver'.

kapucılık - 1680: *kapucılık* (kapuğilyk) 'ostiarij, aut janitoris munus, ostij custodia' (Men. I 908) ≤ *kapucı* 'door keeper'.

kapudanlık - 1677: *kabudanlık* (cabudanlich) 'capitano' (Masc. 164b); 1680: *kapudanlık* (kapudanłyk) 'Capitaneatus, munus Capitanei, praefectura militum aut arcis, navis, classis' (Men. II 3622) ≤ *kapudan* '(Ott. hist.) captain or commander in the navy'.

kazancılık - 1680: *kazancılık* (kazanğilik') 'ars aerarii' (Men. II 3688) ≤ *kazancı* 'cauldron maker'.

keşişlik - 1680: *keşişlik* (k'eśiślik') 'monastica vita, religio,sacerdotium' (Men. II 3971) ≤ *keşiş* 'monk; hermit'. - The earliest recording of the formation was in the XVIth c.: *keşişlik* (kššlk, kšyšlk) 'Kilise' (TTS).

kethudalık - 1680: *kethudalık* (k'etchudalyk) 'Prefectura, vicariatus, vicesgerentia, procuratoris munus' (Men. II 3870) ≤ *kethuda* 'steward; majordomo'.

komşuluk, koñşulık - 1641: *komşuluk* (komsc=uluk) 'vicinaza' (Mol. 480); 1680: *koñşulık* (kon-śulyk) 'vicinum esse, vicinitatem inire aut servare in fidem & clientelam recipere' (Men. I 1668), *koñşulık* (kon-śülik) 'vicinitas' (ibid. II 3800) ≤ *komşu* 'neighbour'. - The earliest records date back to the XIVth c.: *konşulıg-* (qnšlq; XIV c.), *konşulık* (qwkšwlq; XV c.), *konşulık* (qwnšwlq, qwnšlq; XVI c.) '1. Komşuluk. 2. Komşu, civar' (TTS).

konsoloslık - 1680: *konsoloslık* (konsoloslyk) 'consulatus' (Men. II 3808) ≤ *konsolos* 'consul'.

koyumcılık - 1680: *koyumcılık* (kojumğilik') 'aurifabri ars' (Men. II 3811) ≤ *koyumcı* 'goldsmith'.

köylülik - 1680: *köylülik* (k'öylülik') 'paganismus, rusticitas, habitatio pagi, vita in eo' (Men. II 2384) ≤ *köylü* 'peasant'.

krallık - 1680: *krallık* (krallyk) 'regnum, Regia dignitas' (Men. II 3659) ≤ *kral* 'king'.

kumarbazlık - 1680: *kumarbazlık* (kumārbāzlyk) 'habitus aleatorius seu aleatorii lusus, professio exercitiumve' (Men. II 3758) ≤ *kumarbaz* 'gambler'.

kursanlık, kursanluk - 1641: *kursanluk* (chursanluk) 'corsaria' (Mol. 108); 1680: *kursanlık* (kursanłyk) 'piratica' (Men. II 3668) ≤ *kursan* 'pirate'.

mimarlık - 1680: *mimarlık* (mi'mārlyk) 'architectura, architectionice' (Men. III 4780) ≤ *mi'mar* 'architect'.

muamelecilik - 1680: *muamelecilik* (mu'ameleğilik[j]) 'ars & habitus feneratoris' (Men. III 4750) ≤ *muameleci* 'broker, moneylender'.

mumcılık - 1680: *mumcılık* (mumğilik[j]) 'candelarii ars aut officium &c.' (Men. III 5039) ≤ *mumcı* 'maker or seller of candles'.

müdebbirlik - 1680: *müdebbirlik* (müdebbirlik[j]) 'administratio, rectio' (Men. III 4511) ≤ *müdebbir* 'prudent and efficient manager'.

müftilik, müftilük - 1641: *müftilik* (muftilik) 'pontificato' (Mol. 311); 1668: *müftilük* (mufftiluk) 'papatus' (Ill. 186) ≤ *müfti* 'official expounder of Muhammedan law'.

münecimlik - 1641: *münecimlik* (munegimlik) 'astrologia' (Mol. 63); 1677: *münecimlik* (munegimlich) 'astrologia' (Masc. 18a) ≤ *münecim* 'astronomer'.

nakkaşlık - 1641: *nakaşlık* (nakasc=lik) 'pittura' (Mol. 307); 1680: *nakkaşlık* (naekkaślyk) 'ars pictoria, sculptoria, & caelatoria' (Men. III 5232) ≤ *nakkaş* '1. decorator. 2. sculptor'.

nebilik, nebiylik - 1641: *nebilik* (nebilik) 'Profetia' (Mol. 321); 1677: *nebiylik* (nebij-lich) 'profezia' (Masc. 138b) ≤ *nebi* 'prophet'.

nigehbanlık - 1680: *nigehbanlık* (nig[i]ehbānlyk) 'custodia, observatio' (Men. III 5253) ≤ *nigehban* 'guard'.

orospılık - 1677: *orospılıkten feraġet etmek* (oraspilich-den feraghet etmech) 'ritirarsi da far la puttana' (Masc. 163b); 1680: *orospılık* (orospilik[j]) 'ars meretricia, scortationis exercitum' (Men. II 2384) ≤ *orospı* 'prostitute'.

padışahlık, padışahluk - 1672: *padışalıġ* (padissalig) 'Amt und Wurde des Herrschers' (NdH. 252); 1677: *padışahlık* (padisciah-lich) 'principato, signoria' (Masc. 137a), *padışahluk* (padisciach-luch) 'regno' (ibid. 151b), *padışahluk* (padisciachluch) 'regnare' (ibid. 152a); 1680: *padışahlık* (pādiśāhlyk) 'Regnum, Imperium, Monarchia, status, dignitas Regia Caesarea, ipsum regnare, tempus quo regnatur' (Men. I 639), *padışahlık* (pādiśāhlyk) 'regnum, ditio, posessio' (ibid. III 4896) ≤ *padışah* 'ruler, king'. - The earliest records were from 1551: *padışahlıg-* (padissachlig-) (Sul.14, 22).

papalık - 1641: *papalık* (papalik) 'papato' (Mol. 291) ≤ *papa* 'pope'.

papazlık, papazluk - 1641: *papazluk* (papasluk) 'sacerdotio' (Mol. 367); 1680: *papazlık* (pāpāzlyk) 'sacerdotium' (Men. III 5893) ≤ *papaz* 'priest'.

paşalık - 1680: *paşalık* (pāśālyk) 'Bassatus, Praefectura Provinciae, Gubernium' (Men. I 663) ≤ *paşa* 'general'. - The earliest recording of the formation was in 1598/1601: *başaluk* (bassalucch) (SOt 79).

pehlüvanlık - 1680: *pehlüvanlık* (pehlüwānlyk) 'ars digladiatoria, luctatoria; strenuitas, robur, fortitudo' (Men. I 960) ≤ *pehlüvan* 'wrestler'.

rencberlik - 1680: *rencberlik* (renğberlik^i) 'lucratio panis proprio labore, mercatura' (Men. II 2365) ≤ *rencber* 'workman'.

resullık - 1677: *resullık* (resullich) 'profezia' (Masc. 138b) ≤ *resul* 'prophet'.

saltanatluk - 1641: *saltanatluk* (saltanatluk) 'regno' (Mol. 341) ≤ *saltanat* 'sovereignty, sultanate'.

sarraflık - 1680: *sarraflık* (saerrāflyk) 'peritia valoris rerum, professio artis numularii, cambium' (Men. II 2948) ≤ *sarraf* 'banker'.

seraskerlik - 1680: *seraskerlik* (ser-aesk^{i}erlik^i) 'Praefectura, officium, ducis exercitus' (Men. II 2595) ≤ *serasker* '(Ott. hist.) 1. commander-in-chief. 2. Minister of War'.

serdarlık - 1680: *serdarlık* (serdarlyk) 'praefectura, Generalatus' (Men. II 2590) ≤ *serdar* 'military chief'.

serkârlık - 1680: *serkârlık* (serk^{i}ārlyk) 'Praefectura' (Men. II 2597) ≤ *serkâr* 'administrator, manager'.

serverlik - 1680: *serverlik* (serwerlik^i) 'Principatus, praefectura, imperium, praecellentia, primatus' (Men. II 2606) ≤ *server* 'chief, head'.

sipehdarlık - 1680: *sipehdarlık* (sipehdārlyk) 'officium ducis exercitus, regimen supremum ejus' (Men. II 2544) ≤ *sipahdar* 'captain or general'.

sultanetlük - 1677: *sultanetlük* (sultanet-luch) 'regno' (Masc. 152a) ≤ *sultanet* 'sultanate'.

sultanlık, sultanluk - 1641: *sultanluk* (sultanluk) 'dominio' (Mol. 127); 1680: *sultanlık* (sultānlyk) 'Principatus, dominatio' (Men. II 2657) ≤ *sultan* 'ruler, sultan'.

süvarlık - 1680: *süvarlık* (süwārlyk) 'hippeutrica aut peritia ejus, equitatio' (Men. II 2697) ≤ *süvar* 'rider, horseman'.

şahinşahlık - 1680: *şahinşahlık* (śāhinśāhlyk) 'Regia, Imperatoria dignitas, Monarchia' (Men. II 2762) ≤ *şahinşah* 'King of kings'.

şahlık - 1670: *şalık* (scialic) (Mg. 83); 1680: *şahlık* (śāhlyk) 'regnum, Regia dignitas' (Men. II 2762) ≤ *şah* 'king, monarch'. - The earliest records date back to 1587/88: *şahluk* (schachluck) 'Konigreich' (Lub. 58).

şehriyarlık - 1680: *şehriyarlık* (śehrijārlyk) 'Regius, Imperialis, Regia dignitas, Regnum, Imperium' (Men. II 2887) ≤ *şehriyar* 'sovereign'.

şorbacılık - 1680: *şorbacılık* (śorbagilik^i) 'officium dignitasve praefecti cohortis Janissariorum, praefectura, Capitaneatus' (Men. II 2875) ≤ *şorbacı* = *çorbacı* '(hist.) colonel of the Janissaries'.

tellallık - 1641: *tellallık* (tellallik) 'senfaria' (Mol. 395); 1680: *tellallık* (tellāllyk) 'praeconis & proxenetae munus & merces, seu proxeneticum' (Men. II 2118) ≤ *tellal* '1. broker. 2. middleman'.

tercümanlık, tercimanluk - 1641: *tercimanluk* (tergimanluk) 'interpretatione' (Mol. 219); 1680: *tercümanlık* (terḡiumānlyk) 'officium interpretis, interpretatura' (Men. I 1144) ≤ *tercüman* 'interpreter'.

ulaklık - 1680: *ulaklık* (ulakłyk) 'officium cursoris, cursoratus; ipsa cursio' (Men. I 540) ≤ *ulak* 'courier'.

ulemalık - 1641: *ulamalık* (ulamalik) prelatura' (Mol. 315); 1677: *ulemalık* (ulemalich) 'prelatura (Masc. 135b) ≤ *ulema* 'doctors of Muslim theology'.

üstadlık, üstazlık - 1680: *üstadlık, üstazlık* (üstādlyk, üstāzlik) 'magisterium, artificium' (Men. I 174) ≤ *üstad, üstaz* 'master workman'.

valilik - 1680: *valilik* (wālīlik^i) 'principatus, Dominium, Provincia Gubernium seu Praefectura unius Provinciae, aut Regni' (Men. I 578) ≤ *vali* 'governor of a province'.

vayvodalık - 1680: *vayvodalık* (wajwodalyk) 'Principatus, praefectura' (Men. III 5424) ≤ *vayvoda* 'a kind of mayor or governor'. - The earliest records come from 1598 : *vayvodalık* (woywodałych) (Mh I 14, II 4).

vekillik - 1641: *vekillik* (vekillik) 'commesione' (Mol. 98); 1680: *vekillik* (wek^illik^i) 'locumtenentia, munus procuratoris aut substituti' (Men. III 5409) ≤ *vekil* 'deputy; attorney'.

yöñcilik - 1680: *yöñcilik* (jon-ćilik^i) 'lanificium &c.' (Men. III 5629) ≤ *yöñci* 'wool producer'.

Among the abstract nouns there is another subgroup comprising the derivatives expressing the state or condition in which someone or something is found. Here are the derivatives representing this subgroup:

badenuşlık - 1680: *badenuşlık* (badenuślyk) 'potio vini, crapula' (Men. I 641) ≤ *badenuş* 'wine-drinker'.

bekrilik - 1680: *bekrilik* (bek^irīlik^i) 'crapula, ebrietas, seu q. ebriositas, vinolentia' (Men. I 862), *bekrilik* (bek^irilik^i) 'ebrietas, inebratio, crapula' (ibid. II 2640) ≤ *bekri* 'habitual drinker'.

bendelik - 1680: *bendelik* (bendelik^i) 'servitus' (Men. I 901) ≤ *bende* 'slave, servant'.

derbederlik - 1680: *derbederlik* (derbederlik^i) 'mendicitas' (Men. II 2047) ≤ *derbeder* 'vagrant, tramp'.

dullık, dulluk - 1641: *dulluk* (dulluk) 'veduanza' (Mol. 475); 1680: *dullık* (dullyk) 'viduitas' (Men. I 1019, II 3152) ≤ *dul* 'widow'.

ergenlik - 1680: *ergenlik* (ergⁱenlikⁱ) 'coelibatus' (Men. I 148) ≤ *ergen* 'bachelor'. - The earliest registration of the word was in the XVth century: *ergenlik* ('rknlk) 'Bekârlik' (TTS).

esirlik - 1641: *yesirlik* (iesirlik) 'cattiuita' (Mol. 84); 1680: *esirlik* (esīrlikⁱ) 'captivitas, servitus' (Men. I 227), *esirlik* (esirlikⁱ) 'captivitas, status captivi' (ibid. II 3136) ≤ *esir* 'slave'.

evlilük, evlülik - 1603: *evlilük* (eflilük) 'conjugium' (Meg. I 324); 1680: *evlülik* (ewlülikⁱ) 'status conjugalis' (Men. I 548) ≤ *evli, evlü* 'married'.

gebelik, gebelük - 1641: *gebelik* (ghiebelik) 'grauidanza' (Mol. 171); 1677: *gebelük* (ghiebeluch) 'grauidezza' (Masc. 59b); 1680: *gebelik* (gⁱebelikⁱ) 'graviditas' (Men. II 3866) ≤ *gebe* 'pregnant'.

gelinlik - 1680: *gelinlik* (gⁱelinlikⁱ) 'status sponsae' (Men. II 4003) ≤ *gelin* 'bride'.

günahkârlık - 1680: *günahkârlık* (günāhkⁱārlyk) 'peccandi habitus, statusque peccatoris' (Men. II 4029) ≤ *günahkâr* 'sinner'.

kızlık, kızluk - 1603: *kızluk* (kisluk) 'virginitas' (Meg. II 713); 1680: *kızlık* (kyzlyk) 'virginitas, virginem esse' (Men. I 860), *kızlık* (kyzlyk) 'virginitas' (ibid. II 2176, 3691) ≤ *kız* '1. girl. 2. virgin'.

kölelik - 1680: *kölelik* (kⁱölelikⁱ) 'servitus, status mancipii' (Men. II 4092) ≤ *köle* 'slave'.

limanlık - 1603: *limanlık* (limanlyk) 'malacia, pellacia, tranquillitas maris' (Meg. II 12); 1611: *ilemanlık* (jlemanlic) 'bomaccia di mare' (FrG 65); 1680: *ilimanlık* (ilimanlik) 'malacia' (Men. I 405), *ilimanlık* (ilimanlyk) 'malacia' (ibid. I 608), *limanlık* (limanłyk) 'malacia' (ibid. II 4219) ≤ *liman* '(obs.) calm'.

mahmurlık - 1680: *mahmurlık* (maechmūrlyk) 'crapula, quae post ebrietatem tentat caput, crapulae similis affectio ex morbo' (Men. I 1942), *mahmurlık* (maechmurlyk) 'temulentia, crapula seu dolor capitis & stupor post ebrietatem' (ibid. III 4496) ≤ *mahmur* 'sleepy, heavy after a drunken sleep'.

matuhlık - 1680: *matuhlık* (maetuhlyk) 'delirium, insania' (Men. III 4760) ≤ *matuh* 'weak in mind'.

mestanelik - 1641: *mestanelik* (mestanelik) 'embriachezza' (Mol. 132), *mestanelik* (mestanelik) 'imbriachezza' (ibid. 192a); 1680: *mestanelik* (mestānelikⁱ) 'ebrietas, status ebrii' (Men. III 4616) ≤ *mestane* 'drunken'.

mestlik - 1680: *mestlik* (mestlikⁱ) 'crapula, ebrietas, seu quod ebriositas, vinolentia' (Men. I 862), *mestlik* (mestlikⁱ) 'ebrietas, crapula' (ibid. III 4634) ≤ *mest* 'drunken'.

nikâhluk - 1677: *nikâhluk* (nichiah-luch) 'sposalizio' (Masc. 226a) ≤ *nikah* 'marriage'.

oğlancıklık, oglancıglük - 1603: *oglancıglük* (oglangiglük) 'pueritia' (Meg. II 358); 1680: *oğlancıklık* (oghlanğiklyk) 'pueritia, *pec*. ardentior, juvenilis amor' (Men. II 2928) ≤ *oğlancık* 'little boy'.

oğlanlık - 1641: *oğlanlık* (oglanlik) 'puerile' (Mol. 327); 1680: *oğlanlık* (oghlanlyk) 'infantia, pueritia, prima adolescentia, prima ac tenera aetas' (Men. II 3114) ≤ *oğlan* 'boy'. -The earliest registration of this formation was in the XIVth c.: *oğlanlık* ('ġlnlq; XIV c.), *oğlanlık* ('ġlānlq, 'wġlānlq, 'ġlnlq; XV c.), *oğlanlık* ('wġlānlq; XV/XVI, XVI c.) '1. Çoçukluk. 2. Çoçuk havalesi' (TTS).

öksüzlik - 1680: *öksüzlik* (ök^i süzlik^i) 'orphani status' (Men. I 532) ≤ *öksüz* 'orphan'.

putpereslik - 1641: *putpereslik* (putpereslik) 'idolatria' (Mol. 189) ≤ *putperes* ≤ *putperest* 'idolator, pagan'.

sarhoşlık, sarhoşluk - 1641: *sarhoşlık* (sarhosc=lik) 'imbriachezza' (Mol. 192); 1668: *sarhoşluk* (szarhosluk) 'ebrietas' (Ill. 193); 1680: *serhoşlık* (serchoślik) 'crapula, ebrietas seu q. ebriositas, vinolentia' (Men. I 862), *serhoşlık* (serchoślyk) 'ebrietas, temulentia' (ibid. I 1533), *serhoşlık* (serchoślyk) 'ebrietas' (ibid. II 2589) ≤ *sarhoş* 'drunken'.

taunlık - 1677: *taunlık* (taun-lich) 'pestilenza' (Mas.125b) ≤ *taun* 'pest, plague'.

tiryakîlik - 1680: *tiryakîlik* (tirjāk^i ilik^i) 'usus moenomeni supra descripti & inde proveniens ebrietas, seu insania' (Men. I 904) ≤ *tiryakî* 'addicted to alcohol, tobacco, opium, etc'.

yüklik - 1680: *yüklik* (jük^i lik^i) 'onus, seu quantum sufficit ad justum jumenti onus' (Men. III 5630) ≤ *yük* 'load, burden'.

yüklülik - 1680: *yüklülik* (jük^i lülik^i) 'praegnantis status' (Men. III 5630) ≤ *yüklü* 'pregnant'. - The earliest recording of the formation was in the XVth c.: *yüklülik* (ywklwlk) 'Gebelik, hamilelik' (TTS).

Another semantic subgroup comprises formations with an abstract meaning of time:

aylık - 1680: *aylık* (ajlyk) 'stipendium menstruum, quod olim vicesimo quoque die dari solebat' (Mcn. I 988); *bir aylık yol* (bir ailyk ioł) 'unius mensis iter' (ibid. I 606); *iki aylık* (ik^i i ailyk) 'bimestris, bimestre' (ibid. I 606); *üç aylık* (üć ailik) 'trimestris & trimestre' (ibid. I 606) ≤ *ay* 'month'.

gecelik - 1677: *gecelikleri* (ghiegielich-leri) 'notturne' (Masc. 107a) ≤ *gece* 'night'.

gündelik, gündelük - 1641: *gündelük* (ghiundeluk) 'giornata opera di un giorno' (Mol. 164); 1680: *gündelik* (gʻündelikʻ) 'jugerum' (Men. II 4096) ≤ *günde* - Loc. of *gün* 'day'. - The earliest registration of the formation was by Schiltberger. Cf. 1396-1427: *gundaluk* (gundaluch) (SchPN).

günlik - 1611: *gülük* (gulük) 'jornada' (MN 192); 1670: *günlüg* (günlug) 'for a day' (K 170); 1677: *günlik*: *bir günlik yol* (bir ghiunlich iol) 'uiaggio di vn giorno' (Masc. 269a); 1680: *günlik* (gʻünlikʻ) 'stipendium quotidianum, diarium' (Men. II 2380), *günlik* (gʻünlikʻ) 'dies, spatium diei: diarium, stipendium, opus, iter unius diei' (ibid. II 4096) ≤ *gün* 'day'. - Historical sources registered this word but with a different meaning: *günlik* (kwnlk; XIV c.), *günlik* (kwnlk, knlk; XV c.), *günlik* (kwnlk; XVI c.) 'Şemsiye, gölge yapmaya yarayan perde' (TTS).

heftelik - 1670: *heftelik* (heftelik) 'for a week' (K 171) ≤ *hefte* 'week'.

saatlık - 1680: *saatlık* (s'aetlyk) 'spatium unius horae' (Men. II 2517) ≤ *saat* 'hour'.

şimdilik - 1680: *şimdilik* (śimdilikʻ) 'modernum tempus, pro nunc' (Men. II 2858) ≤ *şimdi* 'now, at present'.

yıllık - 1641: *(y)ıllık* (illik) 'annuale' (Mol. 51); 1677: *(y)ıllık*: *bir (y)ıllık şarap* (bir illich sciarab) 'uino d'vn anno' (Masc. 270b); 1680: *yıllık* (jillyk) 'annus, anni decursus' (Men. III 5603); *beş yıllık* (beś jillyk) 'lustrum, quinque annorum spatium' (ibid. I 894), *beşyüz yıllık yol* (beśjüz jillyk jol) 'iter quingentorum annorum' (ibid. I 691), *iki yıllık* (ikʻi jiłyk) 'bimulus, bimus' (ibid. I 603) ≤ *yıl* 'year'.

Also to this category belongs another semantic subgroup comprising derivatives denoting the names of illness and infirmity:

aksaklık - 1680: *aksaklık* (aksaklyk) 'clauditas, claudicatio' (Men. I 340) ≤ *aksak* 'limping'.

amalık - 1680: *amalık* (ae'mālyk) 'caecitas' (Men. I 291, III 5085) ≤ *ama* 'blind'.

cüdamlık, cüdamluk, cüzamlık - 1641: *cüdamluk* (giudamluk) 'lebbra' (Mol. 229); 1680: *cüdamlık* (giüdamlyk) 'lepra, &c.' (Men. I 1589); *cüzamlık* (ǧiüzāmlyk) 'ipsa lepra ejusve morbus' (ibid. I 1591), *cüdamlık* (ǧiüdāmlyk) 'lepra & albiores maculae quae in jumento apparent ex alterius morsu vel aliunde' (ibid. III 5935) ≤ *cüdam = cüzam* 'leprosy'.

dilsizlik - 1677: *dilsizlik* (dilsislich) 'mutolezza' (Masc. 102b); 1680: *dilsizlik* (dilsyzlikʻ) 'mutum esse' (Men. I 1881), *dilsizlik* (dilsyzlyk) 'muti status, carentia linguae, infantia' (ibid. II 2123) ≤ *dilsiz* 'dumb, mute'.

gicilik - 1680: *gicilik* (gʻiğilikʻ) 'pruritus, prurigo' (Men. II 4109) ≤ *gici* 'irritation'.

hastalık, hastaluk - 1603: *hastaluk* (hastaluk) 'debilitas' (Meg. I 392), *hastaluk*(chastaluk) 'morbus' (ibid. II 82); 1641: *hastalık* (chastalik) 'indispositione' (Mol. 205); 1680: *hastalık, hastalık* (chastalyk, chaestaelik[i]) 'morbus, aegritudo' (Men. I 1896), *hastalık, hastelik* (chastałyk, chaestelik[i]) 'infirmitas, morbus' (ibid. II 3020), *hastalık* (chastalyk) 'morbus, aegritudo'(ibid. II 3334); *büyük hastalık* (büjük chastalyk) 'epilepsia, morbus caducus' (ibid. II 3136); *sara hastalığı* (sara chastalyghy) 'epilepsia, morbus caducus' (ibid. II 3136) ≤ *hasta* 'ill'. - The earliest recording of the word was in 1533: *hastalık* (chastalích) 'male' (Arg.34).

kellik - 1680: *kellik* (k[i]ellik[i]) 'porrigo' (Men. II 4000) ≤ *kel* 'ringworm'.

körlik, körlük - 1603: *körlük* (kiorlük) 'caecitas' (Meg. I 192); 1641: *körlük* (kiorluk) 'cecita' (Mol. 85); 1680: *körlik* (k[i]örlik[i]) 'caecitas' (Men. I 291, II 4065, III 5085) ≤ *kör* 'blind'. - The earliest confirmation of this formation was in the XVIth century: *körlüg* (qwrlwyg) 'cecità' (TAO 105).

kötürümlik - 1680: *kötürümlik* (k[i]ötürūmlyk) 'paralysis &c' (Men. II 4052) ≤ *kötürüm* 'paralyzed'.

nabinalık - 1680: *nabinalık* (nābīnālik, nābīnālyk) 'caecitas' (Men. I 292, III 5085) ≤ *nabîna* 'blind'.

nefes darlığı - 1680: *nefes darlığı* (nefes darlyghy) 'asthma' (Men. II 3060) ≤ *nefes* 'breathing' + *dar* 'narrow; with difficulty'.

pelteklik - 1680: *pelteklik* (peltek[i]lik[i]) 'balbuties' (Men. I 818, 874) ≤ *peltek* 'stammering'.

sağırlık, sağırluk - 1641: *sağırluk* (saghirluk) 'sordita' (Mol. 413); 1680: *sağırlık* (saghyrlyk) 'surditas' (Men. II 2919) ≤ *sağır* 'deaf'.

sarılık - 1680: *sarılık* (sarylyk) 'flavedo & icterus, morbus regius' (Men. II 2917) ≤ *sarı* 'yellow'.

sayrulık - 1680: *sayrulık* (saejrulyk) 'morbus, aegritudo' (Men. I 1006, II 2635) ≤ *sayru* 'ill'. - The earliest registration of the formation was in the XIVth century: *sayrulık* (syrwlq, sāyrwlq; XIV c.), *sayrılık* (syrlq; XIV/XV c.), *sayrulık* (syrwlq; XV c.), *sayrulıh* (syrwlh; XV c.), *sayrulık* (syrwlq, sāyrwlq; XVI c.), *sayrılık* (syrylq, XVI c.) 'Hastalık' (TTS).

topallık - 1680: *topallık* (topallyk) 'clauditas, claudicatio' (Men. II 3135) ≤ *topal* 'lame'.

tutarıklık - 1680: *tutarıklık* (tutaryklyk) 'epilepsia, morbus caducus' (Men. II 3136) ≤ *tutarık* 'epilepsy'.

tutarlık - 1680: *tutarlık* (tutarlyk) 'epilepsia, morbus caducus' (Men. II 3136) ≤ *tutar* 'epilepsy'.

uyuzlık - 1680: *uyuzlık* (ujuzlyk) 'scabies, pruritus' (Men. II 3934) ≤ *uyuz* 'itch'.

The subgroup comprising derivatives denoting the names of colours belongs also to the category of abstract nouns. Here are the words forming this subgroup:

aklık - 1641: *aklık* (aklik) 'albore, cioè bianchezza' (Mol. 31); 1670: *aglık* (aglicq) (Mg. 21); 1680: *aklık* (akłyk) 'albedo' (Men. I 342), *aklık* (aklyk) 'albedo' (ibid. I 966, II 2546) ≤ *ak* 'white'. - The earliest records date back to the XVth c.: *ağlık* (āġlq; XV c.), *aklık* ('qlq; XVI c.) '1. Aklık, beyazlık. 2. Üstübeç, kadınların yüzlerine sürdükleri düzgün' (TTS).

beyazlık - 1641: *beyazlık* (beiaslik) 'albore, cioè bianchezza' (Mol. 31) ≤ *beyaz* 'white'.

göklik - 1680: *göklik* (gᶦökᶦlikᶦ) 'livor' (Men. II 4088) ≤ *gök* 'blue'. - The earliest records date back to the XIVth c.: *göklik* (kwklk; XIV c.), *göklik* (kwklk; XV c.) 'Morluk, mavilik' (TTS).

karalık - 1680: *karalık* (karalyk) 'nigredo' (Men. II 3659) ≤ *kara* 'black'.

kırmızılık, kırmızilik - 1677: *kırmızılık* (chirmisilich) 'rostezza, rossore' (Masc. 170a); 1680: *kırmızilik* (kyrmyzylikᶦ) 'rubedo' (Men. II 3675) ≤ *kırmızı* 'red'.

kızıllık - 1680: *kızıllık* (kyzyllyk) 'rubedo; anthrax pestilens' (Men. I 1806), *kızıllık* (kyzyllyk) 'rubedo; tinctura rubra, color quo scribunt' (ibid. II 2589) ≤ *kızıl* 'red'.

sarılık, sarulık - 1680: *sarulık* (sarulyk) 'flavedo' (Men. II 2441); *sarılık* (sarylyk) 'flavedo & icterus, morbus regius' (ibid. II 2917) ≤ *sarı = saru* 'yellow'.

siyahlık - 1641: *siyahlık* (sijahlik) 'nerezza' (Mol. 269); 1680: *siyahlık* (sijāhlyk) 'nigredo' (Men. II 2727) ≤ *siyah* 'black'.

surhlık - 1680: *surhlık* (surchlyk) 'rubor' (Men. II 2589) ≤ *surh* 'red'.

yeşillik - 1677: *yeşillik* (iescillich) 'uerdeggiare' (Masc. 266b); 1680: *yeşillik* (ješillikᶦ) 'viridarium, pratum, viror' (Men. III 5578) ≤ *yeşil* 'green'. - The earliest recording of the formation was in the XVth c.: *yeşillik* (yšllq; XV c.), *yaşıllık* (yāšllq; XVI c.) 'Yeşillik' (TTS).

2. Names of the action:

açılmaklık - 1680: *açılmaklık* (aćilmaklyk) 'apertio floris, efflorescentia' (Men. II 2845) ≤ *açılmak* 'to be opened'.

açmazlık - 1677: *açmazlık* (acimaslich) 'dissimulatione' (Masc. 41a); 1680: *açmazlık* (aćmazlyk) 'dissimulatio' (Men. I 65) ≤ *açmaz* 'reserved, secretive'.

ağlamaklık - 1677: *ağlamaklık* (aghlamach-lich) 'piangimento' (Masc. 126b) ≤ *ağlamak* 'to cry'.

aldamaklık - 1641: *aldamaklık* (aldamaklik) 'inganno' (Mol. 211); 1677: *aldamaklık* (aldamach-lich) 'inganno' (Masc. 69b) ≤ *aldamak* 'to cheat'.

aldatmalık - 1641: *aldatmalık* (aldatmalik) 'fraude inganno' (Mol. 154), *aldatmalık* (aldatmalik) 'gabbamento' (ibid. 158) ≤ *aldatma* 'verbal n. of *aldat-*'to cheat'.

artmaklık - 1680: *artmaklık* (artmakłyk) 'accesio, appendix, quod superest' (Men. I 134) ≤ *artmak* 'to increase'.

asilik - 1680: *asilik* (asylyk) 'rebellio, defectio' (Men. II 3191) ≤ *asi* 'rebellious'.

aşkbazlık - 1680: *aşkbazlık* (aeśkbāzlyk) 'amorosi joci, amoris contestatio' (Men. II 3270) ≤ *aşkbaz* 'flirt'.

ayıplanmalık - 1677: *ayıplanmalık* (aiplanmalich) 'scornarsi, suergognarsi' (Masc. 191b) ≤ *ayıplanma* 'verbal n. of *ayıplan-*'to be criticized'.

ayırmalık - 1680: *ayırmalık* (ajirmalyk) 'separatio, distinctio, intervallum, pars distincta, divisio, divortium' (Men. I 1286) ≤ *ayırma* 'verbal n. of *ayır-*'to separate'.

azaltmışlık - 1677: *azaltmışlık* (asaltmisc-lich) 'diminuzione' (Masc. 39a) ≤ *azaltmış* 'reduced'.

azarlamaklık - 1677: *azarlamaklık* (aszarlamachlich) 'mortificazione' (Masc. 100a) ≤ *azarlamak* 'to reprimand'.

azġunlık - 1680: *azġunlık* (azghunlyk) 'depravatio, deviatio, seditio, violatio Majestatis' (Men. I 163), *azġunlık* (azghunlyk) 'excessus, exundatio, exorbitantia, insolentia, seditio, rebellio' (ibid. II 3111) ≤ *azġun* 'ferocious, mad'. - The earliest recording of the formation was in the XVI century: *azġunlık* (āzġwnlq) 'Taşkınlık, azgınlık' (TTS).

badenuşlık - 1680: *badenuşlık* (bādenūślik) 'potatio' (Men. II 2367) ≤ *badenuş* 'wine-drinker'.

bağırmaluk - 1641: *bağırmaluk* (baghrmaluk) 'vrlamento' (Mol. 488) ≤ *bağırma* 'verbal n. of *bağır-* 'to shout'.

bağlamaklık - 1641: *bağlamaklık* (baghlamaklik) 'ligamento' (Mol. 234); 1680: *bağlamaklık* (baghlamaklyk) 'fascinum, incantamentum, fascinatio' (Men. I 673) ≤ *bağlamak* 'to tie'.

barışmaklık - 1680: *barışmaklık* (bariśmaklyk) 'compositio, pax, conciliatio, conventio, pacificatio, concordia' (Men. II 2980) ≤ *barışmak* 'to be reconciled, to make peace'.

barıştürmaklık - 1680: *barıştürmaklık* (bariśtürmaklyk) 'pacificatio' (Men. I 645) ≤ *barıştürmak* 'to make peace'.

basmaklık - 1680: *basmaklık* (basmaklyk) 'conculcatio, oppressio' (Men. I 838) ≤ *basmak* 'to press'.

bayıcılık - 1680: *bayıcılık* (bajiğilik[i]) 'hallucinatio, fascinatio, praestigiae' (Men. I 698) ≤ *bayıcı* 'witch'.

bayılmaklık - 1677: *bayılmaklık* (bailmachlich) 'tramortirsi' (Masc. 252b); 1680: *bayılmaklık* (bailmaklyk) 'deliquium animi' (Men. I 700) ≤ *bayılmak* 'to faint'.

berbadlık - 1680: *berbadlık* (berbādlyk) 'ruina, destructio, vastitas' (Men. I 752) ≤ *berbad* 'ruined'.

betdualık - 1641: *betdualık* (betduualik) 'maledittione' (Mol. 241) ≤ *betdua* 'curse'.

bitürmeklik - 1641: *bitürmeklik* (biturmeklik) 'speditione' (Mol. 419); 1680: *bitürmeklik* (bitürmek[i]lik[i]) 'absolutio, confectio, consummatio' (Men. I 707) ≤ *bitürmek* 'to finish'.

bozġunlık - 1680: *bozġunlık* (bozghunlyk) 'clades, turbae, confusio, tumultus' (Men. I 919) ≤ *bozġun* 'rout, defeat'.

bölmeklik - 1680: *bölmeklik* (bölmek[i]lik[i]) 'divisio' (Men. I 943), *bölmeklik* (bölmek[i]lik[i]) 'divisio, distributio' (ibid. I 1463) ≤ *bölmek* 'to divide'.

cadılık, cadulık - 1680: *cadılık, cadulık* (giādylyk, giādulyk) 'magia, negromantia, fascinus, veneficium, incantatio, incantamentum' (Men. I 1543) ≤ *cadı = cadu* 'witch'. - The phonetic variant of *cadılık* is *cazılık* confirmed in the XVIIth century sources in the forms: *cazılık, cazıluk, cazulık, cazuluk*. Cf. 1641: *cazılık* (giasilik) 'fattura stregaria' (Mol. 143), *cazuluk* (giasuluk) 'incato' (ibid. 201), *cazıluk* (giasiluk) stregaria' (ibid. 435); 1677: *cazulık* (giasulich) 'ueneficio, incantesimo' (Masc. 265b); 1680: *cazulık* (ğiazulyk) 'magia, fascinum &c.' (Men. I 933), *cazulık, cazılık* (ğiazūlyk, ğiazylyk) 'magia, negromantia, fascinus, veneficium, incantatio, incantamentum' (ibid. I 1543) ≤ *cazı = cazu* 'witch'.

casuslık - 1680: *casuslık* (ğiāsūslyk) 'exploratio' (Men. I 1550) ≤ *casus* 'spy'.

cefalık - 1677: *cefalık* (giefalich) 'afflizione' (Masc. 8b) ≤ *cefa* 'oppression'.

cemetmeklik - 1641: *cemetmeklik* (gemetmeklik) 'accumulatione' (Mol. 13) *cemetmek* ≤ 'to collect'.

çapkunlık - 1680: *çapkunlık* (ćiapkunlyk) '*metaph.* excursio' (Men. I 1538) ≤ *çapkun* 'rascal'.

çarkacılık - 1641: *çarkacılık* (carkagilik) 'scaramuccia' (Mol. 379); 1680: *çarkacılık: çarkacılık et-* (ćiarkağilyk et-) 'primum augmen ducere, velitari' (Men. I 1546) ≤ *çarkacı* 'circling of light troops in front of the main body of a force'. - The earliest recording of the formation was in the XVIth century in the compound verb : *çarkacılık et-* (črqhğlq 't-) 'Seferde orduya öncülük etmek' (TTS).

çaşıtlık - 1680: *çaşıtlık* (ćiaśitlyk) 'exploratio' (Men. I 1550) ≤ *çaşıt* 'spy'.

çıkmaklık, çıkmakluk - 1677: *çıkmakluk* (cihc-machluch) 'riuscimento'

(Masc. 166b); 1680: *çıkmaklık* (ćikmaklyk) 'derivatio nominis a nomine & findi, dividi in duas partes' (Men. I 233) ≤ *çıkmak* 'to go out'.

çökmeklik - 1680: *çökmeklik* (ćiökⁱmeklik^j) 'genuflexio' (Men. I 1682) ≤ *çökmek* 'to fall down, to collapse'.

damlamaklık - 1641: *damlamaklık* (damlamaklik) 'gocciamento' (Mol. 166) ≤ *damlamak* 'to drip'.

danıklık, tanıklık - 1680: *danıklık* (danyklyk) 'testimonium, attestatio, praesentia, conspectus, professio fidei, *pec.* per illa verba' (Men. II 2883), *danıklık* (danyklyk) 'testimonium' (ibid. II 3078), *tanıklık* (tanyklyk) 'testimonium, &c.' (ibid. II 3130) ≤ *danık, tanık* 'witness'. - The earliest recording of the word was in the XIVth c.: *tanıklığ-* (tānqlğ-; XIV c.), *tanıklık* (tānqlq; XV c.), *tanıklık* (tānqlq; XVI c.) 'Şahitlik, şahadet' (TTS). Argenti (1533) records this derivative in form: *danukluk* (danuchlych) 'testimonianza' (Arg. 73).

danışıklık - 1680: *danışıklık* (daniśiklyk) 'consilium, consultatio' (Men. II 2013, 3078) ≤ *danışık* 'consultation'.

daşkunluk - 1641: *daşkunluk* (dasc=kunluk) 'inondatio' (Mol. 215) ≤ *daşkun* 'overflowing'.

dayanmaklık - 1641: *dayanmaklık* (daianmaklik) 'costanza' (Mol. 104) ≤ *dayanmak* 'to lean against sth'.

dayanmalık - 1641: *dayanmalık* (daianmalik) 'resistenza' (Mol. 342), *dayanmalık* (daianmalik) 'saldamento' (ibid. 369) ≤ *dayanma* 'verbal n. of *dayan-* 'to lean against sth'.

degişlik - 1677: *degişlik* (deghisc-lich) 'mutabilita' (Masc. 102b) ≤ *degiş* 'exchange'.

degişmeklik - 1641: *degişmeklik* (deghisc-meklik) 'variabilita' (Mol. 472) ≤ *degişmek* 'to change'.

degişmelik - 1641: *degişmelik* (deghisc=melik) 'trauasamento' (Mol. 465) ≤ *degişme* 'verbal n. of *degiş-* 'to change'.

degmeklik, degmeklük - 1641: *degmeklük* (degmekluk) 'tasto' (Mol. 446); 1680: *degmeklik*: *göz degmeklik* (gⁱöz degⁱmekⁱlikⁱ) 'fascinum ex malignantis oculi injectu' (Men. II 2110) ≤ *degmek* 'to touch'.

degmelik - 1641: *degmelik* (degmelik) 'toccamento' (Mol. 457) ≤ *degme* 'verbal n. of *deg-* 'to touch'. - The earliest recording of the formation was in the XVth century in: *değmelik ile* (dkmhlk 'ylh) 'Kolayıkla, olur olmaz şeyle' (TTS).

destgirlik - 1680: *destgirlik* (destgⁱirlikⁱ) 'auxilium, opitulatio, adjutorium, succursus, porrectio dextrae' (Men. I 698), *destgirlik* (destgⁱirlikⁱ) 'manus porrectio, opitulatio, defensio' (ibid. II 2079) ≤ *destgir* 'who takes by the hand, helper'.

didebanlık - 1680: *didebanlık* (dīdebānlyk) 'custodia, vigilantia, observatio, exploratio' (Men. II 2209) ≤ *dideban* 'watchman'.

dildarlık - 1680: *dildarlık* (dildārlyk) 'amoris, amicitiae demonstratio' (Men. II 2122) ≤ *dildar* 'possessing by heart, beloved'.

dileklik -1680: *dileklik* (dilek^ilik^i) 'intercessio, petitio' (Men. II 2126) ≤ *dilek* 'wish'.

dilencilik, dilencilük - 1641: *dilencilik* (dilengilik) 'pittoccaria' (Mol. 307); 1668: *dilencilük* (dilengÿluk) 'mendicatio' (Ill. 168); 1680: *dilencilik* (dilenḡilik^i) 'mendicitas' (Men. II 2129) ≤ *dilenci* 'beggar'.

dilfiiriblik - 1680: *dilfiiriblik* (dilfiirīblyk) 'allectamentum, illequeatio' (Men. II 2125) ≤ *dilfiirib* 'heart-alluring, charming'.

dilnüvazlık - 1680: *dilnüvazlık* (dilnüwāzlyk) 'animi conciliatio, consolatio' (Men. II 2130) ≤ *dilnüvaz* 'soothing, comforting the heart'.

doġmaluk - 1641: *doġmaluk* (doghmaluk) 'natiuita' (Mol. 267); 1668: *doġmaluk* (dogmaluk) 'generatio' (Ill. 169) ≤ *doġma* 'verbal n. of *doġ-* 'to be born'.

doġurlık - 1680: *doġurlık* (doghurlyk) 'partus' (Men. II 2177) ≤ *doġur-* 'to give birth to'.

dögmeklik - 1680: *dögmeklik* (dög^imek^ilik^i) 'verberatio' (Men. II 2182) ≤ *dögmek* 'to beat'.

dökmeklik - 1680: *dökmeklik* (dök^imek^ilik^i) 'effusio, profusio' (Men. II 2182) ≤ *dökmek* 'to pour'.

dökülmelik - 1641: *dökülmelik* (dokiulmelik) 'spargimento' (Mol. 417) ≤ *dökülme* 'verbal n. of *dökül-* 'to be poured, thrown away'.

döndürmeklik - 1680: *döndürmeklik* (döndürmek^ilik^i) 'reversio, inversio, repercussio, restitutio' (Men. II 2193) ≤ *döndürmek* 'to spin'.

dönmeklik - 1641: *dönmeklik* (dönmeklik) 'giramento' (Mol. 164) ≤ *dönmek* 'to go round'.

duhullık - 1680: *duhullık* (duchullyk) 'introitus & proventus' (Men. II 2038) ≤ *duhul* 'entering'.

durmaklık -1680: *durmaklık* (durmaklyk) 'statio, mora' (Men. II 3143) ≤ *durmak* 'to stop'.

duymaklık - 1677: *duymaklık* (duimachlich) 'presentimento' (Masc. 136a) ≤ *duymak* ' 1.to hear. 2. to feel'.

dürtmelik - 1641: *dürtmelik* (durtmelik) 'stimulatione' (Mol. 432) ≤ *dürtme* 'verbal n. of *dürt-* 'to stimulate'.

düzdlik - 1680: *düzdlik* (düzdlik[i]) 'furtum' (Men. II 2073) ≤ *düzd* 'thief'.

düzenlik - 1680: *düzenlik* (düzenlik[i]) 'ordo, compositio, concinnatio, concentus' (Men. II 2169), *düzenlik* (düzenlik[i]) 'ordinatio, apparatus, concordantia, concordia, consensus, pax, pacificatio' (ibid. II 2514) ≤ *düzen* 'order, harmony'. - The earliest recording of the formation was in the XIII/XIV c.: *düzenlik* (dznlk; XIII/XIV c.), *düzenlik* (dwznlk; XIV c.), *düzenlik* (dwznlk; XVI c.) 'Rahat, âsayış, barışıklık, dirlik, intizam' (TTS).

eglenmelik, eglenmelük - 1641: *eglenmelik* (eghlenmelik) 'dimora, tardanza' (Mol. 119), *eglenmelük* (eghlenmeluk) 'indugio' (ibid. 206); 1677: *ehlenmelik* (ehlenmelich) 'dimora' (Masc. 39a), *ehlenmelik* (ehlenmelich) 'tardanza' (ibid. 240b) ≤ *eglenme* 'verbal n. of *eglen-* 'to be delayed'.

ekinlik - 1680: *ekinlik* (ek[i]inlik) 'agricultura, arvum, campus, ager' (Men. II 2202) ≤ *ekin* '1. crop. 2. sowing of seed'. - The earliest recording of the formation was in the XIVth c.: *ekinlik* ('knlk; XIV c.), *ekinlik* ('knlk; XV c.), *ekinlik* ('kynlk, 'knlk; XVI c) '1. Ekilmiş yer, üzerinde arpa, buğday gibi şeyler bitmiş olan yer. 2. Mezraa, çiftlik. 3. Defa ekecek kadar yer' (TTS).

eşkıyalık - 1680: *eşkıyalık* (eśkyjalyk) 'insolentia, facinorositas, petulantia, exorbitantia, praedatio, latrocinia' (Men. I 241) ≤ *eşkıya* 'brigand'.

evlenmeklik - 1677: *evlenmeklik* (euilenmech-lich) 'maritaggio' (Masc. 90b) ≤ *evlenmek* 'to get married'.

evlenmelik - 1641: *evlenmelik* (eulenmelik) 'maritaggio' (Mol. 247) ≤ *evlenme* 'verbal n. of *evlen-* 'to get married'.

falcılık - 1680: *falcılık* (fālḡilik[i]) 'sortilegium, divinatio' (Men. II 3458) ≤ *falcı* 'fortune-teller'.

ferahatlık - 1677: *ferahatlık* (ferahatlich) 'ozio, o riposo' (Masc. 116a) ≤ * *ferahat* 'abnegation'.

fikretmelik - 1641: *fikretmelik* 'speculatione' (Mol. 419) ≤ *fikretme* 'verbal n. of *fikret-* 'to think'.

ġammazlık - 1680: *ġammazlık* (ghaemazlyk) 'delatio, sycophantia' (Men. II 3425) ≤ *ġammaz* 'intriguer'.

gelmelik - 1641: *gelmelik* (ghielmelik) 'veturato' (Mol. 477) ≤ *gelme* 'verbal n. of *gel-* 'to come'.

gezmeklik - 1680: *gezmeklik* (g[i]ezmek[i]lik[i]) 'obambulatio, ambulatio, deambulatio, spectatio, lustratio, spectaculum, seu spectatio jucunda' (Men. II 2729) ≤ *gezmek* 'to walk'.

giriftarlık - 1680: *giriftarlık* (g[i]iriftarlyk) 'captivatio, captivitas' (Men. II 3921) ≤ *giriftar* 'captive'.

giriftlik - 1641: *giriftlik* (ghiriftlik) 'cofiscatione' (Mol. 102) ≤ *girift* 'a taking, seizure'.

girmeklik - 1641: *girmeklik* (ghirmeklik) 'ingrassione' (Mol. 213); 1677: *girmeklik* (ghirmechlich) 'ingressione' (Masc. 70b) ≤ *girmek* 'to enter'.

gitmeklik - 1677: *gitmeklik* (ghitmechlich) 'partenza, partita' (Masc. 119a) ≤ *gitmek* 'to go'.

gizlenmeklik - 1641: *gizlenmeklik* (ghislenmeklik) ' nascondimento' (Mol. 267) ≤ *gizlenmek* 'to be hidden'.

gizlülik - 1680: *gizlülik* (gⁱizlülikⁱ) 'occultatio, occultum' (Men. I 905) ≤ *gizlü* 'secret, hidden'.

görmeklik - 1677: *görmeklik* (ghiormechlich) 'ragguardamento' (Masc. 148a); 1680: *görmeklik* (gⁱörmekⁱlikⁱ) 'visio, ipsum videre, providere' (Men. II 4067) ≤ *görmek* 'to see'.

görmezlik - 1680: *görmezlik* (gⁱörmezlikⁱ) 'simulatio caecitas, ipsa caecitas' (Men. II 4065) ≤ *görmez* 'unseeing, blind'.

hereketlik, hereketlük - 1641: *hereketlik* (hereketlik) 'mouimento' (Mol. 264, 265), *hereketlük* (herekietluk) 'reimouimento' (ibid. 350); 1677: *areketlik* (arechietlich) 'mouimento' (Masc. 101a), *araketlik* (atachietlich) 'muouimento' (ibid. 102a) ≤ *hereket* 'movement'.

ıslanmışlık - 1641: *ıslanmışlık* (islanmisc=lik) 'bagnamento' (Mol. 65) ≤ *ıslanmış* 'being wet'.

içmelük - 1677: *içmelük* (iccimeluch) ' sbeuezzamento' (Masc. 181b) ≤ *içme* 'verbal n. of *iç-* 'to drink'.

ikrarlık - 1641: *ikrarlık* (ikrarlik) 'confessione' (Mol. 10), *ikrarlık* (ikrarlik) 'promessione' (ibid. 322) ≤ *ikrar* 'declaring, confessing'.

incitmelik - 1641: *incitmelik* (ingitmelik) 'molestia' (Mol. 259) ≤ *incitme* 'verbal n. of *incit-* 'to injure, to hurt'.

inkârlık - 1641: *inkârlık* (inkiarlik) 'negatione' (Mol. 268) ≤ *inkâr* 'a denying, an ignoring'.

intizarlık - 1670: *intizarlık* (intizarlik) 'a waiting' (K 175) ≤ *intizar* 'a waiting'.

istemeklik - 1677: *istemeklik* (istemech-lich) 'uoglia, volonta' (Masc. 22b, 274b) ≤ *istemek* 'to want'.

işaretlik - 1641: *işaretlik* (isc=aretlik) 'notatione' (Mol. 273) ≤ *işaret* 'sign'.

işitmezlik - 1680: *işitmezlik* (iśitmezlikⁱ) 'ficta surditas' (Men. I 596) ≤ *işitmez* 'one who does not hear'.

kaçkunluk - 1677: *kaçkunluk* (caccicunluch) 'trasfuga, che se ne fugge da nemici' (Masc. 253b) ≤ *kaçkun* 'fugitive'.

kaçmaklık - 1680: *kaçmaklık* (kaćmaklyk) 'fuga, ipsum fugere' (Men. II 3575) ≤ *kaçmak* 'to escape'.

kaldurmaluk - 1641: *kaldurmaluk* (kaldurmaluk) 'inalzamento' (Mol. 199) ≤ *kaldurma* 'verbal n. of *kaldur*- 'to raise, elevate'.

kalpezenlik - 1680: *kalpezenlik* (kaelpezenliki) 'adulteratio monetae, seu ars ipsa adulterandi eam' (Men. II 3740) ≤ *kalpezen* 'maker of falsc coins'.

kapamaluk - 1677: *kapamaluk* (cappamaluch) 'turamento, serramento' (Masc. 259b) ≤ *kapama* 'verbal n. of *kapa*- 'to shut, close'.

kapmalık - 1641: *kapmalık* (kapmalik) 'rapacita' (Mol. 337) ≤ *kapma* 'verbal n. of *kap*- 'to seize, catch'.

karışdurmalık - 1641: *karışdurmalık* (karisc=durmalik) 'mescolamento' (Mol. 253) ≤ *karışdurma* 'verbal n. of *karışdur*- 'to mix'.

karışmuruşlık - 1677: *karışmuruşlık* (cariscmurus-lich) 'scompigliamento' (Masc. 189b) ≤ *karışmuruş* 'all mixed up'.

karşılamaklık - 1641: *karşılamaklık* (karsc=ilamaklik) 'incontramento' (Mol. 204) ≤ *karşılamak* 'to go to meet, to welcome'.

katmaklık - 1680: *katmaklık* (katmakłyk) 'additio, additamentum' (Men. II 3573) ≤ *katmak* 'to add'.

kireçlemeklük - 1641: *kireçlemeklük* (kiregzlemekluk) 'incalcinamento' (Mol. 200) ≤ *kireçlemek* 'to whitewash'.

kişvergirlik - 1680: *kişvergirlik* (kiiswergiirliki) 'ars & modus, aut sors subjugandi regiones, expugnatio regnorum' (Men. II 3970) ≤ *kişvergir* 'conqueror of countries'.

konuşmaklık - 1680: *konuşmaklık* (konuśmaklyk) 'conversatio, commercium, contubernium' (Men. II 3808) ≤ *konuşmak* 'to talk'.

korkutmalık - 1641: *korkutmalık* (korkutmalik) 'minacciamento' (Mol. 256) ≤ *korkutma* 'verbal n. of *korkut*- 'to frighten'.

kovcılık - 1680: *kovcılık* (kowḡilyki) 'delatio, sycophantia' (Men. II 3785) ≤ *kovcı* 'slanderer'. - The earliest recording of the word was in the XIV/XVth c.: *kovcılık* (qwğlq; XIV/XV c.), *kovcılık* (qwwğylq; XV c.) 'Kov yapma, nemmamlık' (TTS).

kulaġuzlık, kulavuzlık - 1680: *kulaġuzlık* (kulaghuzlyk) 'viae praemonstratio, directio' (Men. II 3802), *kulavuzlık* (kulawuzlyk) 'ductus, directio' (ibid. II 3803) ≤ *kulaġuz, kulavuz* 'guide, leader'.

kurbetlik - 1677: *kurbetlik* (curbetlich) 'pellegrinaggio' (Masc. 122a) ≤ *kurbet* 'a being away from home'.

kurtulmeklik - 1677: *kurtulmeklik* (curtulmechlich) 'spedizione' (Masc. 220b) ≤ *kurtulmak* 'to escape'.

kusmaklık - 1680: *kusmaklık* (kusmaklyk) 'vomitus' (Men. II 3797) ≤ *kusmak* 'to vomit'.

leşkerkeşlik - 1680: *leşkerkeşlik* (leśkⁱerkⁱeślikⁱ) 'coactio aut eductio exercitus' (Men. II 4171) ≤ *leşkerkeş* 'who leads an army'.

maskaralık, maskaraluk - 1611: *maskaralık* (maskaralik) 'comedia' (MN 210); 1641: *maskaralık* (maskaralik) 'buffonaria' (Mol. 74), *maskaralık* (maskaralik) 'facetia' (ibid. 139), *maskaraluk* (maskaraluk) 'sbeffamento' (ibid. 374); 1680: *masharalık* (mascharałyk) 'scurrilitas, ludibrium, joci' (Men. III 4646) ≤ *maskara* 'masquerade'.

mehcurlık - 1680: *mehcurlık* (mehġiūrlyk) 'separatio amici ab amico' (Men. III 5050) ≤ *mehcur* 'left, forsaken'.

merametlik - 1641: *merametlik* (merametlik) 'ristauratione' (Mol. 356); 1677: *merametlik* (merametlich) 'ristauratione' (Masc. 162b) ≤ *meramet* 'a repairing'.

mihmanlık - 1680: *mihmanlık* (mihmānlyk) 'hospitis tractatio, vel exceptio, hospitalitas qua aliquis excipitur; convivium, epulum' (Men. III 5058) ≤ *mihman* 'guest'.

miyancılık - 1680: *miyancılık* (mijānġilikⁱ) 'mediatio, intercessio, &c.' (Men. III 5064) ≤ *miyancı* 'a go-between, mediator'.

oğurlık, oğurluk - 1641: *oğurluk* (oghurluk) 'furto' (Mol. 157); 1677: *oğurlık* (oghurlich) 'ruberia' (Masc. 171a), *oğurluk* (oghurluch) 'furto' (ibid. 54a); 1680: *oğrılık, oğurlık* (oghrylyk, oghurlyk) 'furtum' (Men. I 523) ≤ *oğur* 'thief'. - The earliest registration of the formation was in the XIIIth century: *uġrılık* ('wġrlq; XIII c.), *uġurluk* ('wġwrlwq; XIV c), *uġurlık* ('wġwrlq; XIV c.), *ugrılık* ('wġrlq; XIV/XV c.), *uġurlık* ('wġwrlq; XV c.), *uġrılık* ('wġrlq, 'ġrylq, 'ġrlq; XV c.), *uġrıluk* ('ġrlwq; XV c.), *uġurlık* ('wġwrlq; XVI c.), *uġrılık* ('wġrylq; XVI c.) 'Hırsızlık' (TTS).

oklamakluk - 1641: *oklamakluk* (oklamakluk) 'saettamento' (Mol. 368) ≤ *oklamak* 'to shoot with an arrow'.

okşamaklık, okşamakluk - 1641: *okşamaklık* (oksc-amaklik) 'accarezzamento' (Mol. 6), *okşamakluk* (oksc=makluk) 'vezzo, vezzı' (ibid. 479) ≤ *okşamak* 'to caress with the hand'.

okşamaluk, ohşamalık - 1677: *oşamalık* (oscia-malich) 'fregameto' (Masc. 53a); *okşamaluk* (och-sciamaluch) 'uezzo, uezzı, carezze' (ibid. 268b); 1680: *ohşamalık* (ochśāmałyk) 'animi coniliatio, consolatio' (Men. II 2130) ≤ *okşama* 'verbal n. of *okşa-* 'to caress with the hand'.

oturaklık - 1680: *oturaklık* (oturaklyk) 'rudis, rude donatio, exemptio militis ab expeditionibus bellicis' (Men. I 484) ≤ *oturak* '1. seat. 2. residence. 3. arch. retired on a pension, pensioner'. - The earliest recording of the word was in the XVIth century: *oturaklık* ('wtrqlq) 'Istirahat, huzur, sükun' (TTS).

oynamaklık - 1677: *oynamaklık* (oinamachlich) 'trescadanza' (Masc. 255b) ≤ *oynamak* 'to play'.

ögünmeklük - 1641: *ögünmeklük* (oghiunmekluk) 'vanto' (Mol. 472) ≤ *ögünmek* 'to praise oneself'.

ölçeklik - 1680: *ölçeklik* (ölćekⁱlikⁱ) 'mensurabilitas, mensuramentum' (Men. I 541) ≤ *ölçek* 'measure'.

ölçilik - 1641: *ölçilik* (olcilik) 'misuramento' (Mol. 258) ≤ *ölçi* 'measure'.

öldüricilik - 1680: *öldüricilik* (öldüriğilikⁱ) 'occisio' (Men. II 3970) ≤ *öldürici* 'killer'.

öldürmelik - 1677: *öldürmelik* (oldurmelich) 'uccisione' (Masc. 263b) ≤ *öldürme* 'verbal n. of *öldür-* 'to kill'.

ölmelik - 1677: *ölmelik* (olmelich) 'mortalita' (Masc. 100a) ≤ *ölme* 'verbal n. of *öl-* 'to die'.

öpicilik - 1680: *öpicilik* (öpiğilikⁱ) 'osculatio strati aut tapetis ... veneratio' (Men. I 925) ≤ *öpici* 'one who kisses'.

öpmeklik - 1680: *öpmeklik* (öpmekⁱlikⁱ) 'osculatio strati aut tapetis ... veneratio' (Men. I 925) ≤ *öpmek* 'to kiss'.

öpüşlik - 1677: *öpüşlik* (opusc-lich) 'baciamento' (Mas.20a) ≤ *öpüş* 'kiss'.

örtmelik - 1641: *örtmelik* (ortmelik) 'coprimento' (Mol. 107) ≤ *örtme* 'verbal n. of *ört-* 'to cover'.

özürlik - 1641: *özürlik* (osurlik) 'scusatione' (Mol. 390) ≤ *özür* '1. excuse. 2. apology'.

perakendelik - 1680: *perakendelik* (perākⁱendelikⁱ) 'dispersio & distractio' (Men. I 748) ≤ *perakende* 'scattered'.

perdahlık - 1641: *perdahlık* (perdahlik) 'lisciamento' (Mol. 235) ≤ *perdah* 'polish, glaze'.

perişanlık - 1680: *perişanlık* (periśānlyk) 'dispersio, dissipatio, distractio' (Men. I 747), *perişanlık* (periśānlyk) 'dispersio, &c.' (ibid. I 803) ≤ *perişan* 'scattered'.

ras(t)gelmeklik - 1677: *ras(t)gelmeklik* (ras ghielmech-lich) 'scontramento' (Masc. 191) ≤ *rastgelmek* 'to meet by chance'.

rehnümalık - 1680: *rehnümalık* (rehnümālyk) 'manuductio, viae monstratio, ductus, directio' (Men. II 2398) ≤ *rehnüma* 'showing the way, guide'.

rehzenlik - 1680: *rehzenlik* (rehzenlik[i]) 'latrocinatio, latrocinium' (Men. II 2395) ≤ *rehzen* 'robber'.

saçmaluk - 1641: *saçmaluk* (sacimaluk) 'spruzzamento' (Mol. 426) ≤ *saçma* 'verbal n. of *saç-* 'to scatter'.

safzenlik - 1680: *safzenlik* (saefzenlik[i]) 'aciei invasio, percussio' (Men. II 2968) ≤ *safzen* 'who breaks through the enemy's ranks'.

saillik - 1680: *saillik* (sıillyk) 'mendicitas' (Men. II 2530) ≤ *sail* 'beggar'.

saklanılmışlık - 1641: *saklanılmışlık* (saklanilmisclik) 'conseruatione' (Mol. 104) ≤ *saklanılmış* 'hidden'.

saklanmaklık - 1677: *saklanmaklık* (sach-lanmach-lich) 'nascondimento' (Masc. 103a) ≤ *saklanmak* 'to be hidden'.

sarıklık - 1680: *sarıklık* (sāryklyk) 'furtum' (Men. II 2512) ≤ *sarik* 'thief'.

sarılmaklık - 1641: *sarılmaklık* (sarilmaklik) 'abbraciamento' (Mol. 4) ≤ *sarılmak* 'to be embraced, wrapped around'.

sayıklamaklık - 1641: *sayıklamaklık* (saiklamaklik) 'smania' (Mol. 406) ≤ *sayıklamak* 'to talk in one's sleep or in a delirium'.

saymaklık - 1677: *saymaklık* (saimachlich) 'numerazione' (Masc. 107b) ≤ *saymak* 'to count'.

saymalık - 1641: *saymalık* (saimalik) 'numeratione' (Mol. 274) ≤ *sayma* 'verbal n. of *say-* 'to count'.

seçilmişlik - 1641: *seçilmişlik* (secilmisc-lik) 'scelta' (Mol. 380) ≤ *seçilmiş* 'chosen'.

serpmelik - 1677: *serpmelik* (serpimelich) 'sbruffamento, bagnamento' (Masc. 181a), *serpmelik* (serpimelich) 'spruzzamento, spruzzo' (ibid. 226b) ≤ *serpme* 'verbal n. of *serp-* 'to sprinkle', to scatter'.

sıkmaklık - 1677: *sıkmaklık* (sichmachlich) 'costringere' (Masc. 34b); 1680: *sıkmaklık* (sykmaklyk) 'aggravatio, angaria, molestatio, molestia, urgentia' (Men. I 1528) ≤ *sıkmak* 'to squeeze, to press'.

sınıklık - 1680: *sınıklık* (synyklyk) 'ruptura, fractura' (Men. II 2994) ≤ *sınık* 'broken'. - The earliest records date back to the XIVth c.: *sınıklık* (snqlq; XIV c.), *sınıklık* (snqlq; XV c.), *sınıkluġ-* (snklwġ-; XVI c.) '1. Kırıklık, hüzün. 2. Bozgunluk, inhizam. 3. Zayıflık, zebunluk' (TTS).

sıhırbazlık - *segribazluk* (seghribasluch) 'fattura, cioè stregonerie' (Masc. 48b), *sıhırbazlık* (sichirbaslich) 'incantamento' (ibid. 65b), *sehribazlık* (sehribaslich) 'magica arte' (ibid. 86a), *sekribazlık* (secribaslich) 'negromanzia' (ibid. 105a); 1680: *sıhırbazlık* (syhyrbazlyk) 'magia, necromantia, fascinus, incantamentum' (Men. I 937), *sıhırbazlık* (syhyrbazlyk) 'magia, negromantia, fascinus, veneficium, incantatio, incantamentum' (ibid. I 1543), *sıhırbazlık* (syhyrbāzlyk) 'fascinatoria ars aut exercitium ejus' (ibid. II 2562) ≤ *sıhırbaz* 'who practices magic'.

siñirmeklik - 1680: *siñirmeklik* (syn-yrmek¹lik¹) 'digestio, concoctio' (Men. II 2641) ≤ *siñirmek* 'to digest'.

sokulmalık -1677: *sokulmalık* (soculmalich) 'pungimento' (Masc. 143a) ≤ *sokulma* 'verbal n. of *sokul*- 'to be stung'.

soymaklık - 1641: *soymaklık* (soimaklik) 'assassinamento' (Mol. 62) ≤ *soymak* 'to rob'.

sögmeklik - 1641: *sögmeklik* (soghmeklik) 'oltraggio' (Mol. 280) ≤ *sögmek* 'to curse, to swear'.

söndürmelik - 1641: *söndürmelik* (sondurmelik) 'smorzamanto' (Mol. 407) ≤ *söndürme* 'verbal n. of *söndür*- 'to extinguish'.

suvarılmaklık - 1641: *suvarılmaklık* (suuarilmaklik) 'adacquamento' (Mol. 16); 1677: *suvarmaklık* (suuarmach-lich) 'adaquamanto' (Masc. 6a) ≤ *suvarılmak* 'to be watered'.

sürgünlik - 1680: *sürgünlik* (sürg¹ünlik¹) 'exilium, proscriptio' (Men. II 2704) ≤ *sürgün* 'an exile, exiled'.

şahadetlik - 1641: *şahadetlik* (sahadetlik) 'confermatione, testimonio' (Mol. 101); 1672: *şehadetlik* (sehadetlik) 'Zeugnis' (NdH. 254) ≤ *şahadet* 'a witnessing, seeing'.

şahidlik - 1670: *şahidlig*- (shahidlig-) 'testimony' (K 187); 1677: *şahetlik* (sciachetlich) 'confermazione' (Masc. 32a); 1680: *şahidlik* (šāhidlyk) 'testimonium, attestatio, praesentia, professio fidei, *pec.* per illa verba' (Men. II 2883) ≤ *şahit* 'witness'.

şaşmaklık - 1680: *şaşmaklık* (śaśmaklyk) 'confusio, consternatio' (Men. II 2749) ≤ *şaşmak* 'to be surprised'.

şebhizlik - 1680: *şebhizlik* (śebchyzlyk) 'surrectio aut vigilia nocturna' (Men. II 2769) ≤ *şebhiz* '1. who rises at night (to pray or to work). 2. who watches in the night'.

şehidlik - 1680: *şehidlik* (śehīdlik¹) 'testimonium, attestatio, praesentia, conspectus, professio fidei, *pec.* per illa verba' (Men. II 2883), *şehidlik* (śehidlik¹) 'martynium' (ibid. II 2890) ≤ *şehid* 'martyr'.

şikârlık - 1641: *şikârlık* (scikiarlik) 'rapimento' (Mol. 338); 1680: *şikârlık* (śik¹ārłyk) 'praedatio, praeda' (Men. II 2837) ≤ *şikâr* 'prey; victim'.

şikâyetlik - 1677: *şikâyetlik* (scichiaetlich) 'lamentazione' (Masc. 77b) ≤ *şikâyet* 'a complaining'.

talaslık - 1680: *talaslık* (talaslyk) 'exagitatio maris, aut undarum' (Men. II 3120) ≤ *talas* '1. foaming wave. 2. whirlwind'.

talimlik - 1641: *talimlik* (talimlik) 'essercitatione' (Mol. 137) ≤ *talim* 'a teaching'.

tapmalık - 1641: *tapmalık* (tapmalik) 'adoratione' (Mol. 20) ≤ *tapma* 'verbal n. of *tap*- 'to worship'.

taşlamışlık - 1641: *taşlamışlık* (tasc=lamisclik) 'lapidamento' (Mol. 227) ≤ *taşlamış* 'stoned to death'.

taşlanmışlık - 1677: *taşlanmışlık* (tascilanmisc-lich) 'lapidamento' (Masc. 78a) ≤ *taşlanmış* 'stoned to death'.

tazelenmeklik - 1677: *tazelenmeklik* (taselenmech-lich) 'infrescamento' (Masc. 69b) ≤ *tazelenmek* 'to be renewed'.

tedariklik - 1677: *tedariklik* (tedarich-lich) 'preparamento' (Masc. 135b) ≤ *tedarik* 'a preparing'.

teftişlük - 1641: *teftişlük* (teutisc=luk) 'inquisitione' (Mol. 215) ≤ *teftiş* 'an investigating, examining'.

temamlık - 1680: *temamlık* (temāmlyk) 'absolutio, confectio, consummatio' (Men. I 707) ≤ *temam* 'complete, ready'.

teslimlik - 1641: *teslimlik* (teslimlik) 'consegnatione' (Mol. 104) ≤ *teslim* 'a delivering'.

titremeklik - 1677: *titremeklik* (titremech-lich) 'tremazzo, tremori' (Masc. 255a) ≤ *titremek* 'to tremble'. - The earliest recording of the formation was in the XIVth c.: *ditremeklik* (dtrmklk) 'Titreme hali' (TTS).

titremelik - 1677: *titremelik* (titremelich) 'tremolare' (Masc. 255a) ≤ *titreme* 'verbal n. of *titre*- 'to tremble'.

tutkallamışlık - 1641: *tutkallamışlık* (tutkallamisc=lich) 'incollamento' (Mol. 202) ≤ *tutkallamış* 'glued'.

tutsaklık - 1680: *tutsaklık* (tutsaklyk) 'captivitas, status captivi' (Men. II 3136), *tutsaklık* (tutsaklyk) 'captivatio, captivitas' (ibid. II 3921) ≤ *tutsak* 'captive, prisoner'. - The earliest records date back to the XIII/XIVth c.: *tutsaklık* (twtsāqlq; XIII/XIV c.), *dutsaklık* (dtsāqlq, dwtsāqlq; XIV c.), *tutsaklık* (twtsāqlq, ttsāqlq; XVI c.), *dutsaklık* (dwtsqlq; XVI c.) 'Esaret' (TTS).

tuzlamaklık - 1641: *tuzlamaklık* (tuslamaklik) 'salatura' (Mol. 369) ≤ *tuzlamak* to salt'.

tükürmelük - 1641: *tükürmelük* (tukiurmeluk) 'sputamento' (Mol. 426) ≤ *tükürme* 'verbal n. of *tükür*- 'to spit'.

uçmaluk - 1641: *uçmaluk* (vciumaluk) 'volamento' (Mol. 486); 1677: *uçmaluk* (vccimaluch) 'uolamento' (Masc. 274b) ≤ *uçma* 'verbal n. of *uç*- 'to fly'.

uçumluk - 1677: *uçumluk* (vcciumluch) 'uolo, uolamento' (Masc. 275a) ≤ * *uçum* 'flight'.

ulaşıklık - 1680: *ulaşıklık* (ulaśiklyk) 'contiguitas, conjunctio, amicitia' (Men. I 543), *ulaşıklık* (ulaśiklyk) 'conjunctio, cohaerentia' (ibid. I 1017), *ulaşıklık* (ulaśiklyk) 'conjunctio, conjungi invicem, conjuntim inter se versari' (ibid. I 1446) ≤ *ulaşık* 'joining'.

unutmaklık - 1680: *unutmaklık* (unutmakłik) 'oblivio' (Men. I 551), *unutmaklık* (unutmaklyk) 'oblivio, quasi obliviositas' (ibid. II 3487) ≤ *unutmak* 'to forget'.

utanmaklık - 1677: *utanmaklık* (vtanmachlich) 'uergoguarsi' (Masc. 267a); 1680: *utanmaklık* (utanmaklyk) 'pudor, pudore suffundi' (Men. II 2805); *utanmaklık* (utanmakłyk) 'pudere, pudor, verecundia' (ibid. I 487) ≤ *utanmak* 'to be ashamed'.

uymaklük - 1603: *uymaklük* (uimaklük) 'obedientia' (Meg. II 140) ≤ *uymak* 'to suit, match'.

uyuklamaklık - 1641: *uyuklamaklık* (viuklamaklik) 'sonnolenza' (Mol. 411) ≤ *uyuklamak* 'to doze'.

üftadelik - 1680: *üftadelik* (üftadeliki) 'casus' (Men. I 311) ≤ *üftade* 'fallen, prostrate'.

vermeklik - 1641: *vermeklik* (vermeklik) 'offerta' (Mol. 279) ≤ *vermek* 'to give'.

yaklaşmaklık - 1677: *yaklaşmaklık* (iachlascimachlich) 'accostamento' (Masc. 4b) ≤ *yaklaşmak* 'to approach'.

yaklaşmalık - 1641: *yaklaşmalık* (iaklascmalik) 'accostamento, cioè auicinameto' (Mol. 12) ≤ *yaklaşma* 'verbal n. of *yaklaş* -'to approach'.

yalancılık - 1680: *yalancılık* (jalangilik[i]) 'mendacitas' (Men. III 5600) ≤ *yalancı* 'liar'.

yalanlık - 1677: *yalanlık* (ialanlich) 'falsificare' (Masc. 47b) ≤ *yalan* 'lie, falsehood'. - The earliest records date back to the XIVth c.: *yalanlık* (ylānlq) 'Yalan söyleme' (TTS).

yanlışlık - 1641: *yanlışlık* (ianlisc-lik) 'disordine, errore' (Mol. 123) ≤ *yañlış* 'error'.

yaykanmaklık - 1680: *yaykanmaklık* (jajkanmaklyk) 'lotio' (Men. III 5644) ≤ *yaykanmak* = *yıkanmak* 'to be washed'.

yaymaklık - 1641: *yaymaklık* (iaimaklik) 'propagatione' (Mol. 323) ≤ *yaymak* '1. to spread. 2. to publish'.

yıkılmalık - 1677: *yıkılmalık* (ichilmalich) 'distruzione' (Masc. 41b) ≤ *yıkılma* 'verbal n. of *yıkıl-* 'to be ruined'.

yıkmaklık - 1680: *yıkmaklık* (jykmaklyk) 'dejectio, dirutio, demolitio, ruina' (Men. III 5586) ≤ *yıkmak* 'to demolish'.

(y)ıkmalık - 1677: *(y)ıkmalık* (ichimalich) 'spianamento, rouina' (Masc. 223a) ≤ *yıkma* 'verbal n. of *yık-* 'to demolish'.

(y)ırtmalık - 1677: *(y)ırtmalık* (irtimalich) 'sbranamento' (Mas. 181a) ≤ *yırtma* 'verbal n. of *yırt-* 'to tear'.

yoğurmaklık - 1677: *yoğurmaklık* (ioghurmachlich) 'misturato' (Masc. 97a) ≤ *yoğurmak* 'to knead'.

yoğurmalık - 1641: *yoğurmalık* (ioghurmalik) 'misturato' (Mol. 259) ≤ *yoğurma* 'verbal n. of *yoğur-* 'to knead'.

yolcılık - 1680: *yolcılık* (jolḡilik^j) 'peregrinatio, profectio ad iter' (Men. III 5634) ≤ *yolcı* 'traveller'.

yutmalık - 1677: *yutmalık* (iutmalich) 'sorbimento' (Masc. 214a) ≤ *yutma* 'verbal n. of *yut-* 'to swallow'.

zamparalık - 1677: *zamparalıkden feraġet etmek* (szambaralich-den feraghet etmech) 'ritirarsi dal puttanesimo' (Mas. 163b); 1680: *zemparelik* (zemparelik^j) 'mulierum sectatio, scortatio' (Men. II 2470) ≤ *zampara* 'womanizer, rake'.

3. Names of results and objects of the action:

ayrılık - 1641: *ayrılık* (airilik) 'dispartimento' (Mol. 124), *ayrılık* (airilik) 'partenza' (ibid. 293); 1680: *ayrılık* (airiłyk) 'separatio, secessus' (Men. I 314) *ayrılık* (ajrylyk) 'separatio, distantia, absentia, intervallum, e contra conjunctio, nexus' (ibid. I 1009), *ayrulık* (ajrulyk) 'separatio, disiunctio' (ibid. I 1589) ≤ *ayrı* '1 separate. 2. different'.

baġlulık - 1680: *baġlulık* (baeghlulyk) 'ligatio, ligatura' (Men. I 818) ≤ *baġlu* 'bound, tied'.

baġşışluk - 1641: *baġşışluk* (bagkscisc-luk) 'donatione' (Mol. 128); 1677: *baġışışluk* (baghiscisc-luch) 'donatore' (Masc. 42b) ≤ *baġşış* 'tip'.

dümdüzlik - 1677: *dümdüzlik* (dumduslich) 'spianamento, rouina' (Masc. 223a) ≤ *dümdüz* 'quite level, quite smooth'.

karışıklık - 1680: *karışıklık* (karyśykłyk) 'mixtura, confusio, turba' (Men. II 3579) ≤ *karışık* 'mixed, confused'.

karışlık - 1677: *karışlık* (carisc-lich) 'impacciare' (Masc. 63a): 1680: *karışlık* (karyśłyk) 'mixtio, seu *usit.* commercium, conversatio' (Men. III 4470) ≤ *karış* 'confusion'.

kurbanlık - 1677: *kurbanlık* (curbanlich) 'sacrificio' (Masc. 173b) ≤ *kurban* 'sacrifice'.

nefeslik - 1641: *nefeslik* (nefeslik) 'spiracolo' (Mol. 422) ≤ *nefes* 'breath'.

şikestelik - 1680: *şikestelik* (śik'estelik') 'fractura, ruptura, profligatio exercitus; infirmitas, aegritudo, afflictio' (Men. II 2845) ≤ *şikeste* 'broken'.

şişlük - 1677: *şişlük* (scisc-luch) 'gonfiameto (Masc. 58a) ≤ *şiş* 'a swelling'.

şişmelük - 1641: *şişmelük* (sc-isc-meluk) 'gonfiarsi' (Mol. 168) ≤ *şişme* 'verbal n. of *şiş*- 'to swell'.

varislik - 1641: *varislik* (varislik) 'heredita' (Mol. 175) ≤ *varis* 'heir, inheritor'.

yasaklık - 1641: *yasaklık* (iasaklik) 'proibitione' (Mol. 322) ≤ *yasak* '1. prohibition. 2. forbidden'.

(y)ıldızlık - 1677: *(y)ıldızlık* (ildis-lich) 'indoratura' (Masc. 67b) ≤ * *(y)ıldız* 'gilding'.

4. Names of tools and objects of daily use:

ağlık - 1680: *ağlık* (aghlyk) 'sepimentum reticularum, septum, septa, impluvium' (Men. I 305) ≤ *uğ* 'net'.- The historical dictionary has registered this word since the XVth century, but considering the meaning given along with this entry one could suppose that not the word *ağlık* but rather the word *aklık* is referred to. Cf.: *ağlık* ('ġlq; XV c.), *aklık* ('qlq; XVI c.) '1. Aklık, beyazlık. 2. Üstübeç, kadınların yüzlerine sürdükleri düzgün' (TTS).

arılık - 1641: *arılık* (arilik) 'apiario, loco doue stanno l'Api' (Mol. 53) ≤ *arı* 'bee'. - The earliest records date back to the XIVth century, but probably relate to the homonym. Cf.: *arılık* ('rlq, ārylq, ārlq; XIV c.), *aruliğ*- (ārwlġ-; XV c.), *arılık* ('rlq; XV c.), *arılık* ('rlyq; XVI c.) '1. Temizlik. 2. Doğruluk, afiflik, z3ht, takva. 3. Kudsiyyet, münezzehlik, ismet' (TTS).

ateşlik - 1677: *ateşlik* (atescilik) 'focoso' (Masc. 51b); 1680: *ateşlik* (ateślik') 'caminus, focus, foculus' (Men. I 41) ≤ *ateş* 'fire'.

avadanlık, avandaluk - 1641: *avadanlık* (auadanlik) 'instrumento, ordegno' (ibid. 217), *avandaluk* (auandaluk) 'ordegno' (ibid. 283); 1680: *avadanlık* (awadanłyk) 'vasa, mobilia, utensilia, instrumenta, supellex' (Men. I 477), *çölmek*, *çömlek avadanlığı* (ćiölmek' *seu vulg.* ćiömlek' awadanlyghy) 'fictilia, vasa argillacea, figulina aut figlina' (ibid. I 477), *ev avadanlığı* (ew awadanlyghy) 'supellex domestica' (ibid. I 475) ≤ *avadan* 'set of tools'. - The earliest records date back to the XIVth century: *avadanlıg* ('wādānlġ; XIV c.), *avadanlık* ('wdānlq; XVI c.) '1. Bayındır (yer). 2. Alet, edevat' (TTS).

badgirlik - 1680: *badgirlik* (badg'irlik') 'extructus, in tecto *pec.* venti excipulus' (Men. III 5898) ≤ *badgir* 'opening for ventilation'.

boyunlık - 1680: *boyunlık* (bojunlyk) 'helcium' (Men. III 5976) ≤ *boyun* 'neck'. - The earliest recording of the word was in the XIVth c.: *boyunlığ-* (bwynlğ-) 'Kefalet' (TTS).

buhurdanlık - 1680: *buhurdanlık* (buchurdanlyk) 'thuribulum, suffitorius, foculus' (Men. I 723) ≤ *buhurdan* 'censer'.

cibinlik - 1641: *cibinlik* (cibinlik) 'padiglione da letto' (Mol. 288); 1680: *cibinlik* (gibinliki) 'species tentorii linei seu papilionis thoralis contra morsum culicum, velum pellucidum' (Men. I. 1579) ≤ *cibin* 'fly; mosquito'.

çakmakluk - 1668: *çakmakluk* (csakmakluk) 'ignitarium' (Ill. 163) ≤ *çakmak* 'pocket lighter'.

dayanmaklık - 1680: *dayanmaklık* (dajanmakłyk) 'fulcimentum, resistentia' (Men. II 3164) ≤ *dayanmak* 'to lean against sth'.

gecelik - 1668: *cecelük* (gÿegÿeluk) 'pileus nocturnus' (Ill. 159); 1680: *gecelik* (giegeliki) 'pileus nocturnus, &c.' (Men. II 3885) ≤ *gece* 'night'.

gögüslik - 1680: *gögüslik* (giögiusliki) 'pectorale & antilena' (Men. II 4087) ≤ *gögüs* 'chest'.

gözlik - 1611: *gözlik*, *yözlik* (goslik, ioslik) 'antojos' (MN 192, 236); 1641: *gözlük* (ghiosluk) 'oochiale' (Mol. 276); 1680: *gözlik* (giözliki) 'perspicilla, conspicilla' (Men. I 1618), *gözlik* (giözliki) 'perspicillum' (ibid. II 4074) ≤ *göz* 'eye'.

ignelik - 1680: *ignelik* (ig ineliki) 'aciarum, in quo acus condunt sartores' (Men. I 1378), *ignelik* (ig ineliki) 'aciarium, theca in qua acus reponuntur' (ibid. II 2710) ≤ *igne* 'needle'. -The earliest records date back to the XVIth c.: *ignelik* ('knhlk) 'Iğne kabı, iğnedanlık' (TTS).

iplik - 1603: *iplik* (iplik, hipilich) 'filum' (Meg. I 544); 1611: *iplik* (iplik) 'hilado' (MN 200); 1677: *iplik* (iplich) 'filo' (Masc. 50a), *iplik* (iplich) 'stame di lino per filare' (ibid. 228b); 1680: *iplik* (ipliki) 'filum' (Men. I 30); *sof ipligi* (sof ipligi i) 'fila lanae caprinae' (ibid. II 3007) ≤ *ip* 'rope; string'. - The earliest recording of the word was in 1574: *iplik* (hipilik) 'refo' (VN 64); 1587/88 r.: *iplik* (iplick) 'Zwirn' (Lub.46). The historical dictionary also registered this word: *iplik işle-* ('plk 'šl; XVI c.) 'Iplik eğir-'; *iplik ucı* ('yplk 'wğy; XVI c) 'Ip ucu' (TTS).

kavlık - 1680: *kavlık* (kawlyk) 'sacculus, in quo ignitabulum, fomes, pecten, item pecuniae reponuntur' (Men. I 1586) ≤ *kav* 'tinder'. - The earliest records date back to the XVth c.: *kavlık* (qwlq; XV c.), *kavluk* (qwlwq; XV c.), *kavlık* (qwlq; XVI c.) 'Kav, çakmak konulan kese' (TTS).

oklık - 1680: *oklık* (okłyk) 'pharetra' (Men. I 527) ≤ *ok* 'arrow'.

parmaklık - 1680: *parmaklık* (parmaklyk) 'clathri, cancelli' (Men. I 786) ≤ *parmak* 'bar; rail'.

siñeklik - 1680: *siñeklik* (sin-ek[i]lik[i]) 'muscarium' (Men. II 2643) ≤ *siñek* 'fly'.

şekerlik - 1680: *şekerlik* (śek[i]erlik[i]) 'pyxis pro saccharo' (Men. II 2843) ≤ *şeker* 'sugar'.

taraklık - 1680: *taraklık* (taraklyk) 'theca in qua pecten & similia reconduntur' (Men. II 2756), *taraklık* (taeraklyk) 'theca pectinaria' (ibid. II 3101) ≤ *tarak* 'comb'.

terlik - 1641: *terlik* (terlik) 'pedali di lino' (Mol. 296); 1680: *terlik* (terlik[i]) 'socci coriacei' (Men. I 1161), *derlik, terlik* (derlik[i], terlik[i]) 'socci, fere coriacei' (ibid. II 2060) ≤ *ter* 'sweat'. - The earliest recording of the formation was in the XIVth c.: *derlik* (drlyk; XIV c.), *derlik* (drlk; XV, XV/XVI, XVI c.), *terlik* (trlk; XVI c.) 'Üstten giyilen ince elbise' (TTS); 1564: *derlik* (drlk) 'ножные туфли' (KnS 147).

tikenlik, tikenlük - 1641: *tikenlik* (tikienlik) 'fralta, siepe che si fa alle viti' (Mol. 154), *tikenlük* (tikienluk) 'siepe, fralta' (ibid. 404) ≤ *tiken* 'thorn'.

tozlık, tozluk - 1668: *tozluk* (tozluk) 'tibialia' (Ill. 201); 1680: *tozlık* (tozłyk) 'vestis brevior, q. ad excipiendum pulverem, ne vestes inferiores inficiat aut commaculet' (Men. I 1462), *tozlık* (tozlyk) 'vestis brevior' (ibid. II 3144) ≤ *toz* 'dust'.

tuzlık, tuzluk - 1603: *tuzluk* (tusluk) 'salinum' (Meg. II 455); 1611: *tuzlık* (thuslik) 'salera' (MN 229); 1668: *tuzluk* (tuzluk) 'salinum' (Ill. 201); 1680: *tuzlık* (tuzlyk) 'salinum' (Men. I 1461, 1462, II 3144) ≤ *tuz* 'salt'.

usturalık - 1680: *usturalık* (usturalyk) 'theca novacularum pectinumque' (Men. I 187) ≤ *ustura* 'razor'.

yağlık, yakluk - 1641: *yağlık* (iaghlik) 'fazoletto' (Mol. 143); 1668: *yakluk* (iakluk) 'strofiolum' (Ill. 204); 1680: *yağlık* (iaghlyk) 'cidaris, fascia, tela subtilissima alba, qua caput seu pileum obvoluunt' (Men. II 2076), *yağlık* (jaghlyk) 'strophiolum' (ibid. III 5581) ≤ ? *yağ* 'oil; fat'. - The earliest records date back to the XIVth century: *yağlıg-* (yğlg-; XIV, XIV/XV c.), *yağlık* (yğlq, yāğlq; XV c.), *yağlık* (yğlq, yāğlq; XVI c.) 'Mendil, peşkir, bez parçası' (TTS); 1587/88: *yaglak* (jaglak) 'Handtuch' (Lub. 61).

yağmurlık, yağmurluk - 1641: *yağmurluk* (iaghmurluk) 'tabarro' (Mol. 444); 1668: *yakmurluk* (iakmurluk) 'pallium' (Ill. 204); 1680: *yağmurlık* (jaghmurlyk) 'penula, pallium pluviale' (Men. III 5582) ≤ *yağmur* 'rain'.

yemlik - 1680: *yemlik* (jemlik[i]) 'praesepe' (Men. III 5608) ≤ *yem* 'fodder'. - The earliest records date back to 1564: *yemlik* (ymlk) 'корм' (KnS 158).

The derivatives collected below constitute a separate subgroup denoting different things "designed for a certain purpose". Here follow the examples:

arpalık - 1641: *arpalık* (arpalik) 'pensione' (Mol. 299); 1672: *arpalık* (arpalik) 'Gerstengeld (Gnadengehalt; Pfrunde)' (NdH 204); 1680: *arpalık* (arpalyk) 'id quod datur pro hordeo equis alendis necessario' (Men. I 130), *arpalık* (arpałyk) 'pro avena aut hordeo equis illorum' (ibid. I 833) ≤ *arpa* 'barley'. - The earliest confirmation of the formation was in the XVIth c.: *arpalık* (ārphlq) 'Eskiden din ulularına maaş yerine, verilen ayniyat veya para ulufe' (TTS).

astarlık - 1680: *astarlık* (astarlyk) 'subductura seu tela pro subductura, quantum sufficit pro subducenda veste' (Men. I 187) ≤ *astar* 'lining'.

donlık - 1680: *donlık* (donlyk) 'tela, vel pannus pro veste interiori' (Men. I 187), *donlık* (donlyk) 'panni seu telae gossipinae pars, quanta ad vestem sufficit, tunica gossipina' (ibid. I 1562), *donlık* (donlyk) 'vestis, seu pannus pro veste' (ibid. II 3155) ≤ *don* 'arch.clothing'. - The earliest recording of the the word was in the XV/XVIth c. : *donlık* (dwnlq; XV/XVI c.), *tonlık* (twnlq; XVI c.) 'Elbiselik' (TTS). It was registered also by Argenti in 1533: *donluk* (donluch) 'chiamano uno taglo di panno per una ueste'(Arg. 20).

eteklik - 1680: *eteklik* (etekⁱlikⁱ) 'pannus, aut tela scissa pro gremio, laciniis vestis, pars vestis anterior, supparus' (Men. I 46) ≤ *etek* 'skirt'.

harclık - 1680: *harclık* (chaerḡlyk) 'expensae' (Men. I 99), *harclık* (chaerḡlyk) 'provisio, aut pensio, sive media ad necessaria sibi paranda' (ibid. I 1877) ≤ *harç* 'expenses'.

kaftanlık - 1680: *kaftanlık* (kaftanlyk) 'tela vel pannus pro veste interiori' (Men. I 187) ≤ *kaftan* 'outer gown or robe with long skirts and sleeves'.

kürklik - 1680: *kürklik* (kⁱürkⁱlikⁱ) 'pelles sufficientes aut paratae ad vestem subducendam' (Men. II 4064) ≤ *kürk* 'fur coat'.

ökçelik - 1680: *ökçelik* (ökⁱćelikⁱ) 'pars ocreae inferior, *pec.* calcem, pedem & talos complectens, potus ex oryza confectus' (Men. II 2576) ≤ *ökçe* 'heel of a shoe or boot'.

paşmaklık - 1680: *paşmaklık* (paśmaklyk) 'addititia bona q. pro crepidis Sultanarum' (Men. I 833) ≤ *paşmak* 'shoe, slipper'.

satılık - 1680: *satılık* (satylyk) 'venalis, vendibilis, addictus pretio' (Men. II 2907) ≤ *satı* 'sale'.

yakalık - 1680: *yakalık* (jakalyk) 'pannus sufficiens aut datus ad collare faciendum' (Men. III 5584) ≤ *yaka* 'collar'.

yeñlik - 1680: *yeñlik* (jen-likⁱ) 'pannus aut tela pro manica, armilla' (Men. III 5595) ≤ *yeñ* 'sleeve'.

yeyeceklik - 1677: *yeyeceklik* (ieiegiechlich) 'pacchiamento' (Masc. 116b) ≤ *yeyecek* '1. edible. 2. food'.

yorġanlık - 1680: *yorġanlık* (jorghanlyk) 'tela ad ejusmodi conficiendum stragulum' (Men. III 5616) ≤ *yorġan* 'quilt'.

zaġaralık - 1680: *zaġaralık* (zaegharalyk) 'pelles prestantiores marginibus vestis assutae aut assuendae' (Men. II 2450) ≤ *zaġara* 'fur collar'.

There is another semantic subgroup comprising derivatives denoting military accessories:

başlık, başluk - 1611: *başlık demirden* (baschlik demirdhen) 'almete' (MN 174); 1668: *başluk* (basluk) 'habena' (Ill. 154); 1680: *başlık* (baślyk) 'tegumentum capitis, caputium, caput equi cingens capistrum aut ornamentum' (Men. III 5905), *cebe başlığı* (ğebe baślighy) 'cassis, galea' (ibid. III 5905), *demir başlık* (demyr baślyk) 'cassis, galea' (ibid. II 2142) ≤ baş 'head'. - The earliest confirmation of this formation was in the XVIth century: *başluġ-* (bāślwġ-) 'id.'(TTS).

ellik - 1611: *ellik* (ellik) 'quanta' (MN 187); 1680: *ellik* (ellik[i]) 'brachiale militare, chirotheca' (Men. II 2079) ≤ *el* 'hand'. - The earliest registration of the formation was in the XVth century: *ellik* ('llk; XV, XVI c.) '1. Eldiven. 2. Hüküm sürme, beğlik' (TTS).

fişeklik, fişeklük - 1668: *fişeklük* (fissekluk) 'teca ulveris' (Ill. 173); 1680: *fişeklik* (fiśeklik[i]) 'theca bombardaria' (Men. II 3524) ≤ *fişek* 'cartridge'.

5. Names of places:

Geographic names:

Arnaudlık - 1677: *arneutlık* (arneutlich) 'Albania' (Masc. 11b); 1680: *arnaudlık* (arnaudlyk) 'Albaniae tractus, Albania; q. inter Albanos' (Men. I 151) ≤ * *Arnaud* 'Albanian'.

Other places:

abadanlık - 1680: *abadanlık* (ābādānlyk) 'cultura, seu locus cultus, adeoque amoenus locus' (Men. I 10) ≤ *abadan* 'prosperous, flourishing'.

çiftlik, çiftlük - 1668: *çiflük* (csifluk) 'castellum' (Ill. 165); 1677: *çiftlük* (ćiftiluch) 'massaro, cioè chi a cura della villa ' (Masc. 91a); 1680: *çiftlik* (ćiftlik[i]) 'praedium, villa' (Men. I 1625) ≤ *çift* 'pair of oxen yoked to a plow'. - The earliest recording of the word was in 1587/88: *çiftlük* (tschiftluk) 'Mairhof' (Lub. 39).

çöllik - 1680: *çöllik* (ćiöllik[i]) 'deserta regiones, seu campi deserti' (Men. I 1684) ≤ *çöl* '1. desert. 2.waste land'.

çukurlık - 1680: *çukurlık* (ćiukurlyk) 'locus seu loca foveis & scrobibus plena, cava & lacunosa' (Men. I 1628) ≤ *çukur* 'hollow'.

daġlık - 1680: *daġlık* (daghlyk) 'montosus, regio montana' (Men. II 4099) ≤ *daġ* 'mountain'.

düzlik - 1680: *düzlik* (düzlik[i]) 'aequor, planities' (Men. II 2167) ≤ *düz* 'smooth, flat'.

gölgelik - 1680: *gölgelik* (giölgielik^i) 'umbraculum, locus imbrosus' (Men. II 4091) ≤ *gölge* 'shadow'.

harablık - 1680: *harablık* (chaeräblyk) 'loca destructa, diruta' (Men. I 1872) ≤ *harab* 'ruined, in ruins'.

Hrisdiyanlık - 1670: *Hrisdiyanlık* (Hrisdiyanlik) 'Christian lands' (K 172) ≤ * *Hrisdiyan* 'Christian'.

korlık - 1680: *korlık* (korłyk) 'prunarum, ardentium focus aut ignitabulum' (Men. II 3791) ≤ *kor* 'glowing coal of a fire'.

köylik - 1680: *köylik* (kiöjlik^i) 'pagus Paganismus, Turcarum sub mapalibus degentium locus, forum, locus habitatus' (Men. II 2384) ≤ *köy* 'village'.

mezarlık, mezarluk - 1641: *mezarluk* (mesarluk) 'cimiterio' (Mol. 91); 1668: *mezarluk* (mezarluk) 'cemiterium' (Ill. 186); 1680: *mezarlık* (mezarlyk) 'sepulchretum, coemiterium' (Men. III 4593) ≤ *mezar* 'tomb, grave'.

öñlik - 1680: *öñlik* (ön-lik^i) 'anterior situs, praecedentia, praecellentia' (Men. I 995) ≤ *ön* 'front'.

pazarluk - 1677: *pazarluk* (paszarluch) 'mercato doue si fa il mercato' (Masc. 93b) ≤ *pazar* 'market'.

tenklik - 1680: *tenklik* (tenk^{i}lik^i) 'angustia, angustiae' (Men. I 1436) ≤ *tenk* 'narrow'.

tepelik - 1680: *tepelik* (tepelik^i) 'locus collibus abundans, eminentia, clivus' (Men. II 2027) ≤ *tepe* 'mountain'.

viranelik - 1641: *viranlık* (viranlik) 'rouina' (Mol. 364); 1680: *viranlık*, *viranelik* (wīränlyk, wiränelik^i) 'locus desertus, seu loca deserta' (Men. III 5421, 5422) ≤ *virane* 'ruins'.

yazlık - 1680: *yazlık* (iazlyk) 'aestiva, amoenitas aestiva' (Men, I 1028), *yazlık* (jazlyk) 'vestis aestiva, mansio aestiva, frigidior' (ibid. III 5542) ≤ *yaz* 'summer'.

yebanlık - 1680: *yebanlık* (jebanłyk) 'extraneitas, sylvestritas, *usit*: sylvestris, agrestis, ferus, campestris & extraneus' (Men. III 5559) ≤ *yeban* 'wild place'.

yokuşlık - 1680: *yokuşlık* (jokuślyk) 'ascensus, clivosus locus' (Men. III 5627) ≤ *yokuş* 'slope'.

yuvalık - 1680: *yuvalık* (juwałyk) 'aviariae foeturae' (Men. III 5614) ≤ *yuva* 'nest'.

To this semantic category belongs also the subgroup comprising the names of places where elements of nature are collected:

balçıklık - 1641: *balçıklık* (balciklik) 'pantano' (Mol. 291); 1677: *balçıklık* (balcich-lich) 'pantano' (Masc. 117b) ≤ *balçık* 'mud'.

bataklık - 1680: *bataklık* (bataklyk) 'loca palustria, paludinosa' (Men. I 706) ≤ *batak* 'swamp'.

çakıllık - 1680: *çakıllık* (ćiakyllyk) 'locus glareâ & silibus plenus' (Men. I 1553) ≤ *çakıl* 'pebble'.

çamlık - 1641: *çamlık* (ciamlik) 'pineto luogo plantato di pini' (Mol. 307) ≤ *çam* 'pine'.

çamurluk - 1668: *çamurluk* (csamurluk) 'lacuna' (Ill. 163) ≤ *çamur* 'mud'.

dikenlik - 1677: *dikenlik* (dichienlich) 'spineto' (Masc. 223b); 1680: *dikenlik* (dik¹enlik¹) 'spinetum, senticetum' (Men. II 2113) ≤ *diken* 'thorn, spine'.

kamışlık - 1641: *ġamışlık* (ghamisc-lik) 'canneto' (Mol. 79); 1680: *kamışlık* (kamyśłyk) 'arundinetum' (Men. II 3598) ≤ *kamış* 'reed'.

karıncelik - 1680: *karıncelik* (karyngelyk) 'Formicarum cubile' (Men. II 3678) ≤ *karınce* 'ant'.

kayalık - 1680: *kayalık* (kaejalyk) 'rupidus & saxis abundans locus, petrosus' (Men. II 3819) ≤ *kaya* 'rock'.

kestanelik - 1677: *kestanelik* (chiestanelich) 'castagneto' (Masc. 25a) ≤ *kestane* 'chestnut'.

kumlık, kumıluk - 1668: *kumıluk* (kumilluk) 'arenaria atramenti' (Ill. 183); 1680: *kumlık* (kumlyk) 'locus arenosus, q. arenarum locus' (Men. II 3807) ≤ *kum* 'sand'.

ormanlık - 1677: *ormanlık* (ormanlich) 'selua di ghianda' (Masc. 197b); 1680: *ormanlık* (ormanlyk) 'sylvarum copia, aut sylva ingens' (Men. I 503) ≤ *orman* 'forest'.

sazlık, sazluk - 1677: *sazlık* (saslich) 'palude d'aqua morta' (Masc. 117a); *sazluk* (sasluch) 'stagno, acqua morta' (ibid. 228b); 1680: *sazlık* (sazlyk) 'juncetum, arundinetum' (Men. II 2514) ≤ *saz* 'reed'. - The earliest recording of the formation was in the XVIth c.; *sazlık* (s'zlyq) 'luogo paludoso' (TAO 122).

sazlıklık - 1641: *sazlıklık* (sasliklik) 'paluduso' (Mol. 289) ≤ *sazlık* 'place covered with rushes'.

selvilik - 1641: *selvilik* (seluilik) 'cipressetto, loco piantato di Cipressi' (Mol. 92) ≤ *selvi* 'cypress'.

sögüdlik - 1680: *sögüdlik* (sög¹üdlik¹) 'salicetum, salictum' (Men. II 2713) ≤ *sögüd* 'willow'.

taşlık, taşluk - 1641: *daşlık* (dasc-lik) 'arabia, petrea' (Mol. 56); 1677: *taşlık* (tasc-ilich) 'balza' (Masc. 20a), *taşluk* (tasc-luch) 'sbalzi, ouuero balze, luogo pericoloso da cadere' (ibid. 179b); 1680: *taşlık* (taślyk) 'locus lapidosus, lapidibus abundans' (Men. II 2689), *taşlık* (taślyk) 'lapidosa, petraea loca, saxetum' (ibid. II 3068) ≤ *taş* 'stone'.

Among the names of places one can separate also another subgroup denoting the names of places where different plants are cultivated:

almalık - 1641: *almalık* (almalik) 'pomaro' (Mol. 310) ≤ *alma* 'apple'.

asmalık - 1677: *asmalık* (asmalich) 'pergoletta di vite' (Masc. 123b) ≤ *asma* 'grape-vine'.

baġlık - 1680: *baġlık* (baghlyk) 'vinetum' (Men. I 672) ≤ *baġ* 'vineyard'.

çayırlık - 1680: *çayırlık* (ćiairlyk) 'pratorum locus, prata' (Men. I 1571) ≤ *çayır* 'pasture'.

çiçeklik - 1680: *çiçeklik* (ćićek[i]lik[i]) 'hortus florum' (Men. I 1584) ≤ *çicek* 'flower'.

defnelik - 1680: *defnelik* (defnelik[i]) 'lauretum' (Men. II 2100) ≤ *defne* 'laurel'.

fıstıklık - 1677: *fıstıklık yeri* (fistich-lich ieri) 'pineta, o pineto, luogo doue son pinatatide pini' (Masc. 128b); 1680: *fıstıklık* (fistyklyk) 'pistacetum, locus pistaciis abundans, sylva pinea' (Men. I 817), *fıstıklık* (fystyklyk) 'pistacetum' (ibid. II 3520) ≤ *fıstık* 'pistachio nut'.

güllik - 1680: *güllik* (g[i]üllik[i]) 'rosetum' (Men. II 3997), *güllik* (g[i]üllik[i]) 'rosetum, locus rosis abundans' (ibid. II 4000) ≤ *gül* 'rose'. - The earliest registration of the formation was in the XVIth c.: *güllik* (kllk; XVI c.), *gülluk* (kllwk; XVI c.) 'Gül bahçesi' (TTS).

kabakluk - 1641: *kabakluk* (kabakluk) 'zuccaio' (Mol. 494) ≤ *kabak* 'pumpkin'.

mivelik - 1680: *mivelik* (miwelik[i]) 'pomarium' (Men. III 5080) ≤ *mive* 'fruit'.

narlık - 1680: *narlık* (narlyk) 'hortus malis punicis consitus' (Men. I 434) ≤ *nar* 'pomegranate'.

otlık, otluk - 1603: *otluk* (otluk) 'foenum' (Meg. I 555); 1611: *otlık* (othlic) 'hierna', *kurı otlık* (curi othlic) 'hierna secca', *taze otlık* (thase othlic) 'hierna uerde' (MN 216); 1611: *otuluk* (otuluc) 'herba' (FrG 92); 1680: *otlık* (otlyk) 'pascuum, pascua, orum' (Men. I 485), *otlık* (otlyk) 'herbarum locus, herbarium, pratum & ipsae herbae, *usit.* foenum' (ibid. I 485), *otluk* (otluk) 'foenum' (ibid. 486); *otluk* (otluk) 'pascuum, pratum, pastura ipsa animalium pastio, jumentum prae ariditate quadam herbas carpens, pascens, arundinetum, & paludinosus locus' (ibid. I 1593); 1688: *otluk* (otlich) 'fiena' (Mis. 245) ≤ *ot* 'grass'. - The earliest registering of the formation was in the XVIth c. in several sources. Cf.: 1533: *otluk* (ottluch) 'herba' (Arg. 25); 1574: *otluk* (ottluch) 'fieno' (VN 65); 1587/88: *araba otluk* (araba otluk) 'Fuder Hen' (Lub. 33), *otluk* (otluck) 'Gras' (ibid. 51).

pambuklık - 1680: *pambuklık* (pambuklyk) 'seminarium, ubi gossipium nascitur' (Men. I 894) ≤ *pambuk* = *pamuk* 'cotton'.

pirinclik - 1641: *pirinclik* (piringilik) 'risaria' (Mol. 354) ≤ *pirinç* 'rice'.

şekerlik - 1680: *şekerlik* (śekⁱerlikⁱ) 'saccharetum, sacchararium cannetum, saccharearum arundinum locus' (Men. II 2842) ≤ *şeker* 'sugar'.

yemişlik - 1680: *yemişlik* (jemiślikⁱ) 'pomarium, locus aut cella ubi reponuntur fructus' (Men. III 5607) ≤ *yemiş* 'fruit'.

zeytunlık - 1641: *zeytunlık* (szeitunlik) 'oliueto' (Mol. 280); 1680: *zeytunlık* (zeytunlyk) 'olivetum' (Men. II 2497) ≤ *zeytun* 'olive'.

Another subgroup comprises derivatives denoting abstract meaning of space:

aralık - 1670: *aralık*: *bu aralıkde* (bu aralikde) 'during that time' (K 160); 1680: *aralık* (aralyk) 'interstitium, intervallum, intermedium, medium, locus, populus' (Men. I 128), *aralık* (aralyk) 'medium rei, interstitium, q. via, mos, regula, stylus' (ibid. I 1926) ≤ *ara* 'the space between'. - The earliest registration of the word was in the XIVth century: *aralık* ('rālq; XIV c.), *aralık* (ārālġ-, 'rālq; XV c.), *arelik* (ārhlk; XVI c.)'1. Ara, beyn. 2. Yer, mahal' (TTS).

oralık - 1670: *oralıkde* (oralikde) 'around there' (K 185); 1680: *oralık* (orałyk) 'id quod ibi est, locus ille, aut tempus' (Men. I 496) ≤ *ora* 'that place'. - The earliest records date back to the XVIth century: *oralık* ('wrālq-) 'Ora' (TTS).

ortalık - 1680: *ortalık* (ortalyk) 'quae sunt in medio, hinc populus, communitas, locus tempusque intermedium' (Men. I 499) ≤ *orta* 'middle'. - The earliest recording of the formation was in the XIVth c. : *ortalıh* ('wrtālh, 'wrtlh; XIV c.), *ortalıġ-* ('wrtālġ; XV c.), *ortalık* ('wrtālq, 'wrthlq, 'wrtlq; XVI c.) '1. Orta, ara, beyn. 2. Içinde bulunan yer ve zaman. 3. Umumi, ortaya düşen, orta malı olan' (TTS).

There is also another subgroup comprising those derivatives that denote the names of different rooms:

buzlık - 1680: *buzlık* (buzłyk) 'glaciei conditorium, seu cella condendae, aut in aestatem reservandae glaciei' (Men. I 918), *buzlık* (buzlyk) 'locus aut vas ubi asservatur glacies' (ibid. III 5563) ≤ *buz* 'ice'.

doñuzlık - 1680: *doñuzlık* (don-uzlyk) 'suile' (Men. I 1952), *doñuzlık* (don-uzlyk) 'hara, suile' (ibid. II 3149) ≤ *doñuz* 'pig'.

gögercinlik - 1641: *gögercinlik* (ghiogherginlik) 'colombaio' (Mol. 95); 1680: *gögercinlik* (gⁱögⁱerġinlikⁱ) 'columbarium, peristereon, peristerotrophium' (Men. II 4086) ≤ * *gögercin* 'pigeon'. - The earliest registration of this formation was in 1591: *gügencinlik* (gugenzinlik) 'colombarium, columbarij locus' (Ln. 857, 883).

hınzırlık - 1680: *hınzırlık* (chynzyrlik) 'suile' (Men. I 1952) ≤ *hınzır* 'pig'.

karlık - 1680: *karlık* (karlyk) 'cella nivaria, locus ubi nix aut glacies asservatur in usum aestatis' (Men. I 776), *karlık* (karlyk) 'nivarium, locus, ubi asservatur nix, vel glacies in aestatem' (ibid. II 3580), *karlık* (kārlyk) 'cela nivaria, locus ubi nix in unum condensata ac stramina tecta servatur in aestatis usum' (ibid. III 4380) ≤ *kar* 'snow'.

kışlık - 1680: *kışlık* (kyślyk) 'locus hybernando commodus, hypocaustum' (Men. II 3701) ≤ *kış* 'winter'.

kömürlik - 1641: *kömürlik* (kiomurlik) 'carbonaia' (Mol. 81) ≤ *kömür* 'coal'.

salamluk, selamlık - 1641: *salamluk* (salamluk) 'sala della casa' (Mol. 368); 1680: *selamlık* (selamlik[i]) 'atrium Domus' (Men. I 575), *selamlık* (selāmłyk, selāmlik[i]) 'triclinium, Aula' (ibid. II 2651) ≤ *selam* 'salutation'.

samanlık - 1641: *samanlık* (szamanlik) 'pagliaro' (Mol. 289); 1680: *samanlık* (samanlyk) 'fenile, seu locus stramini trito asservando' (Men. III 4302), *samanlık* (samanłyk) 'palearium, saccus stramine, impletus culcitrae loco' (ibid. II 2986), *samanlık* (samanlyk) 'locus stramini, foeno, &c. recondendis destinatus' (ibid. II 3858) ≤ *saman* 'straw'.

6. Names of collections (Nomina collectiva):

a) collections of people:

bayraklık - 1680: *bayraklık* (bairaklyk) 'vexillatio, cohors' (Men. I 982) ≤ *bayrak* 'flag'.

kalabalık, kalabaluk - 1611: *kalabalık* (kalabalik) 'ceremonia, concurso' (MN 202); 1641: *kalabalık* (kalabalik) 'folla calca' (Mol. 151); 1672: *kalabaluk* (kalabaluk) 'Menschenmenge' (NdH. 238); 1680: *kalabalık* (kalabalyk) 'confluxus, concursus, turba, compressio' (Men. I 160), *ġalabalık* (ghaelaebaelyk) 'confluxus, concursus, turba, compressio' (ibid. I 160), *ġalabalık* (ghaelaebaelyk) 'accumulatio, compressio, turba' (ibid. I 1120), *ġalebelik, kalabalık* (ghaelebelyk, kalabałyk) 'multitudo compressa homunum, praepollens copia' (ibid. II 3419) ≤ *kalaba* 'crowd, mass'. - The earliest registration of this formation was in 1533: *kalabaluk* (chalabaluch) 'chalcha' (Arg.60).

ortaklık - 1641: *ortaklık* (ortaklik) 'compagnia' (Mol. 98); 1680: *ortaklık* (ortaklyk) 'participatio, consortium, societas' (Men. I 232), *ortaklık* (ortaklyk) 'societas, consortium, associato' (ibid. I 499), *ortaklık* (ortaklyk) 'consociatio, consortium, societas' (ibid. I 1190), *ortaklık* (ortaklyk) 'communio, consortium, fides, qua Deo socius tribuitur seu consortium' (ibid. II 2803), *ortaklık* (ortaklyk[i]) 'communio, consortium, societas' (ibid. II 2804), *ortaklık* (ortaeklyk) 'consortium, retributio, reciprocatio' (ibid. III 4804) ≤ *ortak* 'partner, associate'. - The earliest records date back to 1533: *ortaġlık* (ortaghlich) 'compagnia' (Arg. 35, 61).

türklik - 1680: *türklik* (türk‹lik›) 'Barbaries, Turcismus, Turcarum *pecul.* vagorum mansiones' (Men. I 1159), *türklik* (türk‹lik›) 'Pagus, Turcismus, i.e. in mapalibus degentium locus, paganismus' (ibid. II 2380) ≤ *Türk* 'Turk'. - The earliest records date back to the XVIth century: *türklik* (trklk) 'Köy, Türklerin oturduğu yer' (TTS).

b) collections of things:

boklık - 1680: *boklık* (boklyk) 'sterquilinium, foetor, sordes' (Men. I 934) ≤ *bok* 'excrement'.

cifelik - 1677: *cifelik* (gifelich) 'sozzura, sporcizio' (Masc. 217a) ≤ *cife* 'carcass'.

çöplik - 1680: *çöplik* (ćiöplik‹) 'fimetum, locus in quem sordes conferuntur' (Men. II 2426) ≤ *çöp* 'litter, garbage'.

fışkılık - 1680: *fışkılık* (fiśk‹ilik›, fiśkyłyk) 'fimetum' (Men. II 3524) ≤ *fışkı* 'manure'.

istiflik - 1680: *istiflik* (istiflik‹) 'impletio, fartus, congeries, ut mercium in navi' (Men. III 5728) ≤ *istif* 'storage.

kirlik - 1680: *kirlik* (k‹irlik›) 'immundities, sordes' (Men. II 4114) ≤ *kir* 'dirt'. - The formation has been registered since the XVIth century but with different meaning than in the XVIIth century: *kirlik* (kyrlk, kyrlyk) 'Kağıtı mühürlerken altına konan kağıt' (TTS).

murdarlık, murdarluk - 1641: *murdarlık* (murdarlik) 'immonditia' (Mol. 193), *murdarluk* (murdarluk) 'sozzura' (ibid. I 416); 1680: *murdarlık* (mürdarlyk) 'pollutio, sordes humanae, stercus & quicquid exit ex podice' (Men. I 888) ≤ *murdar* 'dirty'.

süpüründilik - 1641: *süpürindülik* (supurindulik) 'scopazzara' (Mol. 387); 1680: *süpüründilik* (süpüründilik‹) 'quisquiliae, sordes quae everruntur' (Men. II 2538), *süpüründilik* (süpüründilik‹) 'sterquilinium, locus quo quisquiliae egeruntur' (ibid. II 2699) ≤ *süpüründi* 'sweepings'.

7. Names of people and things with characteristic features (Nomina attributiva):

bayramlık - 1680: *bayramlık* (bajramłyk) 'strena paschalis' (Men. II 3361) ≤ *bayram* 'religious festival, Bairam'. - The earliest registration of this formation was in 1587/88: *bayeramluk*: 'Wo Sie einen begegnen, der mus Ihnen Geldt geben, Sprechen Bayeramluch, das ist: Gib mihr ein Bageram' (Lub.36).

halvalık, halvaluk - 1641: *halvaluk* (halualuk) 'mancia' (Mol. 242); 1688: *halvalık* (halualich) 'mancia, o benandata' (Mis. 243). Probably this formation derives from *halva* = *helva* 'a sweet prepared in many varieties with sesame oil'. Since this is a specific sort of tip, I have placed therefore this word among nomina attributiva.

kıymalık - 1680: *kıymalık* (kyjmalyk) 'minutal, caro minutium concisa ac cocta ut qua farcimina implent' (Men. II 3829) ≤ *kıyma* 'chopped meat'.

muştuluk - 1641: *muşduluk* (musc=duluk) 'nuntiare' (Mol. 275); 1672: *muştuluk* (mustuluk) 'Geschenk für den Tberbringer einer guten Nachricht' (NdH 247); 1680: *muştuluk* (muśtułuk) 'nuntius bonus laetusve aut donum nuntianti dari solitum' (Men. III 4597), *muştuluk* (muśtułuk) 'nuntius laetus ob eum donum, evangelium, strena, justitia, aequitas, potentia, robur, retributio, compensatio, promissum, convivium, hospitalitas' (ibid. III 5281) ≤ *muştu* 'good news'. - Meninski also recorded another form: *müjdelik* (müjdelik[i]) 'laetus nuntius, novum laetum, evangelium, evangelizatio, seu annunciatio novi laeti' (ibid. I 827), *müjdelik* (müjdelik[i]) 'nuntius bonus laetusve, aut donum nuntianti dari solitum' (ibid. III 4597) ≤ *müjde* 'good news'. - The earliest registration of the formation was in the XIIIth c. but only in the forms *muştulık* || *muştuluk*. Cf.: *muştulık* (mštlq; XIII c.), *muşdulıg* (mšdlq; XIV c.), *muştulık* (mštlq, mwštlq; XIV c.), *muştulık* (mštlq, mštwlq, mwštwlq; XV c.), *muştulık* (mštlq, mštwlq; XVI c.), *muştuluk* (mštlwq; XVI c.) '1. Müjde, beşaret. 2. Müjdelik, müjde bahşişi' (TTS). Cf. other historical sources: XIV c.: *muştulık* (muştulık) 'müjdelik; müjde hediyesi; müjdeciye verilen hediye, bahşiş' (DKK 197); XVI c.: *muştuluk* (mwštwlwq) 'buona notizia' (TAO 112).

sahurlık - 1680: *sahurlık* (saehurlyk) 'refectio antelucana, seu cibus qui paulo ante diluculum sumitur' (Men. II 2564) ≤ *sahur* 'meal taken before dawn during the Ramazan fast'.

yıl başılık - 1680: *yıl başılık* (jil baśilyk) 'xenium, munus novo anno dari solitum' (Men. I 661) ≤ *yıl başı* 'New Year'.

Names of coins and measures form a separate subgroup among nomina attributiva. Here are the examples:

akçalık - 1680: *akçalık* (akćialyk) 'quod valet aspram, valor asprae' (Men. I 336) ≤ *akça* 'one asper'.

altmışlık - 1680: *altmışlık* (altmiślik[i]) 'sexagena, v.g. nummus valens 60 aspros' (Men. I 381) ≤ *altmış* 'sixty'.

biñlik - 1680: *biñlik* (bin-lik[i]) 'millenum' (Men. I 1003) ≤ *biñ* 'thousand'.

buçuklık - 1680: *buçuklık* (bućiuklyk) 'medietas, medium seu res pro medio, ...aut semi' (Men. I 713) ≤ *buçuk* 'half'. - The earliest registration of the formation was in the XVth c.: *buçuklık* (bwčwqlq) 'Yarım (paralık)' (TTS).

düvazdehlık - 1680: *düvazdehlık* (düwāzdehlyk) 'duodena' (Men. II 2153) ≤ *düvazdeh* 'twelve'.

endazelik - 1680: *endazelik* (endāzelik^i) ' ulna, alicujus rei' (Men. I 450) ≤ *endaze* 'obs. a measure of length of about 26 inches'.

ikilik - 1680: *ikilik* (ik^ilik^i) 'duorum' (Men. I 552), *ikilik* (ik^ilik^i) 'diobolus, nummus duorum asprorum, grossorum, aureorum & c' (ibid. I 604) ≤ *iki* 'two'.

okalık - 1680: *iki okalık* (ik^i okałyk) 'dupendium, duae librae majores seu quatuor librae cum dimidio, aut pretium illarum' (Men. I 528) ≤ *oka* 'oke, a weight of 400 dirhems or 2.8 lb'.

onlık - 1680: *onlık* (onlyk) 'decussis, decima, usit. nummus, aut alia res decem asprorum, ducatorum, librarum' (Men. I 552), *onlık* (onlyk) ' nummus decem asprorum, nummus aureus a Sultano signatus' (ibid. II 2657) ≤ *on* 'ten'.

yigirmilik - 1680: *yigirmilik* (jig^iirmilik^i) 'moneta argentea Persica' (Men. I 989), *yigirmilik* (yig^iirmilik^i) 'moneta viginti denariolorum Persica' (Men. III 5983) ≤ *yigirmi* 'twenty'.

yüzlik - 1680: *yüzlik* (jüzlik^i) 'centenarium, numus centum v.g. denariorum' (Men. III 5623) ≤ *yüz* 'hundred'. - The earliest registration of the word was in the XVth century but probably this is a homonym derived from *yüz* 'face'. Cf.: *yüzlik* (yzlk, ywzlk; XV c.), *yüzlik* (ywzlk; XVI c.) '1. Peçe, nikap, yüz örtüsü. 2. Doğarken bazı çocukların yüzünde kalan döl kcşcsi parçası' (TTS).

8. Names of relationship:

akrebalık - 1680: *akrebalık* (aekrebālyk) 'consanguinitas, propinquitas, familia, genus' (Men. I 1905) ≤ *akreba* 'a relative'.

babalık - 1680: *babalık* (babalyk) 'paternitas' (Men. I 33), *babalık* (babałyk) 'Paternitas; *vul.* pater adoptivus & vitricus' (ibid. I 623) ≤ *baba* 'father'.

hısımlık - 1611: *hesimlik* (chesimlik) 'denda; caste, race' (MN 197); 1677: *hısımlık* (hissimlich) 'parentato' (Masc. 118a); 1680: *hısımlık* (chysymlyk) 'consanguinitas, propinquitas, familia, genus' (Men. I 1905), *hısımlık* (chysymlyk) 'propinquitas, uterina cognatio, affinitas, consanguinitas' (ibid. II 3652) ≤ *hısım* 'relative'.

ihvanlık - 1680: *ihvanlık* (ychwānlyk) 'fraternitas' (Men. I 105) ≤ *ihvan* 'brothers'.

kardaşlık, karındaşlık - 1677: *kardaşlık* (cardasc-lich) 'fraternita' (Masc. 53a); 1680: *kardaşlık* (kardaślyk) 'fraternitas' (Men. II 3679), *karındaşlık* (karyndāślyk) 'fraternitas' (ibid. I 105, III 4997) ≤ *kardaş, karındaş* 'brother'.

kariblik - 1680: *kariblik* (kaeryblyk) 'consanguinitas, propinquitas, familia, genus' (Men. I 1905), *kariblik* (kaeriblik^i) 'propinquitas, *pec.* uterina, cognatio, affinitas' (ibid. II 3684) ≤ *karib* 'near relation, kinsman'.

nezdiklik - 1680: *nezdiklik* (nezdik^{i}lik^i) 'propinquitas, vicinitas, accessus' (Men. III 5164) ≤ *nezdik* 'closely related'.

oğullık - 1680: *oğullık* (oghullyk) 'filiatio' (Men. I 905) ≤ *oğul* 'son'. - The earliest registration of the formation was in the XVth century: *oğullık* ('wgllq) 'Evlatlık' (TTS).

yakınlık - 1680: *yakınlık* (jaekynlyk) 'propinquitas, uterina cognatio, affinitas, consanguinitas' (Men. II 3652) ≤ *yakın* 'near'.

Suffix -ma

Lit.: Çotuksöken TEKG 37, Deny GLT 548-549, von Gabain AG 72, Hatiboğlu TE 110-112, Kononov GTJ 115, Sevortjan AIS 124-140, Zajączkowski SZK 92-93.

This suffix is known not only as a formative of a shorter form of infinitive but also as a productive word-formative element. It forms from verbal stems, derivatives denoting names of action, results of the action and also tools and different appliances. The suffix was known both among old Turkic and modern languages. It occurs in two phonetic forms: *-ma* || *-me*. 38 examples taken from the XVIIth century sources can be classified into different semantic groups:

1. Names of the action:

basma - 1641: *basma* (basma) 'stampa' (Mol. 429); 1668: *basma* (bazl[m]a) 'la stampa' (Ill. 154); 1680: *basma* (basma) 'typus, typographia' (Men. I 838) ≤ *bas-* 'to print'.

dadanma - 1680: *dadanma* (dadanma) 'illecebrae, illicium, degustatio rei voluptuosae' (Men. II 1997) ≤ *dadan-* 'to acquire a taste (for)'.

degişme - 1680: *degişme* (deg^{i}işme) 'mutatio, variatio' (Men. II 2107) ≤ *degiş-* 'to change'.

divşürme - 1680: *divşürme* (diwśürme) 'collectio, collectus seu collectitius' (Men. II 2223) ≤ *divşür-* 'to collect, to gather'.

donanma - 1641: *donanma* (donanma) 'adornamento' (Mol. 20); 1670: *donanma* (donanma) 'illumination' (K 166); 1680: *donanma* (donanma) 'classis navium, festivitas publica' (Men. II 3155) ≤ *donan-* 'to deck oneself'. - The earliest registration by the historical dictionary of this formation was in the XVth c.: *tonanma* (twnānmh) 'Donanmış, techiz edilmiş' (TTS).

doruklama - 1680: *doruklama* (doruklama) 'additio cumuli mensurae plenae cumulus' (Men. II 3142) ≤ *dorukla-* 'to pile up'.

düşünme - 1641: *düşünme* (dusc-unme) 'cura, pensiero' (Mol. 112) ≤ *düşün-* 'to think'.

gözleme - 1680: *gözleme* (gi̇özleme) 'cura, gubernatio' (Men. II 4074) ≤ *gözle-* 'to watch, to keep an eye on sth'.

gündürme - 1680: *gündürme* (gi̇ündürme) 'missus, ferculum' (Men. II 4095) ≤ *gündür-* '1. to send. 2. to see off'.

ısmarlama - 1641: *ısmarlama* (ismarlama) 'raccomandatione' (Mol. 334), *smarlama* (smarlama) 'ordinatione' (ibid. 283) ≤ *ısmarla-* 'to order'.

isteme - 1677: *isteme* (isteme) 'uolonta, uoglia' (Masc. 275a) ≤ *iste-* 'to want'.

kaçma - 1680: *kaçma* (kaćma) 'fuga' (Men. II 3935) ≤ *kaç-* 'to escape'.

katma - 1680: *katma* (katma) 'additamentum, res addititia' (Men. II 3629) ≤ *kat-* 'to add'.

kırpma - 1677: *saçı kırpması* (sacci chirpimassi) 'tosatura' (Masc. 250b) ≤ *kırp-* 'to clip'.

seçilme - 1677: *seçilme* (secilme) 'scilta' (Masc. 188a) ≤ *seçil-* ' to be chosen'.

titreme - 1680: *titreme* (titreme) 'tremor; rigor febris, seu febris frigida' (Men. II 4165) ≤ *titre-* 'to tremble'. - The earliest registration of this formation was in the XVIth century: *ditreme* (dtrmh) 'Titreme' (TTS).

ülme - 1611: *ülme* (ulme) 'muerte' (MN 231) ≤ * *ül-* 'to die'.

yanma - 1680: *yanma* (janma) 'ustio, ardor, cauterium, inflammatio; febris calida & urens, inflammans, ac ardens' (Men. II 2708) ≤ *yan-* 'to burn'.

yoklama - 1680: *yoklama* (joklama) 'palpatio, inquisitio' (Men. III 5628) ≤ *yokla-* 'to examine, inspect'.

2. Names of tools and objects of daily use:

boğma - 1680: *boğma* (boghma) 'numilla, collare' (Men. III 5973) ≤ *boğ-* 'to choke'.

burma - 1680: *burma* (burma) 'cochlea, clavus capreolatim, vel spirulatim striatus, clavus tortili striatura & epistomium intus in spiram sculptum' (Men. I 916) ≤ *bur-* 'to twist, to screw'. - The earliest registration of the formation was in the XVth century: *burma* (brmh; XV c.); *burma* (bwrmh; XVI c.) '1. Telleri burularak yapılan bilezik. 2. Iğdiş etme, eneme, iğdiş edilmiş hayvan' (TTS).

çalma - 1603: *çalma* (tsalma) 'pileus' (Meg. II 267) ≤ *çal-* 'to apply'. - The earliest records date back to the XIVth century: *çalma* (čālmh; XIV c.), *çalma* (čālmh, člmh; XV c.), *çalma* (člmh, čālma, čālmh; XVI c.) 'Yazma, çember de denilen baş örtüsü ve sarık' (TTS).

çekdirme - 1641: *çekdirme* (ciekdirme) 'galea' (Mol. 158) ≤ *çekdir-* caus. of *çek-* 'to pull, draw'.

damzürma - 1680: *damzürma* (damzürma) 'cera sigillaris' (Men. II 3126) ≤ *damzür-* 'to let drip, to prop'.

dolama - 1668: *dolama* (dolama) 'tunica' (Ill. 169); 1670: *dolama*: *bel dolaması* (bel dolamasi) 'waist wrapper' (K 166); 1680: *dolama* (dolama) 'vestis interior ex panno' (Men. II 3151) ≤ *dola-* 'to wind, wrap (round)'. - The earliest recording of the formation was in the XVth century: *tolama* (twlm, twlmh; XV c.), *dolama* (dwlmh; XV/XVI c.), *tolama* (twlāmh, twlm, twlmh; XVI c.) 'Sarılmış bir şeyin her katı. 2. Entari gibi onu açık olan ve kavuşturularak üstüne kuşak bağlanan eski zamanlarda giyinilmiş çuha elbise' (TTS).

dügme - 1611: *dügme* (dughme) 'boton' (MN 185); 1611: *düme* (duume) 'bottone' (FrG 65); 1668: *dügmeler* (dugÿmeler) 'nodi' (Ill. 170) ≤ *düg-* 'to knot'. - The earliest registration of the derivative was in 1533: *dügme* (dughme) 'bottone (Arg. 55). Cf. also: 1587/88: *dugme* (dugme) 'Knopfe' (Lub. 41).

kantırma - 1680: *kantırma* (kantyrma) 'frenum, *pec.* levius' (Men. II 3767) ≤ *kantır-* 'to pull up (a horse).

kapama - 1611: *kapama* (kapama) 'gefillt' (MN 203); 1680: *kapama* (kapama) 'tunica, vestis interior gossipio subducta, sed extela aut serico: nam quae ex panno fit vocatur dolama' (Men. II 3611) ≤ *kapa-* 'to cover'. - The earliest records date back to the XVIth c.: *kapama* (qpmh, qpāmh; XVI c.) 'Astarlı kaftan, pamuklu hırka' (TTS).

kazma - 1680: *kazma* (kazma) 'ligo, rutrum' (Men. II 3582) ≤ *kaz-* 'to dig'.

This is a single example of a derivative which from the semantic point of view does not conform to the group comprising words denoting names of tools and objects of daily use. Therefore, I have placed this word separately:

saçma - 1680: *saçma* (saćma) 'plumbi catapultaria glarea, missilia minuta bombardarum' (Men. II 2909) ≤ *saç-* 'to scatter'. - The historical dictionary registered this formation but only in the expression: *saçma hal* (sāčmh hāl; XVI c.) 'Püskürme ben' (TTS).

3. Names of the subject of the action (Nomina agentis):

yanaşma - 1680: *yanaşma* (janaśma) 'famulus mercede conductus, non mancipium' (Men. III 5553) ≤ *yanaş-* 'to incline, seem willing'.

4. Names of people and things with characteristic features (Nomina attributiva).

This category is represented here by only three examples denoting the names of meals:

dolma - 1680: *dolma* (dołma) 'farsura' (Men. II 3153) ≤ *dol-* 'to fill'.

kavurma - 1680: *kavurma* (kawurma) 'frixum, caro frixa' (Men. II 3603) ≤ *kavur-* 'to fry, to roast'.

sarma - 1680: *sarma* (sarma) 'minutal foliis vitis involutum' (Men. II 2916) ≤ *sar-* 'to wrap'.

5. Abstract nouns.

This category is represented here by a single example denoting the name of an illness:

sıtma - 1603: *sıtma* (sitma) 'febris' (Meg. I 529); 1641: *sıtma* (sitma) 'febra' (Mol. 144); 1672: *sıtma* (sitma) 'Malaria' (NdH 258); 1680: *sıtma* (sytma) 'febris' (Men. II 2935) ≤ ? *sıt-* ≤ *ısıt-* 'to warm , to heat'. - The earliest records date back to the XIVth century: *ısıtma* ('stmh; XIV c.), *ısıtma* ('stm; XIV/XV c.), *ısıtma* ('stmā, 'stmh; XV c.), *ısıtma* ('stmh, 'stmh; XVI c.) '1. id. 2. Hastalık ateşi' (TTS). Cf. also: 1525/30: *sıtma* (citma) 'febre' (OT 244).

6.Names of results and objects of the action:

döşeme - 1641: *döşeme* (dosc-eme) 'suolo' (Mol. 442); 1680: *düşeme* (düşeme) 'pavimentum, stratum' (Men. II 3592) < *döşe-* '1 to spread, lay down. 2. to furnish'.

kırma - 1680: *kırma* (kyrma) 'genus scripturae fractae, inconnexae, saepe punctis carentis, quali in libri accepti; expendi uti solent' (Men. II 3676) ≤ *kır-* 'to break'.

yarma - 1680: *yarma* (jarma) 'segmentum ligni fissi' (Men. III 5539) ≤ *yar-* 'to split'.

Suffix -maç

Lit.: Çotuksöken TEKG 38, Deny GLT 579-580, Hatiboğlu TE 113-114, Kononov GTJ 116, Sevortjan AIS 358-363, Zajączkowski SZK 94.

This unproductive suffix occurs among the Turkic languages in two phonetic variants: *-maç* ‖ *-meç*. It forms derivatives denoting names of the action or results of the action. It also, however rarely, creates nomina agentis. In the XVIIth century material only two derivatives with this suffix were found. They represent different categories:

1. Names of the subject of the action (Nomina agentis):

sıġırtmac - 1670: *sıġırtmac* (sighirtmaj) 'cattleherder' (K 188) ≤ * *sıġırt* ≤ *sıġır* '1.ox. 2. cattle'. - The earliest registration of this formation was in the XIVth c.: *sıġırtmac* (sıġrtmğ; XIV c.), *sıġırtmac* (sġrtmāğ; XV c.), *sıġırtmac*, *sıġırtmaç* (sġyrtmāč, sġrtmāğ; XVI c.) 'Çoban, sıġır çobanı' (TTS).

The derivative presented below can represent two categories: names of the action or names of results and objects of the action. Cf.:

yañıltmac - 1680: *yañıltmac* (jan-yltmağ) 'dicterium, aut locutio qua efferenda loquentis lingua facile errat aut impingit, prolatu difficile quid' (Men. III 5594) ≤ *yañılt-* caus. of *yañıl-* 'to make a mistake; to go wrong, to miss'. - The earliest records date back to the XVth c.: *yanıltmac* (yānltmāğ; XV c.), *yanıltmac* (yānltmāğ, ynltmğ, yānlmğ; XVI c.) ' Yanıltıcı, şaşırtıcı söz, lugaz, bilmece' (TTS).

Suffix -mak

Lit.: Çotuksöken TEKG 38, Deny GLT 456, von Gabain AG 73, Hatiboğlu TE 66-67, Kononov GTJ 114-115, Sevortjan AIS 303-307, Tekin GOT 114, Zajączkowski SZK 95-96.

Suffix *-mak* ‖ *-mek* is widely known both among the old Turkic languages and some modern ones as an infinitive formative. In some cases, however rarely, the infinitive forms with this suffix, in process of substantivization, changed themselves into substantives denoting action or subject of the action. Among the XVIIth century material one can find only two examples of substantival derivatives with suffix *-mak* ‖ *-mek*. They represent the category denoting **names of results and objects of the action**.

gülmek - 1603: *gülmek* (gulmech) 'risus' (Meg. II 432) ≤ *gül-* 'to laugh'.

karışmak - 1680: *karışmak* (kariśmak) 'mixtio, confusio' (Men. II 3578) ≤ *karış-* '1. to mix with. 2. to be mixed'.

Suffix -mış

Lit.: von Gabain AG 73, Hatiboğlu TE 122-123. Kononov GTJ 130, Sevortjan AIS 348-353, Tekin GOT 114, Zajączkowski SZK 101-102.

The suffix occurs in four phonetic variants: *-mış* ‖ *-miş*, *-muş* ‖ *-müş*. It is very common among Turkic languages creating nominal forms (participles, adjectives). In the process of substantivization some of the mentioned forms become substantives. However, these substantives are extremely rare. The collected material comprises only two examples representing two different categories. Cf.:

1. Names of people and things with characteristic features:

okumış - 1611: *okumış adam* (ukumisch adam) 'dacto, sabio, ualeroso' (MN 230); 1611: *okumış* (ocumisc) 'dotto' (FrG 75); 1677: *okumış* (occumisc) 'letterato, cioè virtuoso' (Masc. 81a); 1680: *güzel okumış* (giüzel okumyś) 'doctus, bonus, elegans scriptor, philologus, psaltes; *pec.* sacer; cantor Alcorani' (Men. III 4411) ≤ *oku-* 'to read'.

2. Names of results and objects of the action:

yemiş - 1611: *gemiş* (ghiemiscler) 'frutti d'albero' (FrG 79); 1611: *gemiş* (gemischi) 'fruta' (MN 235); 1677: *yemiş* (iemisc) 'frutto' (Masc. 53b), *yemiş* (iemisc) 'pacchiato' (ibid. 116); 1680: *yemiş* (iemiś) 'fructus unus' (Men. I 1532), *yemiş* (jemiś) fructus quivis' (ibid. III 5080), *yemiş* (jemiś) 'fructus' (ibid. III 5607); 1688: *yemiş* (iemisci) 'frutte' (Mis. 235) ≤ *ye-* 'to eat'. - The earliest registration of the formation was in the XIIIth century. Cf.: *yemiş* (yemiš) (Er.II 4-2); XV c.: *yemiş* (ymyš) 'Yiyen, yiyici' (TTS); 1533: *yemiş* (hiemisc) (Arg.16); 1544/48: *gimis* (gimis) 'fructus' (Georg. 22, 110); 1564: *yemiş* (ymš) 'фрукты, зелень' (KnS 1579); 1587/88: *gemiş* (Gemisch) 'Obst' (Lub.62).

Suffix -sak

Lit.: Çotuksöken TEKG 44, Deny GLT 597, Hatiboğlu TE 138-139, Sevortjan AIS 221-225, Zajączkowski SZK 38-39.

This is a very rare suffix. Some grammarians maintain that this is a compound suffix of -*sa*- and -*k*. This suffix was already known among the old Turkic languages beside the also compound suffix -*sık*. In the course of time these two morphemes began to have this same function. They used to appear in some languages in the -*sak* form, in others in the -*sık* form [19]. Deny and Zajączkowski maintain that this suffix forms the derivatives exclusively from nominal bases[20]. In the XVIIth century sources only one example of the derivative with this suffix was found. It belongs to the category denoting **names of results and objects of the action:**

tutsak - 1680: *tutsak* (tutsak) 'captivus, mancipium, servus' (Men. I 227), *tutsak* (tutsak) 'captivus, bello captus' (ibid. II 3136) ≤ *tut-* 'to catch'. - The earliest registration of the formation was in the XIVth century: *tutsak* (twtsāq, ttsāq, ttsq; XIV c.), *dutsak* (dwtsāq, dtsāq; XIV c.), *tutsak* (twtsāq, ttsāq; XV c.), *dutsak* (dtsāq, dwtsq, dtsq; XV c.), *tutsak* (twtsāq, XV/XVI c.), *tutsak* (ttsāq, twtsāq; XVI c.), *dutsak* (dwtsāq, dtsq, dwtsq; XVI c.) 'Esir' (TTS).

---

[19] E.V.Sevortjan, op. cit., p. 221-222.
[20] J.Deny, op. cit., p. 597; Cf. also A.Zajączkowski, *Sufiksy imienne i czasownikowe w języku zachodniokaraimskim*, Kraków 1932, p. 38.

II. SEMANTIC CLASSIFICATION

The analysis of the XVIIth century material shows its semantic diversity. In each group of derivatives formed by the particular suffixes one can separate several semantic categories. Some suffixes are characterized by larger activity in the process of forming different semantic categories (cf.: -lık, -cık, -(ı)k), some others, however, are more homogeneous from a semantic point of view (cf.: -cı, -ıcı, -mak). The purpose of this part of the work is to present and illustrate the different semantic categories, which are noticed in the collected material. Here is the list of all the semantic categories represented in the XVIIth century material. In the parenthesis the suffixes forming the particular category are enclosed:

1. **Abstract nouns** (-cak, -cık, -ç, -gı, -ı, -ım, -ış, -lık, -ma).
2. **Names of the action** (-dı, -ış, -lık, -ma).
3. **Names of results and objects of the action** (-an, -cak, -gı, -gın, -ı, -(ı)k, -ım, -(ı)ndı, -ış, -lık, -ma, -maç, -mak, -mış, -sak).
4. **Names of the subject of the action** (-ak, -cak, -cı, -ç, -daş, -gıç, -gın, -ıcı, -(ı)k, -ma, -maç).
5. **Names of people and things with characteristic features** (-ak, -cı, -cık, -cıl, -gan, -ıcı, -(ı)k, -lık, -ma, -mış).
6. **Names of places** (-ak, -cak, -(ı)k, -lık).
7. **Diminutives** (-ak, -cık).
8. **Names of tools and objects of daily use** (-ak, -an, -cak, -cık, -ç, -ga, -gı, -gıç, -gın, -ı, -(ı)k, -ım, -lık, -ma).
9. **Names of relationship** (-daş -lık).
10. **Names of collections** (-lık).
11. **Names of habitants** (-daş).

The examples of each semantic category are presented in the alphabetical order of suffixes involved in the derivation process of each group.

1. Abstract nouns:

suf. -cak: ısıcak.
suf. -cık: arpacık.
suf. -ç: kazanc.
suf. -gı: bilgü, sevgi.

suf. *-ı: koku, korku, sevi.*

suf. *-ım: alım, ölüm.*

suf. *-ış: benziş (≤ benzeyiş), biliş.*

suf. *-lık: acılık, acızlık, açıklık, adavetlik, ahenklik, barışıklık, bihudelik, bilişlik, birlik, boşluk, cömertlik, çirkinlik, derinlik, düşvarlık, eksiklik, erkeklik, fakirlik, faydalık, fenalık, gençlik, güzellik, hemdemlik, hünerverlik, inatlık, itidalsızlık, kahillik, karanulık, kolaylık, küçüklik, merdlik, minetlik, müşküllik, napaklik, naziklik, oğlancıklık, oransızlık, paçarızlık, paklik, perhizkârlık, pirlik, rahatlık, rüsvaylık, sabırsızlık, sabrılık, sağlık, sertlik, süstlik, şaşkınlık, şirinlik, tahirlik, tamamlık, tembellik, temizlik, tokluk, uyanıklık, uzaklık, varlık, vefasuzluk, yalñızlık, yaramazlık, yeñilik, yükseklik, zararlık, zariflik, ziyadelik, zormendlik.*

The subgroup comprising names of positions, functions or professions: *ahengerlik, arabacılık, attarlık, bazarganlık, bekçilik, defterdarlık, elçilik, kapudanlık, padışahlık, ulaklık.*

The subgroup comprising names of state or condition in which someone or something is found: *badenuşlık, esirlik, yüklik.*

The subgroup denoting abstract meaning of time: *gecelik, heftelik, yıllık.*

The subgroup comprising names of illness and infirmity: *aksaklık, dilsizlik, pelteklik, uyuzlık.*

The subgroup comprising names of colours: *aklık, beyazlık, göklik, karalık, kırmızılık, sarılık, siyahlık, surhlık, yeşillik.*

suf. *-ma: sıtma.*

2. Names of the action:

suf. *-dı: fısıldı, gürüldi, kütürdi, mırıldı, osurdu.*

suf. *-ış: artış, asılış, bağırış, bağış, bakış, bayılış, buruş, çekiş, çıkış, çökiş, deyiş, döniş, düşüş, gegiriş, geliş, ırlayış, iñleyiş, kaçış, kalğış, kırış, nazlanış, öfüriş, öpüş, öyküniş, satış, segirdiş, sorış, tepreniş, vuruş, yağış, yaradılış, yoklayış.*

suf. *-lık: açılmaklık, açmazlık, artmaklık, ayırmalık, azğunlık, bayılmaklık, bedkârlık, bitürmeklik, bozğunlık, çıkmaklık, çökmeklik, damlamaklık, danışıklık, dayanmaklık, degişlik, destgirlik, dilencilik, doğurlık, eglenmelik, evlenmeklik, fikretmelik, gelmelik, gezmeklik, girmeklik, hoşamedlik, ıslanmışlık, içmelük, işitmezlik, korkutmalık, leşkerkeşlik, mehcurlık, merametlik, miyancılık, okşamaklık, oturaklık, öldürmelik, perâkendelik, perdahlık, rehnümalık, saklanılmışlık, sarılmaklık, sıkmaklık, suvarılmaklık, şaşmaklık, tapmalık, taşlamışlık, uçmaluk, utanmaklık, uyuklamaklık, yıkmaklık.*

suf. *-ma: basma, dadanma, degişme, divşürme, donanma, doruklama, düşünme, gözleme, gündürme [≤ göndürme], isteme, kaçma, katma, kırpma, seçilme, titreme, ülme, yanma.*

3. Names of results and object of the action:

suf. *-an: ayran.*

suf. *-cak: yeyecek.*

suf. -*gı*: *içki, uyku.*
suf. -*gın*: *yangın.*
suf. -*ı*: *tutı, yazı* || *yazu.*
suf. -*(ı)k*: *aksırık, buruşık, öksürük.*
suf. -*ım*: *adım* || *adum, uçurum.*
suf. -*(ı)ndı*: *braġındı, kesinti* || *kesindi.*
suf. -*ış*: *burış, örtüliş.*
suf. -*lık*: *baġlulık, karışıklık.*
suf. -*ma*: *döşeme, yarma.*
suf. -*maç*: *yañıltmac.*
suf. -*mak*: *gülmek, karışmak.*
suf. -*mış*: *yemiş.*
suf. -*sak*: *tutsak.*

4. Names of the subject of the action:

suf.: -*ak*: *kaçak, oturak;*
suf.: -*cak*: *örümcek*
suf. -*cı*: *ahırcı, arabacı, avcı, badanacı, baharcı, balıkçı, baltacı, basmacı, bekçi, bıçakçı, boyacı, camcı, cildçi, çekmececi, çizmeci, davulcı, duvarcı, düzgünci, ekinci, ekmekçi, eskici, eyerci, furuncı, gemici, gözci, gümişçi, hamamcı, hardalcı, ibrişimci, igneci, işçi, kalaycı, kalburcı, kaldırımcı, katırcı, kemhacı, kıraetçi, lavtacı, matrakçı, menzilci, meyhaneci, mukabeleci, mumcı, nalıncı, nöbetci, oduncı, orakçı, oymacı, oyuncı, pedavracı, peremeci, rakamcı, ruznameci, sabuncı, sırçacı, sıvacı, şekerci, şişeci, tahrirci, tamburcı, tarakçı, tavlacı, tefsirci, tuzcı, tütünci, urġancı, vezneci, yaġcı, yalduzcı, yamacı, yapıcı, yasakçı, yılancı, yünci, zaġarcı, zeytuncı, zilci, zindancı.*
suf. -*ç*: *sulanc;*
suf. -*daş*: *ayaktaş, dindaş, nasibdaş, yoldaş.*
suf. -*gıç*: *dalgıc;*
suf. -*gın*: *kaçgun* || *kaçkun.*
suf. -*ıcı*: *açıcı, aġardıcı, alıcı, arıdıcı, biçici, binici, bükici, çekici, çözici, dikici, doġurıcı, dörtici, duruşıcı, egirici, emzirici, gelici, görüci, götürici, gözedici, içici, kaçıcı, kırıcı, koyıcı, okuyıcı, ölçici, satıcı, suvarıcı, sürici, tartıcı, tatıcı, tutıcı, verici, yakıcı, yandurıcı, yonıcı, yüzici.*
suf. -*(ı)k*: *danık.*
suf. -*ma*: *yanaşma.*
suf. -*maç*: *sıġırtmac.*

5. Names of people and things with characteristic features:

suf. -*ak*: *kolak, solak.*
suf. -*cı*: *aynacı, filci, inatçı, şekvacı.*
suf. -*cık*: *altuncık, çancık, kızılcık, sıġırcık.*
suf. -*cıl*: *balıkçıl, tavşancıl.*

suf. *-gan*: *ısırgan* || *osurgan*.

suf. *-ıcı*: *aldadıcı, bayıcı, sayıklayıcı, unutçı*.

suf. *-(ı)k*: *sarmaşık*.

suf. *-lık*: *halvalık, bayramlık, muştulık* || *muştuluk, sahurlık*.

The subgroup comprising names of coins and measures: *akçalık, binlik, endazelik*.

suf. *-ma*: *dolma, kavurma, sarma*.

suf. *-mış*: *okumış*.

6. Names of places:

suf. *-ak*: *durak, konak*.

suf. *-cak*: *oturacak*.

suf. *-(ı)k*: *kışlak*.

suf. *-lık*: *abadanlık, çukurlık, mezarlık, yebanlık*.

The subgroup comprising the names of places where elements of nature are collected: *bataklık, çamlık, dikenlik, kamışlık, sazlık*.

The subgroup comprising names of places where different plants are cultivated: *asmalık, çiçeklik, güllik, pirinçlik*.

The subgroup comprising abstract meaning of space: *aralık, oralık*.

The subgroup comprising names of different rooms: *buzlık, doñuzlık, hınzırlık, kömürlik*.

7. Diminutives:

The suffix *-ak* previously formed diminutives. This very function is preserved in two derivatives: *kulak, yanak*. However these two derivatives do not display diminutive meaning anymore.

suf. *-cık*: *adamcık, ağaççık, aslancık, baklacık, bülbülcik, çatalcık, çubukcık, dalgacık, damlacık, dıvarcık, egecik, enicik, fakircik, fıçıcık, gemicik, gölcik, harifçık, hatuncık, ırmacık, ignecik, kabakçık, kalkancuk, kapucık, kılıççık, lakırdıcık, lokmacık, makasçık, mankalcık, merdivencik, nalıncık, odacık, oğulcuk, ormancık, oyuncık, paracuk, piliççik, sahancık, sakalcık, tahtacuk, tavşancık, topçık, ümidcik, varilcik, yapıcık, yercik, yuvacık, zağarcık, zembilcik, zencircik*.

8. Names of tools and objects of daily use:

suf. *-ak*: *bıçak, ölçek*.

suf. *-an*: *kapan*.

suf. *-cak*: *çubucak, dayanacak, salıncak, yastanacak*.

suf. *-cık*: *buruncık, kılcık, yancık*.

suf. *-ç*: *çekiç, kısac, tıkac*.

suf. *-ga*: *süpürge*.

suf. *-gı*: *bıçkı, silgi, sürgi*.

suf. *-gıç*: *patlangıc, pırlangıc*.

suf. *-gın*: *düzgün*.

suf. *-ı*: *tartu*.

suf. *-(ı)k*: *dayak, kapak, tarak*.

suf. *-ım*: *geçim*.

suf. *-lık*: *aġlık, arılık, ateşlik, boyunlık, buhurdanlık, cibinlik, çakmakluk, gözlik, ignelik, oklık, şekerlik, taraklık, tuzluk, usturalık*.

The subgroup denoting names of different things with the meaning "destined for": *arpalık, astarlık, paşmaklık*.

The subgroup comprising names of military accessories: *demir başlık, ellik*.

suf. *-ma*: *boġma, burma, çekdirme, damzürma, dügme, kantırma, kazma*.

The subgroup comprising military accessories: *saçma*.

9. Names of relationship:

suf. *-daş*: *kardaş, karındaş, kızkardaş, kızkarındaş*.

suf. *-lık*: *babalık, ihvanlık, kariblik, oġullık*.

10. Names of collections:

suf. *-lık*: *bayraklık, boklık, çöplik, kalabalık, ortaklık*.

11. Names of habitants:

suf. *-daş*: *köydaş, sinordaş*.

III. THE PHONETIC CHARACTERIZATION OF SUFFIXES

In the history of the Turkish language, the XVIIth century is known as the Middle Ottoman period[1]. The linguistic monuments dating back to that century have both phonetic and morphological features typical of the Old Ottoman and New Ottoman languages. This phenomenon reflects a transitional stage in the development of the Turkish language[2]. The collected material presented in this work was taken exclusively from XVIIth century sources. One can notice some phonetic phenomena connected with the process of transformation of the Turkish language. Since the work presented here deals only with the problems pertaining to word-formation, we will therefore focus only on those phenomena which concern suffixes. The objects of our concern are therefore all changes between the last syllable of the formative basis and suffixes. We will take into consideration only those formatives where phenomena, which are of interest for us are seen. The subject we will discuss in this chapter is therefore the velar-palatal and labial harmony. The latter was consolidated for good in Ottoman-Turkish in the second half of the XVIIIth century[3]. Here are the phonetic phenomena noticed in the collected material:

1. Velar harmony:

a) sequence *a - ı*:
suf[4]. -*cı*: *arabacı* (1603), *badanacı* (1680), *kalkancı* (1677).
suf. -*cık*: *ağacık* (1680), *çatalcık* (1680), *yılancık* (1677).
suf. -*dı*: *patladı* (1680).
suf. -*gın*: *yangın* (1680).
suf. -*ı*: *yapı* (1641), *yarı* (1677), *yazı* (1668).
suf. -*ıcı*: *açıcı* (1680), *çalıcı* (1680), *kaçıcı* (1641).
suf. -*ım*: *adım* (1677), *alım* (1680), *yarım* (1611).
suf. -(*ı*)*ndı*: *brağındı* (1680).

[1] Z.Kakuk, *Mai török nyelvek*, Budapest 1976, p. 23.
[2] S.Stachowski, *Fonetyka zapożyczeń osmańsko-tureckich w języku serbsko-chorwackim*, Wrocław-Warszawa-Kraków-Gdańsk 1973, p. 195.
[3] S.Stachowski, op. cit., p. 68.
[4] The order of suffixes is the same as so far, no matter what allomorph is employed to illustrate the certain sequence of vowels.

suf. *-ış*: *artış* (1680), *bakış* (1603), *kaçış* (1677).

suf. *-lık*: *adamlık* (1670), *aralık* (1670), *barışmalık* (1641), *darlık* (1603), *fenalık* (1670), *varlık* (1680).

b) sequence *ı - ı*:

suf. *-cı*: *çıkrıkçı* (1680), *kayıkçı* (1641), *nakışçı* (1611).

suf. *-cık*: *fıçıcık* (1677), *kadıncık* (1677), *kızılcık* (1680).

suf. *-dı*: *fısıldı* (1680), *mırıldı* (1680).

suf. *-gı*: *bıçkı* (1680).

suf. *-ıcı*: *arıdıcı* (1680), *barışıcı* (1641); *karışıcı* (1680).

suf. *-(ı)ndı*: *kırıntı* (1680), *kırkındı* || *kırkıntı* (1680).

suf. *-ış*: *asılış* (1680), *bağırış* (1677), *çıkış* (1680).

suf. *-lık*: *acılık* (1641), *barışıklık* (1677), *hazırlık* (1641), *şaşkınlık* (1611), *yakınlık* (1680).

2. Palatal harmony:

sequence *e - i*:

suf. *-ci*: *börekçi* (1680), *kebeci* (1641), *köpekçi* (1680).

suf. *-cik*: *ademcik* (1680), *çeşmecik* (1677), *sinekçik* (1677).

suf. *-gi*: *sevgi* (1670), *vergi* (1677).

suf. *-i*: *sevi* (1680).

suf. *-ici*: *bekleyici* (1677), *çekici* (1680), *gözedici* (1680).

suf. *-im*: *geçim* (1680).

suf. *-(i)ndi*: *kesindi* || *kesinti* (1680).

suf. *-iş*: *besleyiş* (1680), *deyiş* (1680), *geliş* (1677), *seviş* (1680).

suf. *-lik*: *beraberlik* (1680), *fitnelik* (1680), *gereklik* (1641), *tezlik* (1677), *zeyreklik* (1680).

suf. *-miş*: *yemiş* (1611).

3. In a certain group of derivatives a tendency to disrupt the labial harmony is noticed. To the stems with illabial vowels the suffixes with labial vowels are attached. This phenomenon concerns the stems with both front and back vowels. Here are examples:

a) sequence *a - u*:

suf. *-cuk*: *adamcuk* (1641), *damlacuk* (1641), *tahtacuk* (1641).

suf. *-gun*: *kaçgun* (1677), *yankun* (1677).

suf. *-u*: *tartu* (1680), *yapu* (1680), *yazu* (1680).

suf. *-um*: *alum* (1680), *yarum* (1680).

suf. *-luk*: *açluk* (1668), *hayvanluk* (1641), *yaşluk* (1603).

b) sequence *ı - u*:

suf. *-cuk*: *yapıcuk* (1677).

suf. *-um*: *uçırum* (1677).

suf. *-luk*: *ağırluk* (1641), *sağırluk* (1641), *tatlıluk* (1641).

c) sequence *e - ü*:

suf. *-cük*: *alevcük* (1677), *memecük* (1641).

suf. *-gü*: *sevgü* (1680).

suf. *-lük*: *geçlük* (1677), *gündelük* (1641), *tikenlük* (1641).

d) sequence *i - ü*:

suf. *-gü*: *bilgü* (1680), *virgü* (1680).

suf. *-lük*: *çiftlük* (1677), *teftişlük* (1641), *(y)igitlük* (1641).

4. Labial harmony:

a) sequence *o - u*:

suf. *-u*: *koku* (1611), *korku* (1641).

suf. *-uş*: *sokuş* (1677).

suf. *-luk*: *bolluk* (1641), *çokluk* (1641), *sarhoşluk* (1668).

b) sequence *u - u*:

suf. *-cuk*: *bulutçuk* (1641), *maymuncuk* (1641), *toruncuk* (1670).

suf. *-du*: *osurdu* (1677).

suf. *-gu*: *uyku* (1668).

suf. *-u*: *tutu* (1680).

suf. *-um*: *durum* (1677), *kurum* (1677), *uçurum* (1677).

suf. *-uş*: *uruş* (1680) *[≤ vuruş]*.

suf. *-luk*: *akılsuzluk* (1641), *arukluk* (1641), *ucuzluk* (1641).

c) sequence *ö - ü*:

suf. *-üm*: *ölüm* (1680).

suf. *-üş*: *görüş* (1677), *öpüş* (1680), *sögüş* (1680).

suf. *-lük*: *gözlük* (1641), *körlük* (1603).

d) sequence *ü - ü*:

suf. *-cük*: *çeküççük* (1677), *köylücük* (1641).

suf. *-gün*: *düzgün* (1677).

suf. *-üm*: *dügüm* (1677).

suf. *-(ü)ndi*: *süpüründi* (1677).

suf. *-üş*: *düşüş* (1677), *gülüş* (1670).

suf. *-lük*: *yüzsüzlük* (1677).

5. In the collected material some derivatives exhibit also the tendency to disrupt the labial harmony. After the stems with labial vowels occur the suffixes with illabial vowels:

a) sequence *o - ı*:

suf. *-cı*: *bokçı* (1680), *okçı* (1668), *topçı* (1641), *yolçı* (1603).

suf. *-ıcı*: *bozıcı* (1680), *sokıcı* (1680), *yonıcı* (1680).

suf. *-ım*: *doyım* (1668).

suf. *-ış*: *bozış* (1680), *sorış* (1680).

suf. *-lık*: *bollık* (1680), *çoklık* (1680), *dostlık* (1611), *toklık* (1680).

b) sequence *u - ı*:

suf. *-cı*: *davulcı* (1680), *furuncı* (1680), *oduncı* (1677), *tuzcı* (1641).

suf. *-cık*: *balukçık* (1677), *kapucık* (1677), *mektubcık* (1677).

suf. *-ı*: *tutı* (1680).

suf. *-ıcı*: *buyurıcı* (1680), *dokuyıcı* (1641), *tutıcı* (1677).

suf. *-ış*: *boġulış* (1680), *burış* (1680), *kurtulış* (1680).

suf. *-lık*: *açuklık* (1680), *bahadurlık* (1641), *dolulık* (1641), *şaşkunlık* (1680).

suf. *-mış*: *okumış* (1611).

c) sequence *ö - i*:

suf. *-ci*: *gözci* (1680).

suf. *-cik*: *gölcik* (1680), *köpçik* (1680), *sözcik* (1680).

suf. *-ici*: *bölici* (1680), *çözici* (1680), *ölçici* (1641).

suf. *-iş*: *çökiş* (1680), *döniş* (1680), *sögiş* (1677).

suf. *-lik*: *bönlik* (1680), *çöllik* (1680), *gözlik* (1680), *önlik* (1680).

d) sequence *ü - i*:

suf. *-ci*: *düdükçi* (1680), *kerpüççi* (1680), *südçi* (1680), *tütünci* (1680).

suf. *-cik*: *bülbülcik* (1677), *dügümcik* (1641).

suf. *-di*: *gürüldi* (1680), *kütürdi* (1680).

suf. *-gi*: *sürgi* (1680).

suf. *-ici*: *bükici* (1677), *getürici* (1680), *yürüyici* (1680).

suf. *-iş*: *getüriş* (1680), *görüniş* (1680), *yürüyiş* (1680).

suf. *-lik*: *büyüklik* (1680), *düzdlik* (1680),*türklik* (1680), *yüklik* (1680).

6. Apart from the phenomena presented above there is a tendency to disrupt velar-palatal harmony. This feature was noticed in Turkish „Transkriptionstexte" both before and in the XVIIth century. Also, however, though not often, it appears in modern dialects [5]. The disrupting of velar-palatal harmony was noticed mostly in a few derivatives with the suffix *-lık* and in two derivatives of the suffix *-cık*. The derivatives are excerpted from the *Thesaurus* by Meninski, where the author together with the transcription has given the version in Arabic letters. It helps therefore to notice the disrupting of vowel harmony. Here are the examples:

suf. *-lık*: *arzumendlık* (1680: arzumendlyk; [ar.] 'rzwmndlq)

düvazdehlık (1680: düwazdehlyk; [ar.] dw'zdhlq);

kırmızılik (1680: kirmizilik ; [ar.] qrmzylk);

mecnunlik (1680: meǧnunlik ; [ar.] mǧnwnlk);

özlülık (1680: özlülyk; [ar.] 'wzlwlq).

suf. *-cık*: *bayırcik* (1680: bajrǧik ; [ar.] bayrǧk);

harifçık (1680: haėrifćik; [ar.] hryfčq).

Also, the orthography given by Megiser (1603) in his *Thesaurus Polyglottus* might indicate the phonetic anomaly: *haklük* instead of *hakluk*; *karanlük* instead of *karanluk*; *uymaklük* instead of *uymakluk*; *varlük* instead of *varluk*. Since the

---

[5] This question is discussed by A.Zajączkowski in *List turecki Sulejmana I do Zygmunta Augusta w ówczesnej transkrypcji i tłumaczeniu polskiem z r. 1551*, RO, XII, Lwów 1936, pp. 91-118.

author in writing Turkish words has used only Latin characters we cannot be sure whether the presented words had only these phonetic forms. The phonetic phenomena presented above reflect the transitional stage of the XVIIth century Ottoman-Turkish language. In the analysed material one can find derivatives both in Old Ottoman forms (cf.: *davulcı, gözci; adamcuk, alevcük; gürüldi; bilgü; kaçgun; yapu; çoklık, uzunlık*) and in New Ottoman ones (cf.: *ağacık, bademcik; osurdu; silgi; yangın; yapı; bolluk, dostluk*). Some formations are registered by this same author in two forms, where one of them reflects the old stage, the another the newer one. Cf.: *virgü* || *virgi* (1680); *yapıcuk* || *yapıcık* (1677); *yapu* || *yapı* (1680), *yazu* || *yazı* (1680). In the XVIIth century the distribution of suffixes in the derivation process proceeded inconsistently.

IV. CHRONOLOGICAL STRATA

The purpose of this chapter is to indicate the chronological strata of the collected material. The material is presented in three groups. The first one comprises those derivatives that were registered before the XVIIth century. The second group comprises those XVIIth century formations that still exist in the contemporary language. The last group is formed from those XVIIth century derivatives which are not confirmed at present.

The date in parenthesis, next to some entries shows the real date of those texts where the entries appeared. The lack of date indicates that the records of particular word are taken from the TTS, where only the age is shown.

I. The derivatives registered before the XVIIth century

The material collected here is divided into groups according to the time period when it was registered. Within each group the alphabetical order of suffixes is applied.

XIIIth century: *kulak, turak, yanak*; *muştucı*; *uyhu*; *yazı*; *tanık*; *göriş*; *ağırlık, egrilik, kızlık, muştulık, uğrılık, yigitlik*; *yemiş*.

XIII/XIVth century: *sevi*; *alçaklık, birlik, düzenlik, toluhğ, tutsaklık*.

XIVth century:

suf. *-ak*: *konak, durak, yarak, yatak*.

suf. *-cak*: *ısıcak, oturacak, örimcek*.

suf. *-cı*: *başmakcı, gözci, içkici, kullıkcı* || *kullıkçı, muştıcı, savaşcı, ulufeci, yapıcı, yazıcı*.

suf. *-cık*: *gelincük, küpçik, oğlancuk, yancık*.

suf. *-cıl*: *balıkçır [≤ balıkçıl]*.

suf. *-ç*: *çakuç, kısac*.

suf. *-daş*: *ayaktaş, karındaş*.

suf. *-gı*: *bilgi, sevgü, uyukı*; *korhu*.

suf. *-gıç*: *dalgıc*.

suf. *-gın*: *düzgün, yangun*.

suf. *-ı*: *sevü, tutu, yazu*.

suf. -*ıcı*: *bilici, çalici, güdici, ırlayıcı, kovıcı, okuyıcı, sakınıcı.*

suf. -(*ı*)*k*: *sarmaşık, tanuh, tayak.*

suf. -*ım*: *alum, olim, ölüm, yarım.*

suf. -*ış*: *biliş, çekiş, geliş, karış, kırış, oynaş, yağış, yaradılış, yüriş.*

suf. -*lık*: *aralık, avadanlık, baylık, beglik, berklik || perklik, bilişlik, bilmezlik, boyunlığ-, çoklık, derlik, dinçlik, ditremeklik, dutsaklık, ekinlik, eylük, genezlik, ginlik, gerçeklik, gökçeklik, göklik, günlik, karanulık, karşılık || karşulık, katılık, kocalık, konşulığ, konuklığ || konukluğ, muşdulığ, oglanlık, ortalıh, önegülik, saglık, sayrulık, sınıklık, şadılık || şazılık, tanıklık || tanuhlıh, tekebbürlik, ugurluk, ürkülik, yağlığ, yakınlık, yalanlık, yavaşlık, yavuzlık, yoğunlık, yumuşaklık, yükseklik.*

suf. -*ma*: *çalma, ısıtma.*

suf. -*maç*: *sıgırtmac.*

suf. -*sak*: *dutsak || tutsak.*

XIV/XVth century: *örümcek; kızılcık || kızılcuk, yapracık. sınırtaş || sınurdaş; kaçgun; dayak, kışlağ; erlik, eylik, genlik, gundaluk* (1396-1427), *irilik, kovcılık, sayrılık, yadlık.*

XVth century:

suf. -*ak*: *korḫak, kulaḫ, oturağ, yarağ.*

suf. -*an*: *kapan.*

suf. -*cak*: *kolçak, yastancak || yastanacak.*

suf. -*cı*: *akıncı* (1473), *arpacı, ekinci, elçi, içküci, kapucı* (1485), *kemeci* (1473) *[≤ gemici], konakçı, konukçı, korucı, muşducı, paşmakçı, yapucı, yasakçı, yazucı* (1473), *yılancı.*

suf. -*cık*: *küpcük || küpecik, oğlancık, yancuk, yapracuk.*

suf. -*ç*: *çekiç.*

suf. -*daş*: *kartaş, yaşdaş.*

suf. -*gı*: *içki, uyḫı, vergü.*

suf. -*gıç*: *pırlangıc.*

suf. -*gın*: *yankun.*

suf. -*ı*: *dutu || tutı, yapu, yaru.*

suf. -*ıcı*: *aldayıcı, gözedici, uyucı.*

suf. -(*ı*)*k*: *danık || danuk || tanuk, kışlak, yarık.*

suf. -*ım*: *adım, alım, doyum || toyım, dügim.*

suf. -*ış*: *cıkış, karġış, yarış.*

suf. -*lık*: *adamlık, ağlik, babullık, beraberlik, boşlığ, buçuklık, degmelik, ekincilik, eksiklik, ellik, ergenlik, esenlik, horlık, ıraklık, kavlık, kızlıḫ, konuklık || konukluk, konşulık, muştulık, ortalık, sağluğ* (1485), *sayrulıḫ, şenlik || şinlik, tañrılık, toyumlık, uğrılık || uğrıluk, uğurlık, yaglık, yaramazlık, yeşillik, yücelik, yüklülik, yüzlik.*

suf. -*ma*: *burma, tolama, tonanma.*

suf. -*maç*: *yanıltmac.*

XV/XVIth century: *dutı; donlık; dolama.*

XVIth century:

suf. *-ak*: *bıcaḫ, biçak* (1525/30), *bızak* (1574), *kolak, oturak, solak.*

suf. *-an*: *ayran* (1533).

suf. *-cak*: *asılacak.*

suf. *-cı*: *ahçı* (1587/88), *arabacı* (1545), *babutçı* (1525/30), *babucı* (1574), *balukçı* (1525/30), *balucı* (1574), *başçı, başmakçı, bazarcı* (1575), *bokçı* (1598/1601), *bostancı* (1545), *cebeci, çifçi* (1544/48), *degirmenci* (1564), *deveci* (1545), *düdükçi, etmekçi* (1564), *eskici* (1564), *gemici* (1574), *hemamşı* (1587/88) *[≤ hamamcı], helvacı* (1564), *ilçi, kalaycı* (1564), *kapıcı* (1545), *katırcı* (1553/55), *kazancı* (1564), *kuyumcı* (1564), *laġumcı, mehancı* || *mehanazı* (1574), *mumcı* (1564), *okçı, oyuncı, sabuncı* (1564), *şerbeçi* (1587/88), *tarakçı, topçı* (1533), *yamacı, yapucı, yardımcı* (1598), *yasakçı, yazcı* (1545), *zaġarcı* (1545).

suf. *-cık*: *delşek (1587/88), dilcik, dudacık, eşecik, gelincik, ırmacık, kadıncık.*

suf. *-cıl*: *balıkçıl* || *balıkçır.*

suf. *-ç*: *çeküç, kosaç* (1587/88).

suf. *-daş*: *ayakdaş, karındaş* || *karıntaş, kızkardaş* (1525/30), *kezkardaş* (1551), *kezkarandaş* (1551), *kuzgardas* (1574), *kızkarteş* (1587/88), *köydaş, sınırdaş, goldaş* (1574) = *yoldaş* (1580).

suf. *-ge*: *süpürge.*

suf. *-gı*: *sürgi, uyku.*

suf. *-gıç*: *parlagıç, pırlangıc, pırlankuc.*

suf. *-gın*: *düzgin.*

suf. *-ı*: *kokı, yapı.*

suf. *-ıcı*: *alıcı, devişirici* (1533), *diñelci* (1575), *divşürici, geleci* (1533), *gürci* (1575), *işidci* (1575), *okucı, tuyıcı, ugunucı* (1533), *yeci* (1533) = *yeyici* (1564).

suf. *-(ı)k*: *barışık, darak* || *tarak* (1533), *kapaġ, kışlaġ* || *kışlak, tayak.*

suf. *-ım*: *adum, atım, doyım* || *toyum, geçim, turım, uçırum, ulüm* (1587/88), *yarum.*

suf. *-(ı)ndı*: *braġındı, süpüründi* (1533).

suf. *-ış*: *bezeyiş, deyiş, döniş* (1533), *geyiş* (1587/88), *yanlış* (1533), *yüriyiş.*

suf. *-lık*: *acılık, açıklık, aklık, arıklık, arpelik, aşınalık* (1580), *aydınlık, azġunlık, başluġ, berklik, bilişlik, birlig* (1533), *çarkacılık, çiftluk* (1587/88), *çokluk* (1551), *danukluk* (1533), *darlık* (1533), *donluk* (1533), *dostluk* (1591), *doyımluk* (1533), *düzenlik, ekinlik, erlüg* (1570/90), *geçerlik, gençlik* (1587/88), *gözellüg, gügencinlik* (1591), *gülluk, haremzadelik* (1551), *hastalık* (1533), *helvalık, ignelik, iplik* (1574), *kalabaluk* (1533), *keşişlik, kıtlık* (1564), *kucılık* (1587/88), *korkulık, korluk, kunukluk* (1587/88), *kutlulık, magrurlık, nazüklik, ogullık, oralık, ortaġlık* (1533), *otluk* (1533), *oturaklık, padışahlıġ* (1551), *paşalık* (1598/1601), *sattluk* (1533), *sazlık, sarplık, semizlik* || *semizluk* (1533), *sınġınlık, siniklug, şahlug* (1587/88), *tañrıluk* (1533), *tazelug* (1570/90), *terlik, tonlık, türklik, ululık, yaġlak* (1587/

188

88), *yaraşıklık, yarlık, yaşıllık, yemlik* (1564), *yeşlik* (1587/88), *yeynilik, yohsulluk, yüreklilik.*

suf. *-ma*: *ditreme, düğme* (1533), *kapama, saçma, sıtma* (1525/30).

suf. *-mış*: *gimiş* (1544/48) = *yemiş* (1533).

II. The XVIIth century derivatives registered in the contemporary Turkish language

suf. *-ak*: *bıçak* (1603) = *buçak* (1611), *durağ* (1670) = *durak* (1680), *ganak* (1603) *[≤yanak], kaçak* (1680), *kolak* (1680), *konak* (1641) = *kunak* (1677), *korkak* (1641), *kulak* (1603), *oturak* (1672), *ölçek (1680), solak* (1677), *yanak* (1641), *yarak* (1611), *yatağ* || *yatak* (1670).

suf. *-an*: *ayran* (1677), *kapan* (1680).

suf. *-cak*: *dayanacak* (1677), *ısıcak* (1677), *kolçak* || *kolacık* (1611), *oturacak* (1677), *örümcek* (1680), *salıncak* (1680), *urumcek* (1603) *[≤ örümcek], yeyecek* (1677).

suf. *-cı*: *akıncı* (1680), *anakdarcı* (1641), *ahçı* (1603) = *aşçe* (1611) = *aşçı* (1641), *arabacı* (1603) = *arbacı* (1615), *arpacı* (1680), *avcı* (1668), *aynacı* (1680), *babuççı* (1677), *babucı* (1611) *[≤papuççı], badanacı* (1680), *bahçı* (1603), *bağçı* (1680), *baharcı* (1641), *balıkçı* (1680) = *baluğcı* (1668) = *balukçı* (1603), *baltacı* (1672), *bardakçı* (1603), *basmacı* (1641), *başçı* (1680), *başmakçı* (1680), *bazarcı* (1603), *bekçi* (1641), *beyzci* (1668) = *bezci* (1615), *bezirci* (1680), *bıçakçı* (1680), *bıçkıcı* (1603), *bokçı* (1680), *borucı* (1677), *bosdancı* || *bustancı* (1670) = *bostancı* (1603), *boyacı* (1641), *bozmacı* (1680), *bögici* || *bögücı* (1680) *[≤*büyücü], börekçi* (1641), *buçakcı* (1641), *buyurukçı* (1680), *bühtancı* (1680), *camcı* (1668), *cebeci* (1680), *cenkçi* (1641), *cevahirci* (1677), *cigerci* (1670), *cildçi* (1680), *çumurcı* (1668), *çadırcı* (1680), *çamarşırcı* (1668) = *çamaşırcı* (1677), *çanakçı* (1677), *çeteci* (1670), *çığrıkçı* (1641) = *çıkrıkçı* (1680), *çifçi* (1603) = *çiftçi* (1611), *çizmeci* (1668), *çorapçı* (1677), *çorbacı* (1680), *çölmekçi* (1641) || *çömlekçi* (1680) = *çumlekçi* (1668),

davacı (1641), *davulcı* (1680), *degermenci* (1603) = *degermenşi* (1611) = *degimirici* (1677), *demirci* (1603), *derbendçi* (1680), *deveci* (1680), *dıvarcı* (1680), *doğancı* (1668), *doğramacı* (1680), *dolabçı* (1677), *domuzcı* (1677), *duacı* (1680), *dumenci* (1680), *duvarcı* (1603), *düdükçi* (1680), *dügünci* (1680), *dükanşi* (1611), *düzgünci* (1670), *egerci* (1677), *ehmalcı* (1641), *ekayetçi* (1677), *ekinci* (1603) = *ekinşi* (1611), *ekmekçi* (1603), *elçi* (1603), *elkenci* (1641), *esgici* || *eskici* (1641), *eşekçi* (1641), *etmekçi* (1668), *eyerci* (1641), *falcı* (1677), *fenerci* (1641), *feryadçı* (1680), *fıstıkçı* (1677), *filci* (1670), *fitneci* (1677), *fuçıcı* (1677), *furuncı* (1680), *geçidçi* (1680), *gemici* (1603), *gözçi* (1680), *gümişçi* (1641), *gümrikçi* || *gümrükçi* (1641), *güreşçi* (1680),

haberci (1680), *halıcı* (1680), *halvacı* (1672), *hamamcı* (1641), *hancı* (1677), *haraççı* (1680), *harbacı* (1641), *harmancı* (1641) = *hirmenci* (1680), *hekâyatçı* || *hekeyatçı* (1641), *hidmetçi* (1680), *horatacı* (1680), *ibrişimci* (1680), *içkici* (1680), *iftiracı* (1680) = *iftracı* (1641), *igneci* (1680), *ihmalcı* (1672), *inadçı* || *inatçı* (1641), *intikamcı* (1677), *ipekçi* (1677), *işaretçi* (1677), *işçi* (1641), *itidalsızlık* (1680), *kâgıdcı* (1641), *kalaycı* (1680), *kalburcı* (1680), *kalcı* (1680), *kaldırımcı* (1677), *kalkancı* (1677), *kalpakçı* (1668), *kapeci* (1635) = *kapıcı* (1603) = *kapucı* (1641), *kaşıkçı* (1680), *katırcı* (1641), *kavġacı* (1641), *kayıkçı* (1641), *kazancı* (1641), *kazıcı* (1603), *kebabcı* (1677), *kefinci* (1641), *kemhacı* (1680), *kerasteci* (1680), *keremitçi* (1680), *kerpüççi* (1680), *ketancı* || *ketenci* (1680), *kılıççı* (1677), *kırbacı* (1680), *kibritçi* (1680), *kilarcı* (1680) = *kilerci* (1641), *kilitçi* (1680), *kimiyacı* (1641), *kiracı* (1668), *kireççi* (1677), *kitabçı* (1680) *konakçı* (1641), *konukçı* (1672), *korıcı* (1641) = *korucı* (1680), *kovancı* (1680), *koyumcı* (1680), *kömürci* (1677), *köpekçi* (1680), *körükçi* (1680), *kuklacı* (1680), *kullukçı* (1641), *kumbaracı* (1680), *kurşıncı* (1641) = *kurşuncı* (1680), *kuşakçı* (1641), *kuşçı* (1641), *kuyumcı* (1641) = *kuyuncı* (1668), *külâhçı* (1680), *kümürci* (1680), *kürçi* (1603) *[≤ kürkçi]*, *kürekçi* (1641), *kürkçi* (1641), *lafçı* (1680), *laġımcı* (1641) = *laġumcı* (1680), *latifeci* (1641), *lavtacı* (1677), *macuncı* (1641), *maymuncı* (1680), *melemci* (1677), *mektubçı* (1677), *menzilci* (1680), *merametçi* (1641), *metupçı* (1641), *meyhaneci* (1641), *meyveci* (1677), *mezarcı* (1680), *mirasçı* (1677), *miskçi* (1641) = *müskçi* (1680), *miyancı* (1680), *muameleci* (1680), *muhasebeci* (1680), *mukabeleci* (1680), *mumcı* (1680), *muşdeci* (1677), *mücadeleci* (1677), *müjdeci* || *müştüci* (1680), *nakaşçı* (1603) = *nakışçı* (1611), *nalıncı* (1641), *nevbetçi* || *nöbetçi* (1680), *nispetçi* (1680), *nişancı* (1668), *oduncı* (1677), *okçı* (1668), *orakçı* (1603), *oymacı* (1680), *oyuncı* (1680), *paçacı* (1680), *papuççı* (1603), *peremeci* (1680) = *permacı* (1603), *rakamcı* (1641), *saatçı* (1680), *sabuncı* (1680), *sahatçı* (1641), *sahtiyancı* (1680), *sandukçı* (1641), *savaşçı* (1680), *saykalcı* (1680), *semerci* (1680), *seyirci* (1680), *sıvacı* (1680), *silahçı* (1677), *sucukçı* (1677), *suluhçı* (1680), *südçi* (1680),

şamatacı (1641), *şapkacı* (1680), *şekayetçi* (1677) = *şekiyatçı* (1641), *şekvacı* (1680), *şekerci* (1680), *şerbetçi* (1680), *şikâyetçi* (1680), *şorbacı* || *şurbacı* (1680), *taklidçi* (1641), *tarakçı* (1680), *tasvirci* (1680), *taşçı* (1603) = *taşı* (1668), *tavlacı* (1668), *tavukçı* (1641), *tefsirci* (1680), *telhisçi* (1672), *teskereci* (1672), *tımarhaneci* (1641), *tırpancı* (1680), *tifengci* (1641), *tobçı* (1668) = *topçı* (1641), *turnacı* (1672), *tuzcı* (1680), *tüfekçi* (1668) = *tüfenkçi* (1680), *tülbentçi* (1677), *tütünci* (1680), *ulufeci* (1680), *urġancı* (1641), *uykucı* (1641), *uyukçı* (1677) = *uyukucı* (1680), *vezneci* (1680), *yabancı* (1670), *yaġcı* (1677), *yaġmacı* (1677), *yalancı* (1603), *yalduzcı* (1641), *yamacı* (1641), *yapaġıcı* (1641) = *yapakçı* (1680), *yapeşi* (1611) = *yapıcı* (1641) = *yapçı* (1677) = *yapucı* (1680), *yardumcı* (1641), *yasakçı* (1680), *yazıcı* (1603), *yebancı* (1680), *yedekçi* (1680), *yelkenci* (1677), *yemişçi* (1677), *yılancı* (1680), *yolcı* (1603), *zaġarcı* (1672), *zemberegcı* (1641), *zembilci* (1680), *zemperekçi* (1677), *zeytuncı* (1680), *zindancı* (1677), *ziyaretçi* (1680).

suf. -cık: *adamcuk* (1641) = *ademcik* (1680), *aġacık* (1680), *aġaççık* (1680), *alevcük* (1677), *altuncık* (1680), *arpacık* (1680), *bademcik* (1641), *bakçacık* || *bakçacuk* (1641), *balukçık* (1677), *bayırcik* (1680), *buruncık* (1680), *çancık* (1680), *dalgacık* (1677), *degenecik* (1680), *dilcik* (1680), *domuzcık* (1677), *eşekçük* (1641), *evcik* (1670), *gelincik* (1677), *hatuncık* (1680), *horosçık* (1680), *ignecik* (1680), *kabarcık* (1680), *kadıncık* || *kaduncık* (1677), *kamışçık* (1680), *kapucık* (1677), *karıncecik* (1680), *katınşık* (1611) *[≤kadıncık]*, *kılcık* || *kılçık* (1680), *kızılcık* (1680), *köpçik* (1680), *köpricik* (1641), *kurbacık* (1677), *kurtçık* (1677), *marolcık* (1680), *maymuncuk* (1641), *oğlancık* (1670) = *oğlancuk* (1641) = *oğlanşük* (1603), *oğulcuk* (1677), *ormancık* (1641), *sepedçik* (1680), *sıçancık* (1677), *sığırcık* (1680), *soğancuk* (1641), *sözcik* (1680), *tavşancık* (1677), *tilkicik* (1680) = *tilkicük* (1641), *yancık, yapracık* (1680), *yavrucık* (1670), *yeşekçik* (1677), *yılancık* (1677).

suf. *-cıl: balıkçıl* (1680), *tavşancıl* (1680).

suf. *-ç: çekiç* (1603) = *çeküç* (1677), *kazanc* (1680), *kısac* (1680), *tıkac* (1680).

suf. *-daş: addaş* (1680), *ayaktaş* (1680), *dindaş* (1680), *kardaş* (1603), *karındaş* (1680), *kızkardaş* (1635), *kızkarındaş* (1680), *köydaş* (1680), *sınordaş* (1680) *[≤sınırdaş]*, *sırdaş* (1677), *yaşdaş* (1680), *yoldaş* (1603).

suf. *-dı: fısıldı* (1680), *gürüldi* (1677), *kütürdi* (1680), *mırıldı* (1680), *patürdi* (1680).

suf. *- ga: süpürge* || *süpürgi* (1668).

suf. *-gan: ısırgan* (1680) = *osurgan* (1677).

suf. *-gı: bıçkı* || *bıçku* (1680), *bilgü* (1680), *içki* (1680), *sevgi* (1670) = *sevgü* (1680), *silgi* (1680), *sürgi* (1680), *uyku* (1668), *vergi* (1677) = *virgi* || *virgü* (1680), *zevgü* (1613).

suf. *-gıç: dalgıc* (1670), *patlangıc* (1680), *pırlangıç* (1680).

suf. *-gın: düzgün* (1677), *kaçgun* (1677) = *kaçkun* (1680), *yangın* (1680) = *yankun* (1677).

suf. *-ı: koku* (1611), *korku* (1641), *sevi* (1680), *tartu* (1680), *tutı* || *tutu* (1680), *yapı* (1641) = *yapu* (1680), *yarı* (1677), *yazı* (1668) = *yazu* (1680).

suf. *-ıcı: açıcı* (1677), *aktarıcı* (1680), *aldadıcı* (1680), *aldatçı* (1677) *aldayıcı* (1641), *alıcı* (1677), *arayıcı* (1641) *atçı* (1677) = *atıcı* (1641), *bağışlayıcı* (1680), *bağlayıcı* (1641), *bakıcı* (1677), *bayıcı* (1680), *bekleyici* (1677), *besleyici* (1641), *biçici* (1641), *bilici* (1641), *binici* (1680), *bozıcı* (1680), *bölici* (1680), *budayıcı* (1641), *bulıcı* (1677), *buyurıcı* (1680), *bükici* (1677), *çekici* (1680), *çekileyici* (1680), *çekişici* (1680), *çevirici* (1680), *çözici* (1680), *dağıdıcı* (1680), *degişici* (1680), *dikici* (1641), *diñleyici* (1641), *doğurıcı* (1680), *dokuyıcı* (1641), *dolandürici* (1680), *döğüşici* (1680), *dökici* || *döküci* (1680), *düzeldici* (1680), *egirici* (1641), *eglendürici* (1680), *eratçı* (1611), *esirgeyici* (1680), *eşidici* (1641), *geydirci* (1677), *gezici* (1680), *gidici* (1677), *gönderci* (1677) = *gönderici* (1680), *görici* (1680) = *görüci* (1677), *gösterici* (1680), *götürici* (1641), *gözedici* (1641), *gözleyici* (1680), *güdici* (1680),

ırlacı (1670) = *ırlayıcı* (1668) = *ırlıyıcı* (1641), *ısırıcı* (1680), *ısıtçı* (1677), *içici* (1680), *isteyici* (1677), *işidci* (1603) = *işidici* (1680), *kapıcı* (1680), *karıştrıcı* || *karuştrıcı* (1641) = *karıştürici* (1680), *kesici* (1641), *kırıcı* (1680), *koşıcı* || *koşucı* (1680), *kovcı* (1677) = *kovıcı* || *kovucı* (1680), *kurtarıcı* (1641), *okuyıcı* (1677), *oyucı* (1677), *öldürici* (1680), *ölici* (1641), *sağaldıcı* (1680), *sakınıcı* (1680), *saklayıcı* (1641), *sanıcı* (1680), *satıcı* (1641), *savurıcı* (1680), *sayıcı* (1677), *sevici* (1670), *soyıcı* (1680), *süpürci* (1677) = *süpürici* (1680), *sürici* (1677), *tapıcı* (1680), *tartıcı* (1680), *tutıcı* (1677), *unutçı* (1677) = *unudıcı* (1680), *üzici* (1641), *verici* (1641) = *virici* (1680), *yakıcı* (1680), *yalvarıcı* (1641), *yaradıcı* (1677), *yeyici* (1680), *yıkıcı* (1680), *yonıcı* (1641), *yutıcı* (1680), *yüzici* (1680).

suf. -(ı)k: *aksırık* (1641), *barışık* (1603), *buruşık* (1680), *danuk* (1663) = *danık* (1680), *dayak* (1680), *kapak* (1611), *kışlak* (1680), *osuruk* (1677), *öksürük* (1677), *sarık* (1611), *sarmaşık* (1680), *tarak* (1603), *uksuruk* (1611), *yarık* || *yaruk* (1677), *yonuk* (1677).

suf. -ım: *adım* (1677) = *adom* (1668) = *adum* (1603), *alım* || *alum* (1680), *atım* (1641), *doyım* (1668) = *doyum* (1680), *dügüm* (1677), *durum* (1677), *geçim* (1680), *kaldurum* || *kaldırım* (1680), *kurum* (1677), *ölüm* (1670), *tügüm* (1603), *uçırum* || *uçurum* (1677), *ülüm* (1603), *yarım* (1611) = *yarum* (1680), *yıldırım* (1680) = (*y)ıldrın* (1635).

suf. -(ı)ndı: *brağındı* (1680), *kesindi* || *kesinti* (1680), *kırıntı* (1680), *kırkındı* || *kırkıntı* (1680), *süpüründi* (1672).

suf. -ış: *alış veriş* (1641), *artış* (1680), *asılış* (1680), *bağdaş* (1680), *bağırış* (1677), *bağış* (1677), *bakış* (1603), *bayılış* (1680), *benziş* (1680), *besleyiş* (1680), *bezeyiş* (1680), *bileyiş* (1680), *biliş* (1680), *boğış* (1680), *boğuluş* (1680), *bozış* || *bozuş* (1680), *buruş* (1680), *çekiliş* (1680), *çekiş* (1680), *çıkış* (1680), *çokış* (1680), *deyiş* (1677), *dögüş* (1677) = *döküş* (1680), *döniş* (1680), *düşüş* (1677), *gegiriş* (1680), *geliş* (1677), *geviş* (1680), *geyiş* (1680), *gidiş* (1670), *giriş* (1677), *göriş* (1680), *görüniş* (1680), *görüş* (1677), *gösteriş* (1677), *gülüş* (1670) = *güliş* (1680), *iñleyiş* (1680), *kaçış* (1677), *karış* (1680), *kırış* (1680), *kurtuluş* (1680), *oynaş* (1680), *öfüriş* (1680), *ögreniş* (1680), *öpiş* || *öpüş* (1680), *örtüliş* (1680), *örtüş* (1680), *ötiş* (1680), *satış* (1680), *sayış* (1680), *seviş* (1670), *sıçrayış* (1677), *smarlayış* (1677) *[≤* *ısmarlayış]*, *sokuş* (1677), *soriş* (1680), *soğış* (1677) = *soğuş* (1680), *söyleyiş* (1680), *upiş* (1670), *urış* || *uruş* (1680), *viriş* (1680), *vuriş* (1680), *yağış* (1677), *yañlış* (1641), *yaradılış* (1680), *yarış* (1680), *yatış* (1680), *yığış* (1680), *yoklayış* (1680), *yürüyiş* (1680).

suf. -lık: : *aberlik* (1677) *[≤* *haberlik]*, *acemilik* (1680), *acılık* (1641), *acızlık* (1680), *açıklık* (1641), *açlık* (1680) = *açluk* (1668), *açmazlık* (1677), *açuklık* (1677), *adaletsizlik* (1680), *adamlık* (1670) = *ademlik* (1641), *ağırlık* (1680) = *ağırluk* (1641), *ağlık* (1670), *ahestelik* (1680), *ahmaklık* (1680), *akıllulık* (1680), *akılsızlık* (1680) = *akılsuzluk* (1641), *aklık* (1641), *akrebalık* (1680), *aksaklık* (1680), *alçaklık* (1680) = *alçakluk* (1641), *allahluk* (1677), *almalık* (1641), *altmışlık* (1680), *amalık* (1680), *arabacılık* (1680), *aralık* (1670), *arıklık* || *arukluk* (1641), *arılık* (1641), *arkalık* (1680), *arnaudlık* (1680) = *arneutlık* (1677) *[≤*Arnavutluk]*, *arpalık* (1641), *arsızlık* (1680), *asanlık* (1680), *asilik* (1680), *asmalık* (1677), *astarlık* (1680), *asudelik* (1680), *aşçılık* (1680), *aşıkluk* (1677), *aşinalık* || *aşinaluk* (1641), *aşikârelik* (1680), *aşkbazlık* (1680), *ateşlik* (1677), *avadanlık* || *avandaluk* (1641), *avarelik* (1680), *ayazlık* (1677), *aydanlık* (1615) = *aydenlik* (1603) = *aydınlık* (1611), *aylık* (1680), *ayrılık* (1641) = *ayruluk* (1680), *azadlık* (1680) = *azadluk* (1641), *azatlık* || *azatluk* (1677), *azğunlık* (1680), *azlık* (1680), *babalık* (1680), *babelluk* (1611) = *babullık* (1680) = *babulluk* (1641), *bağlamaklık* (1641), *bağlık* (1680), *bağlulık*

(1680), *bahadurlık* (1641), *bahillik* (1680), *balçıklık* (1641), *barışıklık* (1677), *bataklık* (1680), *başlık* (1611) = *başluk* (1668), *baylık* (1680), *bayraklık* (1680), *bayramlık* (1680), *bedbahtlık* (1680), *bedkarlık* (1680), *behadırlık* (1680), *bekçilik* (1680), *bekrilik* (1680), *bendelik* (1680), *benlik* (1680), *benzerlik* (1641), *beraberlik* || *beraberlük* (1641), *berbadlık* (1680), *berklik* (1680), *beyazlık* (1641), *beylik* (1677), *bilmezlik* (1680), *binlik* (1680), *birlik* (1603), *bitişiklik* (1680), *boklık* (1680), *bollık* || *bolluk* (1641), *bostancılık* (1680), *boşluk* (1641), *boyunlık* (1680), *bozgunlık* (1680), *bönlük* (1641) = *bönlik* (1680), *böyüklik* (1641), *buhurdanlık* (1680), *bulanıklık* (1680) = *bulanukluk* (1641), *buzlık* (1680), *büyüklik* (1680), *cadılık* || *cadulık* (1680), *cahillik* (1641), *casuslık* (1680), *cazılık* || *cazıluk* (1641), *cazulık* (1677), *cebbarlık* (1680), *ceceluk* (1668) *[≤ gecelik]*, *cibinlik* (1641), *cömerdlik* (1680) = *cömertlik* (1641), *çakıllık* (1680), *çakmakluk* (1668), *çamlık* (1641), *çamurluk* (1668), *çapkunlık* (1680), *çaşıtlık* (1680), *çayırlık* (1680), *çelebilük* (1668) *çerçilik* (1680), *çetinlik* (1641), *çeviklik* (1677), *çıblaklık* (1641) = *çıplaklık* (1680), *çiçeklik* (1680), *çiflük* (1668) = *çiftlik* (1680) = *çiftlük* (1677), *çiftçilik* (1680), *çirkinlik (1641)*, *çokacılık* (1680), *çoklık* (1680) = *çokluk* (1641), *çöllik* (1680), *çöplik* (1680), *çukurlık* (1680), *çürüklik* (1680),

dadlılık (1611), *dağlık* (1680), *danıklık* (1680), *danalık* (1680), *danışıklık* (1680), *darğunlık* (1680), *darlık* (1611) = *darluk* (1603), *daşkunluk* (1641), *daşlık* (1641), *datlık* (1677), *datlılık* (1641), *dayanmalık* (1641), *dayelik* (1641), *defterdarlık* (1641), *delilik* (1603) = *delülik* (1680), *delükanlulık* (1680), *demircilik* (1680), *derbederlik* (1680), *derinlik* (1641), *derlik* (1680), *dervişlik* (1680), *destgirlik* (1680), *dikenlik* (1677), *dilaverlik* (1680), *dilculık* (1680), *dilencilik* (1641) = *dilencilük* (1668), *dilirlik* (1680), *dilnüvazlık* (1680), *dilsizlik* (1677), *dinçlik* (1680), *dindarlık* (1680), *dinsizlik* (1641), *dirazlık* (1680), *divanelik* (1641), *doğrılık* (1668) = *doğrılık* || *doğrulık* (1680) = *doğurlık* (1652), *dolaşıklık* (1680), *dolulık* (1641), *donlık* (1680), *doñuzlık* (1680), *dostlık* (1611) = *dostluk* (1603), *doyımlık* = *doyımluk* (1641) = *doyumlık* (1680) = *doyumluk* (1641), *dullık* (1680) = *dulluk* (1641), *düşmanluk* (1668) = *düşmenlik* (1641) = *düşmenlük* (1603), *dülgerlik* (1680), *dünyalığ* (1670), *dürtmelik* (1641), *düşvarlık* (1680), *düzenlik* (1680), *düzlik* (1680),

ebedelik (1641), *edebsizlik* (1680) = *edepsizlik* (1641), *egrilik* (1677), *egsiklik* = *eksiklük* (1641), *ekincilik* (1680), *ekinlik* (1680), *eksiklik* (1680), *ekşilik* (1677), *elçilik* (1641), *ellik* (1611), *eminilik* = *eminlik* (1641), *emirlik* (1680), *enlilik* (1680), *ergenlik* (1680), *erkeklik* (1680), *erlik* (1680), *esabsuzluk* (1677) *[≤ᵃ hesapsuzluk]*, *esenlik* (1680), *esirlik* (1680), *esmerlik* (1641), *eşeklik* (1680), *eşkiyalık* (1680), *eteklik* (1680), *evlilük* (1603) = *evlülik* (1680), *eylik* (1611) = *eyülik* (1680), *fakirlik* (1641) = *fakürlük* (1603), *falcılık* (1680), *fenalık* (1641), *fıstıklık* (1677), *fişeklik* (1680) = *fişekluk* (1668), *fışkılık* (1680), *fitnelik* (1641),

ġaddarlık (1680), *ġafillik* (1680), *ġalabalık* || *ġalebelik* (1680), *gamışlık* (1641) *[≤ kamışlık]*, *ġammazlık* (1680), *ġariblik* (1670), *gebelik* (1641) = *gebelük* (1677), *gecelik* (1680), *geçerlik* (1680), *geçlik* (1680) = *geçlük* (1677), *gelinlik* (1680), *gemicilik* (1680), *gençlik* (1641) = *genşlük* (1603), *geñezlik* (1680), *geñişlik* (1680),

193

geñlik (1680), *gerçeklik* (1680), *gereklik* (1641), *gevezelik* (1680), *gevçeklik* ||
gevşeklik (1680), *giriftarlık* (1680), *gizlülik* (1680), *gogercinlik* (1641), *gögüslik*
(1680), *gökçeklik* (1680), *göklik* (1680), *gölgelik* (1680), *göñülsizlik* (1680),
görmezlik (1680), *gözellik* (1641), *gözlik* (1611) = *gözlük* (1641), *güçüklik* (1641),
güleşçilik (1677) = *güreşçilik* (1641), *güllik* (1680), *günahkârlık* (1680), *gündelik*
(1680) = *gündelük* (1641), *günlik* (1677) = *günlüg* (1670), *güzellik* (1611), *hainlik*
(1641), *hakikatsuzlık* (1641), *haklük* (1603), *halvacılık* (1680), *halvalık* (1668) =
halvaluk (1641), *hamlık* (1641), *harablık* (1680), *haramilik* (1680), *harçlık* (1680),
hasislik (1680), *hastalık* (1641) = *hastaluk* (1603), *hasutluk* (1641), *hayasızlık* ||
hayasuzlık (1641), *hayvanlık* (1680) = *hayvanluk* (1641), *hazırlık* (1641), *heftelik*
(1670), *hemdemlik* (1680), *hemserlik* (1680), *hercayılık* (1680), *hesimlik* (1611),
hesizlik (1672), *heveslik* (1680), *hınzırlık* (1680), *hırsızlık* (1641), *hısımlık* (1677),
hocalık (1680), *hokkabazlık* (1680), *horlık* (1680), *hoşlık* (1680), *hoşnudlık* (1680),
hoyratlık || *hoyratluk* (1641), *hrısdiyanlık* (1670) *ıraklık* (1641), *ısılık* (1641), *ignelik*
(1680), *ihtiyarlık* (1680), *ihvanlık* (1680), *ikilik* (1680), *ilçilik* (1680), *imamlık*
(1680), *inadçılık* (1680), *incelik* (1641), *insafsızlık* (1680), *iplik* (1603), *irilik* (1680),
isçilük (1641), *işitmezlik* (1680), *işsizlik* (1680),

kabakluk (1641), *kabiliyetsizlik* (1680), *kadılık* (1680), *kahillik* (1680), *kahinlik*
(1680), *kahpelik* (1641), *kalabalık* (1611) = *kalabaluk* (1672), *kalemkârlık* (1680),
kalınlık (1680), *kulluşlık* (1680), *kulpezenlik* (1680), *kalunluk* (1677), *kamışlık*
(1680), *kamranlık* (1680), *kapucılık* (1680), *karalık* (1680), *karanlık* (1641) =
karanlük (1603) = *karanulık* (1680), *kardanlık* (1680), *kardaşlık* (1677), *kariblik*
(1680), *karındaşlık* (1680), *karlık* (1680), *karşülik* (1680), *katılık* (1680), *kavlık*
(1680), *kayalık* (1680), *kazancılık* (1680), *kazılık* (1677), *kefillik* (1641), *kekrelik*
(1680), *kellik* (1680), *kemlik* (1611) = *kemlük* (1641), *keskinlik* (1680), *kestanelik*
(1677), *keşişlik* (1680), *kethudalık* (1680), *kırmızılık* (1677) || *kırmızilik* (1680),
kısırlık (1680), *kışlık* (1680), *kıtılık* (1611) = *kıtlık* (1677) = *kıtluk* (1603), *kıymalık*
(1680), *kızġınlık* || *kızġunlık* (1680), *kızıllık* (1680), *kızlık* (1680) = *kızluk* (1603),
kirlik (1680), *kocalık* (1677) = *kocaluk* (1603), *kolaylık* (1641), *komşuluk* (1641),
konokluk (1672) = *konuklık* (1680), *konsoloslık* (1680), *konşulık* (1680), *korkaklık*
(1677), *korkulık* (1603) = *korkuluk* (1641), *korkunçlık* (1680), *korkusızlık* (1680),
korlık (1680), *kovcılık* (1680), *koyumcılık* (1680), *köhnelik* (1680), *kölelik* (1680),
kömürlik (1641), *körlik* (1641) = *körlük* (1641), *kötilik* || *kötülik* (1680), *kötürümlik*
(1680), *köylik* (1680), *köylülik* (1680), *krallık* (1680), *kudretsizlik* (1680), *kulaġuzlık*
|| *kulavuzlık* (1680), *kumarbazlık* (1680), *kumıluk* (1668) = *kumlık* (1680), *kuraklık*
(1680), *kurbanlık* (1677), *kurılık* || *kurulık* (1680), *kursanlık* (1680) = *kursanluk*
(1641), *kutlulık* (1680), *kuvetlilik* || *kuvetlilük* (1641), *kuvvetsizlik* (1680), *küçüklik*
(1680), *küstahlık* (1680), *küşadelik* (1680),

limanlık (1603), *maġrurlık* (1680) = *maġrurluk* (1641), *mahirlik* (1680),
mahmurlık (1680), *maldarlık* (1680) = *maldarluk* (1641), *masharalık* (1680) =
maskaralık (1611) = *maskaraluk* (1641), *mecnunlik* (1680) = *mecununlık* (1677),
merdlik (1670), *mestanelik* (1641), *mezarlık* (1680) = *mezarluk* (1641), *mihmanlık*
(1680), *mihmandarlık* (1680), *mihrübanlık* (1680), *mimarlık* (1680), *miskinlik*

(1680), *mivelik* (1680), *miyancılık* (1680), *muaflık* (1641), *muamelecilik* (1680), *mübareklik* (1680), *müftilik* (1641) = *muftilük* (1668), *murdarlık* || *murdarluk* (1641), *musahiblik* (1641), *muşduluk* (1641) = *muştuluk* (1672), *müjdelik* (1680), *mülaimlık* (1680), *mülasıklık* (1680), *mümsiklik* (1680), *münafıklık* (1680), *münecimlik* (1641), *mürailik* (1641) = *mürayilik* (1680), *mürdarlık* (1680), *müsafirlik* (1680) = *müsafirlük* (1677) *müslimanlık* || *müsülmanlık* (1680), *müsriflik* (1680), *mütekebbirlik* (1680), *müzevvirlik* (1680), *nadanlık* (1680), *nakaşlık* (1641), *napaklık* (1680) = *napakluk* (1641), *naziklik* || *nazüklik* (1641), *nefes darlığı* (1680), *nefeslik* (1641), *nekesluk* (1641), *nigehbanlık* (1680), *niknamlık* (1680), *nümayanlık* (1680), *oğlanlık* (1641), *oğullık* (1680), *oğrılık* (1680) = *oğurlık* (1677) = *oğurluk* (1641), *okalık* (1680), *oklık* (1680), *onlık* (1680), *oralık* (1670), *ormanlık* (1677), *oransızlık* (1680), *orospılık* (1677), *ortaklık* (1641), *ortalık* (1680), *otlık* (1611) = *otluk* (1603), *oynamaklık* (1677), *öksüzlik* (1680), *ölümsüzlik* (1641), *önegülik* (1680), *önlik* (1680), *örtmelik* (1641),

padışahlık || *padışahluk* (1677) = *padışalığ* (1672), *pahaluk* (1668), *paklik* (1641), *papalık* (1641), *papazlık* (1680) = *papazluk* (1641), *parmaklık* (1680), *paşalık* (1680), *paşmaklık* (1680), *paydarlık* (1680), *pazarluk* (1677), *pehlüvanlık* (1680), *pelteklik* (1680), *perişanlık* (1680), *peşimanlık* (1680) = *peşmaluk* (1603) *[≤ pişmanlık]*, *pirlik* (1680), *pişmanlık* || *puşmanlık* (1677), *putpereslik* (1641), *rafazılık* (1641) = *rafızılık* (1680), *rahatlık* || *rahatluk* (1641), *rahatsızlık* (1641), *rencberlik* (1680),

sabırsızlık (1641) = *sabrısuzlık* (1677), *saçmaluk* (1641), *sağırlık* (1680) = *sağırluk* (1641), *sağlık* (1641) = *sağluk* (1603), *sahurlık* (1680), *saillik* (1680), *salamluk* (1641) = *selamlık* (1680), *samanlık* (1641), *sarhoşlık* (1641) = *sarhoşluk* (1668), *sarılık* (1680), *sarraflık* (1680), *satılık* (1680), *sayrulık* (1680), *sazlık* || *sazluk* (1677), *segribazluk* || *sekribazlık* (1677), *selvilik* (1641), *semizlik* (1641) = *semislük* (1668), *seraskerlik* (1680), *serbestlik* (1680), *serdlik* || *sertlik* (1680), *serhoşlık* (1680), *sersamlık* || *sersemlik* (1680), *serverlik* (1680), *sıhırbazlık* (1677), *siñeklik* (1680), *siyahlık* (1641), *souklık* (1680) = *soukluk* (1677) *[≤ soğukluk]*, *sögüdlik* (1680), *suçsızlık* (1680), *sultanlık* (1680) = *sultanluk* (1641), *surhlık* (1680), *susızlık* (1680) = *susuzlık* (1641), *süpürindülik* (1641) = *süpüründilik* (1680), *sürgünlik* (1680), *süvarlık* (1680), *şadılık* || *şadlık* (1680) = *şadlığ* (1670), *şadumanlık* (1680), *şahetlik* (1677) = *şahidlig* (1670) = *şahidlik* (1680), *şahlık* (1680), *şairlik* (1641), *şakilik* (1680), *şarkadelik* (1680), *şaşkınlık* (1611) = *şaşkunluk* (1641) = *şaşkunlık* (1680), *şazlık* || *şazılık* (1680), *şefkatsızlık* (1680), *şehidlik* (1680), *şekerlik* (1680), *şenlik* (1641) = *şenlük* (1603), *şerinluk* (1677) = *şirinlik* (1641), *şeytanlık* (1680), *şimdilik* (1680), *şişlük* (1677), *şorbacılık* (1680),

talaslık (1680), *talısızlık* (1680), *tamahkarlık* (1680) = *tamahkarluk* (1677), *tamamlık* (1641), *tanıklık* (1680), *tañrılık* (1680) = *tañrıluk* (1641), *taraklık* (1680), *taşlık* || *taşluk* (1677), *tatlıluk* (1641) = *tatlulık* (1680), *tatsızlık* (1680), *tazelik* (1641) = *tazelig* (1670), *telhlık* (1680), *tellallık* (1641), *tembellik* (1641), *temizlig* (1611) = *temizlik* (1641), *tendürüstlik* (1680), *tenhalık* (1680), *tepelik* (1680), *tercimanluk* (1641) = *tercümanlık* (1680), *terlik* (1641), *teşnelik* (1680), *tezlik* (1641)

= *tizlik* (1680), *tiryakilik* (1680), *toklık* (1680) = *tokluk* (1677), *topallık* (1680), *tozlık* (1680) = *tozluk* (1668), *tutarlık* (1680), *tutsaklık* (1680), *tuzlık* (1611) = *tuzluk* (1668), *türklik* (1680),

ucuzlık || *ucuzluk* (1641), *ulemalık* (1641), *ululık* (1680), *utanmazlık* (1641), *uyanıklık* (1680), *uyukusızlık* (1680), *uyuzlık* (1680), *uzaklık* (1641), *uzunlık* (1680) = *uzunlük* (1603), *üftadelik* (1680), *ümidsizlik* (1680), *ürkülük* (1641), *üstadlık* || *üstazlık* (1680), *valilik* (1680), *varlık* (1680) = *varlük* (1603), *vayvodalık* (1680), *vefasuzluk* (1641), *vekillik* (1641), *viranlık* (1641) = *viranelik* (1680), *yağlık* (1641), *yağmurlık* (1680) = *yağmurluk* (1641), *yakalık* (1680), *yakınlık* (1680) = *yakunluk* (1641), *yakluk* (1668), *yakmurluk* (1668), *yalancılık* (1680), *yalıncaklık* (1680), *yalıñızlık* (1680) = *yalnızlık* (1677), *yañazlık* (1680), *yanlışlık* (1641), *yañşaklık* (1680), *yaramazlık* (1603) = *yaramazluğ* (1668), *yararlık* (1641), *yaraşıklık* (1680), *yarlık* (1680), *yassılık* (1680), *yaşlık* (1677) = *yaşlük* (1603), *yavaşlık* || *yavaşluk* (1641), *yavuzlık* || *yavuzluk* (1641), *yazlık* (1680), *yebancılık* (1680), *yebanlık* (1680), *yemişlik* (1680), *yemlik* (1680), *yeñilik* (1677), *yeşillik* (1677), *yeterlük* (1641), *yeynilik* (1680), *yıllık* (1677), *yigirmilik* (1680), *(y)igidlik* || *(y)igitlig* (1670) = *(y)igitlük* (1641) = *yigitlik* (1680), *yoğunlık* (1680), *yohsullık* (1680), *yoklık* (1680), *yolcılık* (1680), *yoldaşlık* (1611), *yoncılık* (1680), *yorganlık* (1680), *yorğunlık* (1680) = *yorğunluk* (1641), *yumşaklık* (1680) = *yumuşakluk* (1641), *yücelik* (1680), *yüklik* (1680), *yükseklik* || *yükseklük* (1641), *yüreklülik* (1680), *yüreksizlik* (1680), *yüzlik* (1680), *yüzsizlik* (1680) = *yüzsüzlük* (1677), *zabunlık (1677)* = *zabunluk (641)* = *zebunlık (1680)*, *zaıflık* (1680) *[≤ * zayıflık]*, *zalimlig* || *zalimlik* (1641) = *zalümlık* (1677), *zamparalık* (1677) = *zemparelik* (1680), *zariflik* (1677), *zebandirazlık* (1680), *zenginlik* (1680), *zeyreklik* (1680), *zeytunlık* (1641), *ziyadelik* (1680) = *ziyadelük* (1668), *zorbazlık* (1680), *zorlık* (1677), *zormendlik* (1680).

suf. *-ma*: *basma* (1641), *boğma* (1680), *burma* (1680), *çalma* (1603), *çekdirme* (1641), *degişme* (1680), *divşürme* (1680), *dolama* (1668), *dolma* (1680), *donanma* (1641), *doruklama* (1680), *döşeme* (1641) = *düşeme* (1680), *dügme* || *düme* (1611), *düşünme* (1641), *gözleme* (1680), *gündürme* (1680), *ısmarlama* || *smarlama* (1641), *isteme* (1677), *kaçma* (1680), *kantırma* (1680), *kapama* (1611), *katma* (1680), *kavurma* (1680), *kazma* (1680), *kırma* (1680), *kırpma* (1677), *saçma* (1680), *sarma* (1680), *sıtma* (1603), *titreme* (1680), *ülme* (1611) *[≤ *ölme]*, *yanaşma* (1680), *yanma* (1680), *yarma* (1680), *yoklama* (1680).

suf. *-maç*: *sığırtmac* (1670), *yañıltmac* (1680).

suf. *-mış*: *okumış* (1611), *yemiş* (1611).

suf. *-sak*: *tutsak*.

III. The XVIIth century derivatives not registered in the contemporary Turkish language

suf. *-cak*: *asılacak* (1680), *çubucak* (1680), *yastanacak* 1680).

suf. *-cı*: *ahırcı* (1677), *aletçi* (1677), *balçıkçı* (1680), *bedduacı* (1677), *biberci* (1680), *buhurcı* (1680), *camedancı* (1677), *cendereci* (1680), *ciridçi* (1680), *çekmececi* (1680), *çohacı* || *çokacı* (1680), *desdereci* (1641), *feragetçi* (1677), *gövercinci* (1677), *haramcı* (1677), *hardalcı* (1680), *hekmetçi* (1677), *hoşamedçi* (1641), *ibadetçi* (1641), *igçi* (1680), *iltifatçi* (1680), *incilci* (1680), *işkilci* (1641), *kanoncı* (1641), *kebeci* (1641), *kenifçi* (1680), *kıraetçi* (1680), *kitabetçi* (1677), *koççı* || *koçıcı* || *koçucı* (1680), *koyıncı* (1677), *kutlucı* (1680), *kükürtçi* (1641), *maskaracı* (1680), *mehlemci* (1641), *mesveretçi* (1680), *mızrakçı* (1677), *mutbakçı* (1641), *orospıcı* (1668), *palacı* (1677), *pedavracı* (1680), *rahmetçı* (1680), *rakamcı* (1641), *ruznameci* (1680), *sapancı* (1641), *satranccı* (1641), *seferci* (1680) = *sefterci* (1677), *sığırcı* (1680), *sırçacı* (1677), *sırıkçı* (1677), *sikenci* (1677), *siridçi* (1680), *suretçi* (1668), *suvalcı* (1641), *şairci* (1677), *şikârcı* (1641), *taderikçi* (1641), *tahrirci* (1641), *tamburcı* (1680), *tavarikçi* (1641), *teftişçi* (1641), *tencereci* (1677), *tespihçi* (1677), *ümidci* (1677), *yañlışçı* (1677), *yanşakçı* (1677), *yünci* (1677), *zahireci* (1680), *zaptçı* (1641), *zarebhaneci* (1680), *zilci* (1680).

suf. -cık: *aslancık* (1641), *ayıcık* (1677), *babuççık* (1677), *baklacık* (1677), *bardakçık* (1677), *beytçik* (1677), *Boşnakçık* (1677), *bulutçuk* (1641), *bülbülcik* (1677), *çanakçık* (1677), *çatalcık* (1680), *çayırcık* (1677), *çehrecük* (1641), *çeküççük* (1677), *çeşmecik* (1677), *çıbukçık* (1677), *çıvalcık* (1677), *çiçekçük* (1641) = *çicecik* (1670), *çölmekçik* (1641) = *çömlekçik* (1677), *çubukçık* (1680), *çukurcık* (1680), *dağcık* (1677), *damlacık* (1680) = *damlacuk* (1641), *darbuncık* (1677), *delükçik* (1677), *demetçik* (1680), *desticik* (1680), *dıvarcık* (1677), *direkçik* (1677), *dudakçık* || *dudacık* (1677), *dükâncık* (1680), *egecik* (1677), *enicik* (1680), *fakircik* (1641), *fıçıcık* (1677), *fıdancık* (1677), *ġagetçuk* (1677) [≤ * *kâğıtçuk*], *gölcik* (1680), *gövercincik* (1677), *handekçük* (1641), *harifçık* (1680), *hayvancık* (1641), *hırsızcık* (1641), *hokkacık* (1680), *hoyratçuk* (1641), *hürmetçik* (1680), *ırmacık* (1641), *ışaretçik* (1677), *kabakçık* (1677), *kaftancık* (1677), *kalemcik* (1677), *kalkancuk* (1641), *kaplancık* (1677), *kardaşçık* (1677), *karlankuşçık* (1677) [≤ * *kırlangıççık*], *kaşakçık* (1677), *katırcık* (1677), *kazelcik* (1677), *keçecik* (1677), *kılıççık* (1677), *kitabanecik* (1677), *kitabcık* (1677), *koyıncık* (1677), *köpecik* (1680), *köpricik* (1641), *köylücük* (1641), *kuyrucık* (1680),

lakırdıcık (1677), *lokmacık* (1677), *makascık* (1677), *mankalcık* (1680), *masacık* (1677), *masalcık* (1677), *mastıcık* (1680), *mekâncık* (1677), *mektubcık* (1677), *memecük* (1641), *merdivencik* (1677), *mikrazcık* (1677), *naycık* (1677), *odacık* (1680), *omuzcık* (1677), *oruncacık* (1641) [≤ *örümcekçik*], *oyuncık* (1680), *öksürükçük* (1641), *örümcekçik* (1677), *paracuk* (1641), *peksimetçik* (1677), *peşkircik* (1677), *pilikçik* (1641) = *piliççik* (1677), *pözevenkçik* (1677), *rüzgârcık* (1680), *sahancık* (1641), *sakalcık* (1641), *sandukçık* (1641), *santurcık* (1677), *sayacık* (1677), *serçecik* (1677), *sermaşçuk* (1677), *sescik* (1677), *sinekçik* (1677), *sucukçık* (1677), *sofracık* (1677), *şehercik* (1680), [≤ * *şehircik*], *tahtacuk* (1641), *tahterevancık* (1677), *tampurcık* (1677), *tarlacık* (1677), *taycık* (1677), *tokmakçık* (1677), *topçık* (1677), *toruncık* || *toruncuk* (1670), *tifenkçük* (1641), *tüfekçik* (1677), *ümidcik* (1677), *varilcik* (1680), *yapıcık* (1677) = *yapıcuk* (1641), *yarıkçuk* (1641), *yastukçık* (1677), *yercik* (1677), *yuvacık* (1641), *zağarcık* (1677), *zelzelecik* (1680), *zembilcik* (1677), *zencircik* (1641).

suf. *-ç: sulanc* (1680).

suf. *-daş: hocadaş* (1680), *nasıbdaş* (1680), *odadaş* (1611).

suf. *-dı: osurdu* (1677), *patladı* (1680).

suf. *-ıcı: ağardıcı* (1641), *ağlayıcı* (1680), *añlayıcı* (1641), *arıdıcı* (1680), *ayıtlayıcı* (1680), *azıcı* (1680), *barışıcı* (1641), *begenici* (1680), *belleyici* (1641), *beslenici* (1680), *bezeyici* (1680), *brağıcı* (1677) = *brakıcı* (1641), *çaleşi* (1611) = *çalıcı* (1641), *çalışıcı* (1680), *çürüdici* (1677), *dadıcı* (1680) *[≤ * tatıcı]*, *dalıcı* (1680), *darıldıcı* (1641), *devşürici* || *divşurici* (1680), *deyici* (1641), *dileyici* (1680), *dolaşıcı* (1680), *dögici* (1680), *döndürici* (1680), *dörtici* (1680), *duğucı* (1677), *duruşıcı* (1680), *duyıcı* (1641), *düzedici* (1680), *düzici* (1680), *edici* (1677), *eglenici* (1680), *ekçi* (1677) *[≤ * ekici]*, *eleyici* (1680), *emzirici* (1641) = *emzürici* (1680), *eridici* (1641), *eslici* (1668) *[≤*esleyici]*, *gelici* (1680), *getirici* (1677) = *getürici* (1680), *girici* (1677), *gülici* (1680), *ıslahedici* (1641), *ıslayıcı* (1677), *inanıcı* (1641), *inanmayıcı* (1641), *iñleyici* (1680), *istemeyici* (1641), *işleyici* (1680), *kaçıcı* (1641), *kaldürici* (1680), *kalkıcı* (1680), *karışıcı* (1680), *koyıcı* (1680), *ögünici* (1641), *ölçici* (1641), *öpici* (1680), *sayıklayıcı* (1677), *segirdici* (1680), *sıvayıcı* (1680), *sokıcı* (1641), *söyleyıcı* (1641), *suvarıcı* (1680), *taşlayıcı* (1641), *tatıcı* (1680), *tükürci* (1677), *utanıcı* (1680), *uyıcı* (1680), *üpici* (1670), *yağlayıcı* (1680), *yaltaklanıcı* (1680), *yamalayıcı* (1680), *yandürici* (1680), *yanşayıcı* (1680), *yaykayıcı* (1680), *yıldırayıcı* (1680), *yürüyici* (1680).

suf. *-ış: duruşış* (1680), *getüriş* (1680), *ırlayeş* (1670) *[≤* ırlayış]*, *kalğış* (1680), *katış* (1680), *kaynayış* (1680), *kırılış* (1680), *koklayış* (1603), *nazlanış* (1680), *öriş* (1680), *örtüliş* (1680), *öyküniş* (1680), *segirdiş* (1680), *sekiş* (1680), *sızış* (1680), *sokuş* (1677), *tepreniş* (1680), *tırmalayış* (1680), *yaradış* (1680), *yıldırayış* (1680).

suf. *-lık: abadanlık* (1680), *açılmaklık* (1680), *adavetlik* (1677), *aflık* (1677), *ağlamaklık* (1677), *ahengerlik* (1680), *ahenklik* (1680), *ahirlik* (1641), *ahmaklık* (1680), *akçalık* (1680), *akıluk* (1603) = *akıllık* (1680), *aldamaklık* (1641), *aldatmalık* (1641), *amanlık* (1677), *araketlik* || *areketlik* (1677), *artmaklık* (1680), *arzumendlık* || *arzumendlik* (1680), *attarlık* (1680), *ayanlık* || *ayanluk* (1641), *ayıplanmalık* (1677), *ayırmalık* (1680), *azaltmışlık* (1677), *azarlamaklık* (1677), *badenuşlık* (1680), *badgirlik* (1680), *bağırmaluk* (1641), *bağşışluk* (1641), *bahillik* (1680), *bahtlık* (1680), *balalık* (1680), *balçıklık* (1641), *barışmalık* (1641), *barışmaklık* (1680), *barıştürmaklık* (1680), *basmaklık* (1680), *batıllık* (1680), *bayıcılık* (1680), *bayılmaklık* (1677), *bazarganlık* (1603) = *bazergalık* (1611) = *bezergenlik* (1615) = *bazırganlık* (1680), *betdualık* (1641), *betnamlık* (1641), *beglik* (1680), *bihayalık* (1680), *bihudelik* (1680), *bilişlik* (1680), *bilmeklik* (1641), *bisyarlık* (1680), *bitürmeklik* (1641), *bölmeklik* (1680), *buçuklık* (1680), *cefalık* (1677), *celallık* (1680), *cemetmeklik* (1641), *cifelik* (1677), *cihandarlık* (1680), *cihanbanlık* (1680), *civanlık* (1677) = *cüvanlık* (1680), *cüdamlık* (1680) = *cüdamluk* (1641), *cüzamlık* (1680), *çarkaçılık* (1641), *çaşnigirlik* (1680), *çıkmaklık* (1680) = *çıkmakluk* (1677), *çökmeklik* (1680), *çüstlik* (1680), daimalık || daimaluk (1641), damlamaklık (1641), dayanmaklık (1641), defnelik (1680), degişlik (1677), degişmeklik (1641), degmelik (1641) = degmeklik (1680) = degmekluk (1641), derdümendlik (1680), destdirazlik (1680), devletlik (1677), devletlilik (1641), didebanlık (1680), dildarlık (1680), dileklik (1680), dilfiiriblik (1680), dilgirlik (1680), doğancılık (1680), doğmaluk (1641), doğurlık (1680), dögmeklik (1680), dökmeklik (1680), dökülmelik (1641), döndürmeklik (1680), dönmeklik (1641), duhullık (1680), durmaklık (1680), duymaklık (1677), dümdüzlik (1677), düvazdehlık (1680), düzdlik (1680), eglenmelik || eglenmelük (1641) = ehlenmelik (1677), ekabirlik (1680), endazelik (1680), etmekçilik (1680), evlenmeklik (1677), evlenmelik (1641), faydalık (1677), ferahatlık (1677), ferzanelik (1680), fikretmelik (1641), ġanılık (1680), ganimetlik (1677), gelmelik (1641), gerdenkeşlik (1680), gezmeklik (1680), gicilik (1680), giriftlik (1641), girmeklik (1641), gitmeklik (1677), gizlenmeklik (1641), görmeklik (1680), ġurbetliġ (1670) = ġurbelik (1680), gururlık (1680), hanedarlık (1680), hatırnüvazlık (1680), haddadlık (1680), haramzadelik (1680), hereketlik || hereketluk (1641), hiciranlık (1641), hoşamedlik (1641), hublık (1641), hünerlik (1680), hünerverlik (1680), ısıcaklık (1641), ıslanmışlık (1641), içmelük (1677), ihmallık || ihmalluk (1677), ikrarlık (1641), imanlık (1677), imrohorlık (1680), inanmamaklık (1680), inanmamalık (1641), inanmazlık (1680), inatlık (1641) = inadlık (1680), incitmelik (1641), inkârlık (1641), intizarlık (1670), istahaluk (1603), istemeklik (1677), istiflik (1680), işaretlik (1641), işkillik (1680), itidalsızlık (1680), ittifaklık (1680),

kabillik (1641), kabirlik (1680), kabudanlık (1677), kaçkunluk (1677), kaçmaklık (1680), kadirlik (1641) = kadirlük (1603), kaftanlık (1680), kaldurmaluk (1641), kapamaluk (1677), kapmalık (1641), kapudanlık (1680), kararlık (1680), karıncelik (1680), karışdurmalık (1641), karışıklık (1680), karışlık (1677), karışmuruşlık (1677), karşılamaklık (1641), katmaklık (1680), kavilik || kavilük (1641), kemyablık (1680), kireçlemeklük (1641), kişvergirlik (1680), kokuluk (1641), konuşmaklık (1680), korkutmalık (1641), kuduzlık (1641), kurbetlik (1677), kurtulmeklik (1677), kusmaklık (1680), kürklik (1680), latiflik (1641), lecuclık (1680), leşkerkeşlik (1680), manzurlık (1680), matuhlık (1680), mazlumlık (1680), medetlük (1603), mehcurlık (1680), mekkârlık (1680), melullık (1677), merametlik (1641), merdanelik (1680), merdefkenlik (1680), merdümlik (1680) = merdümlük (1641), mestlik (1680), mevlutlık (1641), minetlik (1641), miraslık (1677), muhabbetlik (1677), muhkemlik (1680), mukayatlık || mukayetlik (1641), mumcılık (1680), mübezzirlik (1680), mücerredlik (1680), müdebbirlik (1680), mürvetlik (1641), mürvetlilik (1641), mürüvvetsizlik (1680), müsteminlik (1677), müşküllik (1677), nabinalık (1680), nadirlik (1680), narlık (1680), natüvanlık (1680), naümidlik || naümizlik (1680), nayeksanlık (1680), nebilik (1641), nebiylik (1677), nemnaklık (1680), neticelük (1641), nezdiklik (1680), nihayetsizlik (1680), nikhâhlık (1680),

oğlancıklık (1680) = oğlancıglük (1603), ohşamalık (1680), oklamakluk (1641), okşamaklık || okşamakluk (1641), okşamaluk (1677), oturaklık (1680), ögünmeklük (1641), ökçelik (1680), ölçeklik (1680), ölçilik (1641), öldüricilik

(1680), *öldürmelik* (1677), *ölmelik* (1677), *öpicilik* (1680), *öpmeklik* (1680), *öpüşlik* (1677), *özlülik* (1680), *özürlik* (1641), *paçarızlığ* || *paçarızlık* (1641), *pahillik* (1672) *[≤ * bahillik]*, *pambuklık* (1680), *parsalık* (1680), *perakendelik* (1680), *perdahlık* (1641), *perdenişinlik* (1680), *perhizkârlık* (1680), *pirinçlik* (1641), *ranalık* (1680), *ras(t)gelmeklik* (1677), *rastlık* (1680), *razılık* (1680), *refiklik* (1680), *rehnümalık* (1680), *rehzenlik* (1680), *resullik* (1677), *riayetsizlik* (1680), *rüsvaylik* (1680), *saatlık* (1680), *sabırlık* (1680) = *sabrılık* (1641), *safilik* (1641), *safzenlik* (1680), *sahihlik* (1680), *sahurlık* (1680), *sakitlik* (1680), *saklanılmışlık* (1641), *saklanmaklık* (1677), *saltanatluk* (1641), *sarıklık* (1680), *sarılmaklık* (1641), *sarplık* (1680), *sayıklamaklık* (1641), *saymaklık* (1677), *saymalık* (1641), *sazlıklık* (1641), *seçilmişlik* (1641), *serdarlık* (1680), *sergendanlık* (1680), *serkârlık* (1680), *serpmelik* (1677), *sevinmeklik* (1677), *sıkmaklık* (1677), *sınğınlık* (1680), *sınıklık* (1680), *sırlık* (1677), *siñirmeklik* (1680), *sipehdarlık* (1680), *sofilik* (1680), *sokulmalık* (1677), *soymaklık* (1641), *sögmeklik* (1641), *söndürmelik* (1641), *sultanetlük* (1677), *suvarılmaklık* (1641), *suvarmaklık* (1677), *sügüvarlık* (1680), *sükütlük* (1641), *süstlik* (1680), *şahadetlik* (1641), *şahinşahlık* (1680), *şaşmaklık* (1680), *şebhizlik* (1680), *şehadetlik* (1672), *şehriyarlık* (1680), *şeriflik* (1641), *şikârlık* (1641), *şikayetlik* (1677), *şikestelik* (1680), *şişmelük* (1641), *şumlık* (1680), *tahirlik* (1680), *talimlik* (1641), *tamahlık* (1641), *tapmalık* (1641), *tasalık* (1677), *taslaklık* (1641), *taşlamışlık* (1641), *taşlanmışlık* (1677), *taunlık* (1677), *tazelenmeklik* (1677), *tedariklik* (1677), *teftişlük* (1641), *tekebbürlik* (1603), *telbislik* (1641) = *telbizlik* (1680), *temamlık* (1680), *tenklik* (1680), *teslimlik* (1641), *tikenlik* || *tikenlük* (1641), *titremeklik* (1677), *titremelik* (1677), *tutarıklık* (1680), *tutkallamışlık* (1641), *tuzlamaklık* (1641), *tükürmelük* (1641), *uçmaluk* (1641), *uçumluk* (1677), *ulaklık* (1680), *ulaşıklık* (1680), *unutmaklık* (1680), *uryanlık* (1680), *usturalık* (1680), *usullılık* (1677), *utanmaklık* (1677), *uymaklük* (1603), *uyuklamaklık* (1641), *üslubsızlık* (1680), *varislik* (1641), *vermeklik* (1641),

yadlık (1680) = *yadluk* (1641), *yakışıklık* (1680), *yaklaşmaklık* (1677), *yaklaşmalık* (1641), *yalanlık* (1677), *yaranlık* (1680), *yasaklık* (1641), *yaykanmaklık* (1680), *yaymaklık* (1641), *yazuklık* (1641), *yeksanlık* (1680), *yenlik* (1680), *yesirlik* (1641), *yetişmişlik* (1641), *yeyeceklik* (1677), *yıkmaklık* (1680), *(y)ıkmalık* (1677), *yıl başılık* (1680), *(y)ıldızlık* (1677), *(y)ırtmalık* (1677), *yoğurmaklık* (1677) = *yoğurmalık* (1641), *yokuşlık* (1680), *yutmalık* (1677), *yuvalık* (1680), *yüklülik* (1680), *yüreklik* (1641), *zağaralık* (1680), *zahirlik* (1680), *zahidlik* (1680), *zahmetlik* (1641) = *zametlik* (1677), *zararlık* (1641), *ziştlik* (1680).

suf. -*me*: *dadanma* (1680), *damzürma* (1680), *seçilme* (1677).

suf. -*mak*: *gülmek* (1603), *karışmak* (1680).

The above analysis leads to some conclusions concerning the collected derivatives:

1. The first part indicates that before the XVIIth century about 425 formations were known, which in comparison to the total collected material (1932 entries) represents circa 22%. In the particular periods there is as follows:

a) XIIIth-XIV/XVth c.: 147 examples, that represents 7,7%.

b) XVth-XV/XVIth c.: 89 examples, that represents 4,6%.

c) XVIth c.: 189 examples, that represents 9,7%.

2. The second and the third parts confront the XVIIth century lexical material with the modern one. One can notice that 1266 of the XVIIth century derivatives still exist the the in modern Turkish language; which represents 65,5% of whole collected material (1932 entries) . Thus, 666 formations are not registered in the modern Turkish that is 34,5% of the whole material. This comparison was made on the basis of the following modern dictionaries: YRh, TS and DS.

CONCLUSION

The present work gives a detailed description of substantival derivation in XVIIth century Ottoman-Turkish. The lexical material taken from the XVIIth century transcriptional texts constitutes the subject for the study of this problem. The process of substantival derivation is characterized by the activity indicated by a great number of suffixes involved in derivation. In the analysed material 26 formatives were found. Their productivity is, however differentiated. Apart from the very active suffixes: *-cı, -cık, -ıcı, -ış, -lık, -ma*, there are also those, whose formative activity is hardly confirmed by several examples. These are: *-ak, -an, -cak, -cıl, -ç, -daş, -dı, -ga, -gan, -gı, -gıç, -gın, -ı, -(ı)k, -ım, -(ı)ndı, -maç, -mak, -mış, -sak*.

In the characterization of the presented formatives one cannot omit their function, which consists in forming new grammatical categories in the process of derivation. Since the present work in its assumption, confines this very function only to one grammatical category i.e. the substantive, one should mention here that among the presented suffixes there are also those that form other grammatical categories. The following suffixes form not only substantives but also adjectives: *-ç, -gan, -gın, -(ı)k, -mış*. There are also suffixes (*-ma, -mak*), whose primary function is to form verbs. Some of these verbs, however, undergo the process of substantivization.

Each suffix with its characterization, functions and sorts of formative basis is discussed in the I chapter of the present work. The said chapter presents also a formative analysis of the collected material. The presentation of suffixes is given in alphabetical order. Lexical material of derivatives with the particular suffix is divided into semantic categories.

The analysis of the collected material shows great semantic variety. This very problem is discussed in the II chapter entitled: Semantic classification. The following register of semantic categories formed by particular suffixes together with the suffixes involved is given there:

1. Abstract nouns. The most productive is the suffix *-lık*. Less productive: *-cak, -cık, -ç, -gı, -ı, -ım, -ış, -ma*.

2. Names of the action. The most productive suffixes are : *-lık, -ış, -ma*. The unproductive is: *-dı*.

3. Names of results and objects of the action. The most productive are the following suffixes: *-ış, -lık, -ma*. The less productive are: *-an, -cak, -gı, -gın, -ı, -(ı)k, -ım, -(ı)ndı, -maç, -mak, -mış, -sak.*

4. Names of the subject of the action. The most productive are: *-cı* and *-ıcı*. Less productive are: *-ak, -cak, -ç, -gıç, -gın, -(ı)k, -ma, -maç.*

5. Names of people and things with characteristic features (*-ak, -cı, -cık, -cıl, -gan, -ıcı, -(ı)k, -lık, -ma, -mış*).

6. Names of places (*-ak, -cak, -(ı)k, -lık*).

7. Diminutives (*-ak, -cık*). This is a very numerous category.

8. Names of tools and objects of daily use (*-ak, -an, -cak, -cık, -ç, -ga, -gı, -gıç, -gın, -ı, -(ı)k, -ım, -lık, -ma*).

9. Names of relationship (*-daş, -lık*).

10. Names of collections (*-lık*).

11. Names of habitants (*-daş*).

The III chapter of the present work deals with the phonetic characterization of the suffixes. The lexical material collected in the work shows a variety of phonetic variants. Apart from the Old Ottoman forms of suffixes there are the newer forms. It indicates therefore the transitional stage in the development of the Turkish language. The distribution of formative variants in the process of derivation is rather chaotic proving that the labial and palatal harmony was not yet observed in the XVIIth century. The observance of rules of vocal harmony was established only in the XVIIIth century. Therefore, one can meet formations, where after the sequence of illabial vowels a labial suffix appears. Cf.: *adamcuk* (1641); *alevcük* (1603); *evlilük* (1603); *gebelük* (1677); *paracuk* (1677). There is also the opposite phenomenon, where after the labial vowels an illabial suffix appears. Cf.: *buruşık* (1680); *körlik* (1680); *küçüklik* (1680); *yürüyiş* (1680).

The analysis of each derivative in the I chapter cannot only concern the formative investigation. The description of each derivative gives detailed information on its own history. This part of the analysis is done on the basis of comparative material enclosed in both historical sources and also contemporary literary and dialectological dictionaries. This problem is discussed in detail in the IV chapter entitled: Chronological strata.

The analysis made in this part of the work leads to the conclusion concerning the age of the studied derivatives. The conclusions are as follows: only 22 % of all analysed formations were registered before the XVIIth century. The rest of derivatives appeared in the XVIIth century for the first time. Not all of the XVIIth century formations still exist at present. The analysis shows that of 1932 analysed derivatives only 1266 exist now representing 65,5 %. Thus, 34,5 %.of the whole has disappeared.

BIBLIOGRAPHY

Atalay B., *Türkçemizde men-man*, Istanbul 1940.
- *Türk dilinde ekler ve kökler üzerine bir deneme*, Istanbul 1942.
- *Türkçede kelime yapma yolları*, Istanbul 1946.
Bozijev A.J., *Slovoobrazovanije imen suščestvitel'nych, prilagatel'nych i narečij v karačajevo-balkarskom jazyke*, Nal'čik 1965.
Caferoğlu A., *Türkçede „daş" lahikası. Türk Halk Bilgisine ait tetkikler*, I, Istanbul 1929.
Chabičev M.A., *Karačajevo-balkarskoje imennoje slovo- obrazovanije*, Čerkessk 1971.
- *Imennoje slovoobrazovanije i formoobrazovanije v kumanskich jazykach*, Moskva 1989.
Çotuksöken Y., *Türkçe'de ekler - kökler - gövdeler*, Istanbul 1980.
Deny J., *Grammaire de la langue turque (dialecte osmanli)*, Paris 1921.
Dokulil M., *Teoria derywacji [Derivation Theory]*, Wrocław - Warszawa - Kraków - Gdańsk 1979.
Frankle E., *Word Formation in the Turkic Languages*, Printed by Columbia University Press, 1948.
Gabain A. von, *Alttürkische Grammatik*, Leipzig 1950.
Ganijev F.A., *Fonetičeskoje slovoobrazovanije v tatarskom jazyke*, Kazan' 1973.
- *Suffiksalnoje obrazovanije glagolov v sovremennom tatarskom literaturnom jazyke*, Kazan 1976.
- *Obrazovanije složnych slov v tatarskom jazyke*, Moskva 1982.
Garipov T.M., *Baškirskoje imennoje slovoobrazovanije*, Ufa 1959.
Gencan T.N., *Dilbilgisi*, Istanbul 1971.
Gładys A., *Rzeczowniki z sufiksem -lık w dialektach tureckich. Analiza semantyczna. [The Substantives with Suffix - lık. The Semantic Analysis]*, Kraków 1977. - Unpublished Master thesis prepared in the Department of Turkology in the Institute of Oriental Philology, Jagiellonian University, Kraków.
Grabska A., *Rzeczowniki z sufiksem -lık w języku tureckim (XIII-XIX w.) [The Substantives with Suffix -lık in Turkish Language (XIII-XIX c.)]*, Kraków 1981. - Unpublished Master thesis prepared in the Department of

Turkology in the Institute of Oriental Philology, Jagiellonian University, Kraków.

Grzegorczykowa R., *Zarys słowotwórstwa polskiego [Outline of the Polish Word formation]*, Warszawa 1984.

Guliamov A.G., *Problemy istoričeskogo slovoobrazovanija uzbeckogo jazyka. I. Affiksacija. c. I. Slovoobrazujuščije affiksy imen. Aftoref. dokt. dis.*, Taškent 1955.

Hatiboğlu V., *Türkçenin Ekleri*, Ankara 1974.

Jesengulov A., *Slovoobrazovatel'nyje affiksy v jazyke drevnetiurskoj pis'miennosti, Avtoref. kand. dis.*, Alma-Ata 1969.

Kakuk Z., *Mai török nyelvek*, Budapest 1976.

Kononov A.N., *Grammatika sovremennogo tureckogo literaturnogo jazyka*, Moskva - Leningrad 1956.
- *Očerk po istorii izučenija tureckogo jazyka*, Leningrad 1976.

Korkmaz Z., *Türk dilinde +ça eki ve bu ek ile yapılan isim teşkilleri üzerine bir deneme*, Ankara Üniversitesi Dil ve Tarih - Coğrafya Fakültesi dergisi, cilt XVII, sayı 3-4, Eylül - Aralık 1960.
- *Türkçede eklerin kullanılış şekilleri ve ek kalıplaşması olayları*, Ankara 1962.

Laskowski R., *Derywacja rzeczowników w dialektach laskich, cz.I. Abstracta, Collectiva, Deminutiva, Augmentativa [Derivation of Substantives in Laski Dialects. Abstracta. Collectiva. Deminutiva. Augmentativa]*, Wrocław - Warszawa - Kraków 1966.

Lewis G.L., *Turkish Grammar*, Oxford 1975.

Levitskaja L.S., *Istoričeskaja morfologija čuvašskogo jazyka*, Moskva 1976.

Melijev K., *Imena dejstvija v sovremennom ujgurskom jazyke*, Moskva 1964.

Parketny I., *Rzeczowniki odczasownikowe we współczesnym języku tureckim [Verbal Nouns in Modern Turkish Language]*, Kraków 1978. - Unpublished Master thesis prepared in the Department of Turkology in the Institute of Oriental Philology, Jagiellonian University, Kraków.

Saadet Schakir (Ishaki), *Denominale Verbbildung in den Türksprachen*, Roma 1933.

Sevortjan E.V., *Affiksy glagoloobrazovanija v azerbajdžanskom jazyke*, Moskva 1962.
- *Affiksy imennogo slovoobrazovanija v azerbajdžanskom jazyke*, Moskva 1966.

Siemieniec-Gołaś E., *The Nouns with Suffix -lık in XVIIth Century Ottoman Turkish*, Folia Orientalia, XXIII 1985-1986, pp. 143-160.

Sitarska U., *Rzeczowniki z sufiksem -lık w języku tureckim I poł. XX wieku [The Substantives with Suffix -lık in Turkish Language in the I/XX century]*, Kraków 1976. - Unpublished Master thesis prepared in the Department of Turkology in the Institute of Oriental Philology, Jagiellonian University, Kraków.

Sokolov S.A., *O niekotorych otglagolnych imenach v tureckom jazyke (otglagolnyje imena na -dık, -acak, -mak, - maklık, -ma i -ış)*, Moskva 1952.

Stachowski S., *Fonetyka zapożyczeń osmańsko-tureckich w języku serbsko-chorwackim [The Phonetics of the Ottoman- Turkish Loanwords in the Serbo-Croatian Language]*, Wrocław - Warszawa - Kraków - Gdańsk, 1973.

Swift L.B., *A Reference Grammar of Modern Turkish*, Bloomington 1963.

Tekin T., *A Grammar of Orkhon Turkic*, Indiana University Publications, Bloomington 1968.

Zajączkowski A., *Sufiksy imienne i czasownikowe w języku zachodniokaraimskim. Les suffixes nominaux et verbaux dans la langue des Karaims occidentaux*, Kraków 1932.

- *Studia nad językiem staroosmańskim, I. Wybrane ustępy z anatolijskotureckiego przekładu Kalili i Dimny [Studies on Old Ottoman. I. Selected Parts of the Anatolian Turkish Translation of Kalila and Dimna]*, Kraków 1934.

- *List turecki Sulejmana I do Zygmunta Augusta z r. 1551 [A Letter by Sultan Suleyman I to Sigismund Augustus from 1551]*, Rocznik Orientalistyczny, XII, Kraków 1936, pp. 91-118.

INDEX OF THE ANALYSED DERIVATIVES

The index comprises all derivatives taken from the XVIIth century sources. Since this same material, but in different aspects is presented in all chapters of the work, therefore the numbers in the index indicate the pages where particular derivative appears only in the first chapter that is in *Formative analysis*.

domuzcık 51
donanma 166
donlık 156
doñuzlık 161
doruklama 166
dostlık 100
dostluk 100
doyımlık 100
doyımluk 100
doyum 82
doyumlık 100
doyumluk 100
dögici 71
dögmeklik 142
dögüş 86
dögüşici 71
dökici 71
dökmeklik 142
döküci 71
dökülmelik 142
döküş 86
döndürici 71
döndürmeklik 142
döniş 86
dönmeklik 142
dörtici 71
döşeme 169
duacı 29
dudacık 51
dudakçık 51
duducık 51
dugucı 71
duhullık 142
dullık 133
dulluk 133
duraġ 20
durak 20
durbuncık 51
durmaklık 142
durum 82
duruşıcı 72
duruşış 86
duvarcı 29

duyıcı 79
duymaklık 142
düdükçi 29
dügme 168
dügüm 83
dügümcik 51
dügümcük 51
dügünci 29
dükâncı 29
dükâncık 51
dükanşi 29
dülgerlik 128
dümdüzlik 152
düme 168
dümenci 30
dünyalıg 100
dürtmelik 142
düşeme 169
düşmanluk 100
düşmenlik 100
düşmenlük 100
düşünme 166
düşüş 86
düşvarlık 100
düvazdehlık 164
düzdlik 143
düzedici 72
düzeldici 72
düzenlik 143
düzgün 66
düzgünci 30
düzici 72
düzlik 157

ebedelik 100
edebsizlik 100
edepsizlik 100
edici 72
egecik 51
egerci 31
egirici 72
eglendürici 72
eglenici 72

218

kovancı 36
kovcı 75
kovcılık 145
kovıcı 75
kovucı 75
koyıcı 75
koyıncı 36
koyıncık 53
koyumcı 36
koyumcılık 130
köhnelik 110
kölelik 134
kömürci 36
kömürlik 162
köpçik 54
köpecik 53
köpekçi 36
köpricik 54
körlik 137
körlük 137
körükçi 36
kötilik 110
kötülik 110
kötürümlik 137
köydaş 62
köylik 158
köylücük 54
köylülik 130
krallık 130
kudretsizlik 110
kuduzlık 110
kuklacı 36
kuku 67
kulaġuzlık 145
kulak 20
kulavuzlık 145
kullukçı 36
kumarbazlık 130
kumbaracı 36
kumıluk 159
kumlık 159
kunak 20
kuraklık 110

kurbacık 54
kurbanlık 153
kurbetlik 146
kurılık 110
kursanlık 130
kursanluk 130
kurşıncı 36
kurşuncı 36
kurtarıcı 75
kurtçık 54
kurtulış 88
kurtulmeklik 146
kurulık 110
kurum 83
kusmaklık 146
kuşakçı 36
kuşçı 36
kutlucı 47
kutlulık 110
kuvetlilik 110
kuvetlilük 110
kuvvetsizlik 111
kuyrucık 54
kuyumcı 36
kuyuncı 36
küçüklik 111
kükürtçi 37
külâhçı 37
kümürci 36
kürçi 37
küregci 37
kürekçi 37
kürkçi 37
kürklik 156
küpçik 54
küpecik 53
küstahlık 111
küşadelik 111
kütürdi 63

lafçı 37
laġımcı 37
laġumcı 37